사람의 향기

좋은 것은 사라지지 않는다

사람의 향기

좋은 것은 사라지지 않는다

고영건

박영story

차례

I. 들어가는 글: 좋은 사람의 향기 1

II. 현대의 요정(妖精): 오드리 헵번의 투사 15

III. 어느 사회개혁가의 재미있는 인생: 버나드 쇼의 공상 33

IV. 마음속 독풍(毒風) 다스리기: 추사 김정희의 신체화 51

V. 세상에서 가장 좋은 사람이 된 말썽꾸러기: 혼다의 행동화 63

VI. 과학계의 잔 다르크: 마리 퀴리의 수동공격성 75

VII. 천재 코미디언의 어두운 코미디 같은 삶: 로빈 윌리엄스의 해리 91

VIII. 어린왕자의 슬픈 사랑: 생텍쥐페리의 반동형성 105

IX. 기억해내지 못하는 것이 주는 고통: 찰스 다윈의 억압 121

X. 열정적인 구두 제작자의 비밀: 페라가모의 전위 135

XI. 백조(白鳥)왕자의 동화 같은 인생: 앙드레 김의 이지화 149

XII. 어둠의 성인: 마더 테레사의 이타주의 167

XIII. 지옥을 천국으로 바꾸기: 마크 트웨인의 유머 185

XIV. 마음속 피가 솟구쳐 흐를 때: 주광치앤의 억제 203

XV. 20세기 철강왕: 박태준의 승화 217

XVI. 깊은 비밀을 감춘 리더의 얼굴: 아이젠하워의 예상 231

XVII. 맺음말: 인생이라는 학교에서 배우는 삶의 기술 249

XVIII. 미주 261

I

들어가는 글: 좋은 사람의 향기

"좋은 꽃의 향기는 백리를 가고,
좋은 술의 향기는 천리를 가며,
좋은 사람의 향기는 만리를 간다."[1]

사실, 인생은 살아보면 안다. 하지만 우리는 살아보기 전에 미리 알고 싶어 한다. 어떻게 살아야 하는지를 말이다.

실존주의 철학의 창시자 키에르케고르(Soren A. Kierkegaard)는 바로 이것이 인생의 근본 문제 중 하나라고 하였다. 그에 따르면, "인생은 앞을 보면서 살아가야 하지만 정작 뒤돌아 볼 때라야 비로소 이해할 수 있는 것이다."[2]

'어떻게 살 것인가?'라는 문제에 답하는 것은 결코 쉽지 않다. 미국 UCLA 농구팀의 전설적인 지도자인 존 우든(John Wooden) 감독은 한 강연에서 이렇게 말했다. "그 어떤 필기 구절로도, 그 어떤 웅변으로도, 우리의 젊은이들에게 그들이 무엇이 되어야 하는지를 가르칠 수 없다. 선반에 있는 그 어떤 책들도 마찬가지다."[3]

그렇기에 우리에게는 인생공부가 필요하다. 특히 세상 일이 뜻대로 흘러가지 않을 때는 더더욱 그렇다.

러시아의 대문호 레오 톨스토이(Leo Tolstoi)는 "인생은 학교"[4]라고 말했다. 노년기에 그는 주로 인생공부를 하면서 보냈다. 그가 인생공부를 한 방식은 후세에 전할 만한 현자들의 '인생지혜'를 찾아 정리하는 것이었다.

이 책에서는 심리학을 기반으로 한 인생공부법을 소개하고자 한다. 사실 인생공부는 인문학의 전통적인 주제 중 하나다.

인문학은 "인간과 인간의 근원문제 및 인간의 사상과 문화"[5]를 탐구하는 학문이다. 따라서 인문학이 인간 자체에 대한 탐구를 포함하는 학문인 한, 심리학을 빼놓고는 성립할 수 없다.

그렇다면, 심리학에 기초한 인생공부법으로는 어떤 것이 있는가? 그 한 가지 예로는 바로 '심리분석 전기(psychobiography)'를 들 수 있다. 이것은 개인의 생애사(生涯史)를 심리학적으로 분석해 재구성한 것을 말한다.

미국의 사상가 에머슨(Ralph W. Emerson)은 "역사는 존재하지 않는다. 오직 전기(傳記)가 있을 뿐이다!"[6]라고 말했다. 그에 따르면, 오직 인간만이 역사의 주체일 수 있다. 동시에 모든 역사는 주관적이다. 그렇기에 과거에 대해 오직 하나의 설명만이 참된 것이라고 주장한다면, 그것은 허구일 수밖에 없다.

에머슨의 말처럼, 인간의 삶에서 전기는 중요하다. 그리고 역사가 반복되듯이, 전기를 읽지 않는 사람들 역시 이전 세대 사람들의 삶을 구태의연하게 반복하기 마련이다. 때로는 비극으로, 때로는 희극으로![7]

칼럼니스트인 데이비드 브룩스(David Brooks)에 따르면, "삶이란 더 나은 인간이 되기 위한 투쟁이다."[8] 이런 점에서 심리분석 전기는 우리가 삶에 눈뜰 수 있도록 도울 수 있다. 심리분석 전기는 우리가 이전에는 보지 못하던 것을 새롭게 볼 수 있게 해줄 뿐만 아니라, 우리의 발걸음이 미치지 못하던 곳에 우리가 기꺼이 가 닿을 수 있도록 해준다.

◇◇◇

심리분석 전기와 전망의 지혜

심리분석 전기가 우리에게 선사해줄 수 있는 최고의 선물 중 하나는 바로 인생공부다. 보다 구체적으로 심리분석 전기는 인생공부를 위해 필요한 '전망(prospection)의 지혜'를 선사해 준다. 심리학에서는 과거 사건에 대한 정신적 표상을 '기억'이라고 하고 현재 사건에 대한 정신적 표상을 '지각(知覺)'이라고 하며, 미래 사건에 대한 정신적 표상을 '전망'이라고 한다.[9]

미래에 대해 생각하거나 예측하는 것이 모두 다 전망이 되는 것은 아니다. 본질적으로 전망은 실제 데이터를 기반으로 미래를 예측해내는 것과는 다르다. 스포츠 전문가가 과거 성적에 기초해 특정 선수의 승률을 예측하거나 경제전문가가 시장의 경기를 예측하는 것은 심리학에서 말하는 전망과는 관계가 없다.

심리학적으로 전망은 객관적인 자료가 없거나 오히려 자신의 기대와는 반대되는 사건들이 일어남에도 불구하고 미래에 대해 희망적으로 사고하는 것을 말한다. 이러한 전망과 낙천성 그리고 낙관성은 서로 다르다. 낙천성은 기질적으로 자신의 모습에 대해 특별한 근거 없이 긍정적으로 사고하는 것을 말한다. 이것은 타고나는 것이다. 이에 반해 낙관성은 주어진 자료에 기초해 과거, 현재 그리고 미래에 대해 합리적으로 추론하는 것이다. 낙관성은 학습이 필요한 삶의 지혜에 해당된다.

대조적으로 전망은 상황이 자신에게 호의적이지 않거나 미래를 객관적으로 예측할 수 있는 자료 자체가 없는 조건 하에서, 미래에 대해 긍정적으로 사고하는 것을 말한다. 우리가 인생을 어떻게 살아야 할지 몰라 눈앞이 캄캄한 상태로 방황할 때처럼 말이다. 이러한 전망은 낙관성과 마찬가지로 인생이라는 학교에서 배워야 하는 삶의 지혜이다.

내 삶이 장차 어떻게 펼쳐지게 될지를 이해하기 위해서는 전망 능력이 필요하다. 이러한 전망 능력은 문제 상황에서 내가 어떤 선택을 해야 할지를 파악하는 데 중요한 역할을 한다. 삶에서 전망의 기술은 내가 '할 수 있는 것'과 '할 수 없는 것' 그리고 삶에서 '기대할 수 있는 것'과 '기대할 수 없는 것' 등을 지혜롭게 구분할 수 있게 해준다. 문제는 이러한 것들을 구분하는 일이 결코 쉽지 않다는 점이다.

수백 명의 삶을 80년 이상 추적 조사한 하버드대학의 성인발달 연구에 따르면, 전망이 상대적으로 더 잘 발달하는 사람도 있고 그렇지 않은 사람도 있다.[10] 그런데 하버드대학의 성인발달 연구 참여자들 중 전망을 잘 활용한 사람들은 전반적으로 자신의 일을 즐겼고 정신장애를 나타내지 않았으며 그 대부분이 행복한 결혼생활을 하는 것으로 나타났다.

◇◇◇

마음속에서 반짝이는 것

톨스토이는 행복의 문제와 관련해서 다음과 같이 말했다. "행복하지 못하다면 두 가지 변화를 꾀할 수 있다. 하나는 삶의 조건을 높이는 것이고 다른 하나는 (내적인) 영혼의 상태를 높이는 것이다. 첫 번째는 언제나 가능한 것은 아니다. 하지만 두 번째는 언제든지 가능하다."[11]

심리학자인 로버트 화이트(Robert White)는 다음과 같이 적었다. "우리는 삶의 조건들이 인생을 조형하는 방식에 대해서는 상당히 많이 알고 있다. 그리고 이러한 지식은 매우 중요하다. 반면에 우리는 인간이 삶의 조건들을 조형해 나가는 방식에 대해서는 거의 알지 못한다. 하지만 이러한 지식이 덜 중요하다고 말하기는 어렵다."[12]

로버트 화이트의 주장은 왜 우리가 심리분석 전기에 주목해야 하는지를 잘 설명해 준다. 그에 따르면, 정작 우리는 역사의 주체로서 인간이 역사를 스스로 만들어 나가고 그 결과로서 자신들이 삶의 결과물들을 어떻게 창출해 내는지에 대해서 무지하다는 점이다. 그 이유는 아마도 이러한 심리분석 작업이 암묵적으로 불편함과 두려움을 야기하기 때문인 것 같다.

프랑스의 소설가 쥘리앵 그린(Julien Green)의 이야기는 심리분석 작업이 얼마나 커다란 불편함과 두려움을 야기하는지 잘 보여준다. 그는 자신의 일기에 대해 이렇게 적었다. "누군가 이 일기를 찾아낸다면, 그는 나를 완전히 잘못 판단할 것이다. 나를 판단하는 데 진정으로 중요한 것을 쓰지는 않았기 때문이다."[13]

이처럼 심리분석 작업 과정에서 불편감이나 두려움이 나타나는 것은 전망이 효과적으로 기능하지 못할 때 나타나는 전형적인 현상이다. 무라카미 하루키는 "깊숙이 들여다보면 어떤 인간이든 저 안쪽에 반짝이는 무언가를 갖고 있기 마련이다."[14]라고 말한 적이 있다. 바로 심리분석 작업은 우리들 마음속에서 약점이나 문제점을 끄집어내기 위한 것이 아니라, 반짝이는 무언가를 발굴하기 위한 것이다.

이 책에서는 심리분석 작업을 위해 하버드대학의 성인발달연구에서 사용한 '적응기제(adaptive mechanism)'에 초점을 맞추고자 한다. 적응기제는 우리가 중요한 문제 상황에서 스트레스에 효과적으로 대처하거나 만족스러운 삶을 위해 무의식적으로 선택하는 책략을 말한다.[15] 적응기제는 기본적으로 프로이트(Sigmund Freud)의 '방어기제(defense mechanism)'와 바꾸어 사용하는 것이 가능한 용어다. 다만, 하버드대학의 성인발달연구진은 방어기제가 상대적으로 부정적인 인상을 줄 수 있다는 점에 착안해 적응기제라는 용어를 사용했다.

일반적으로 적응기제는 세 가지 유형*으로 구분할 수 있다. 성숙한 적

---

* 임상 장면에서는 보통 적응기제를 4가지 유형으로 구분한다. 하지만 정신병적인 기제는 일반인에게서는 거의 나타나지 않기 때문에 이 책에서는 미성숙한 기제, 신경증적인 기제, 성숙한 기제의 3가지 유형을 중심으로 살펴보고자 한다.

응기제는 문제 상황에서 '나도 행복해지고 다른 사람도 행복해지는 방법'을 선택하는 것이다. 신경증적인 적응기제는 문제상황에서 스스로 불편하거나 고통스러운 것을 참아내기로 선택하는 것이다. 미성숙한 적응기제는 문제상황에서 다른 사람들에게 불편감을 유발하거나 고통을 주는 방법을 선택하는 것을 말한다.

이 책에서 적응기제에 초점을 맞추고자 하는 이유는 바로 적응기제가 '우리 삶 속에 존재하는 반짝이는 무언가'에 해당되기 때문이다. 단, 이때 '반짝이는 무언가'는 성숙한 적응기제를 말하는 것이다. 여기서 중요한 점은 모든 성숙한 적응기제는 미성숙하거나 신경증적인 적응기제를 거쳐서 탄생하게 된다는 점이다.

인간은 삶 속에서 애벌레가 나비로 변하는 성숙의 과정을 거치게 된다. 인간의 삶이 이처럼 변해가는 과정을 지혜롭게 이해하기 위해서는 '심리학적인 전망의 기술'이 필수적이다. 왜냐하면, 적응기제는 기본적으로 무의식적 특성을 지닌 것이기 때문이다.

예를 들면, 하버드대학 성인발달연구의 한 참여자는 세월이 흐른 뒤에 자신의 실제 과거 기록을 읽으면서도 그것이 자기 이야기라는 것조차 제대로 인식하지 못했다.[16] 이러한 현상은 단순히 망각 때문에 일어나는 것이 아니다. 그 사람이 자신의 심리적인 필요에 의해 나비가 된 다음 과거 자신이 애벌레 시절에 있었던 일들을 체계적으로 왜곡하기 때문에 나타나는 것이다. 바로 이것이 심리분석 작업을 할 때 적응기제를 활용해야 하는 이유이다.

◇◇◇

삶이 점화하기 위해 필요한 것

『장자(莊子)』의 제물편(齊物篇)에는 호접지몽(胡蝶之夢) 고사가 실려 있다. 어느 날 장자는 꿈에 나비가 되었는데, 훨훨 날아다니는 나비가 되어, 저절로 깨치고 멋대로 지내느라, 장자임을 알지 못했다. 하지만 문득 깨어 보니 어엿한 장자였다. 그러자 장자는 자신이 꿈에 나비가 되었는지, 아니면 나비가 꿈에 자신이 되었는지 도무지 알 수가 없었다.

어린 아이들과는 달리, 성인은 꿈과 현실을 구분할 줄 알기 마련이다. 그렇다면, 도대체 왜 장자는 이런 글을 적었던 것일까? 이러한 의문을 해결하기 위해서는 '호접지몽' 고사에서 '꿈'이라는 단어가 이중적인 의미로 사용되고 있다는 점을 간파할 필요가 있다. 그 고사에서 말하는 '꿈'은 우리가 잠을 자면서 꾸는 '꿈'을 뜻하는 것이 아니다.

장자가 말한 '꿈'의 의미를 이해하는 데는 영재들의 삶을 연구한 교육학자 터먼(Terman)과 하버드대학의 성인발달연구진이 함께 추적 조사한 사례를 살펴볼 필요가 있다.[17] 라이어(Lyre)는 6살 때 영재 소녀로 선발되어 연구에 참여하기 시작했다. 여기에서 별칭으로 사용된 '라이어(Lyre)'는 표면적으로는 거문고를 뜻하지만 거짓말쟁이를 뜻하는 '라이어(liar)'를 염두에 두고서 작명된 것이다.

78세가 되던 해에 연구자가 방문했을 때, 라이어는 자신의 재능을 거의 활용하지 못한 채 평범한 삶을 살고 있었다. 영재였으면서도 이렇게 평범하게 살아가는 것이 아쉽지 않느냐고 연구자가 묻자, 그녀는 자신은 특별한 재능을 가진 사람이 아니라고 대답했다. 또 연구자가 어렸을 때 의사가 되고 싶어 한 적이 있냐고 묻자, 라이어는 그런 적이 없다고 대답했다.

하지만 과거 기록에 따르면, 라이어는 14살 때 의사가 되는 것이 꿈이라고 말했으며 대학 때는 의학 관련 기초과목들을 이수한 적도 있었다. 그리고 연구자가 라이어에게 영재 연구 참여자로 선발된 것이 언제냐고 묻자, 그녀는 대학에 입학한 다음이었다고 대답하였다. 하지만 50세 때 그녀는 자신이 10살 때부터 영재 연구에 참여했다고 말했고 25세 때는 자신이 6살 때 영재로 선발되었다고 정확하게 기억하고 있었다.

왜 라이어는 자신이 영재로 선발되었던 시기를 세월이 흐를수록 점점 더 늦춰서 말했던 것일까? 라이어는 자신이 영재로 인정받았던 시기가 이르면 이를수록, 평범하게 살아가고 있는 자신의 모습을 직면할 수 없었기 때문에 부지불식간에 영재 소녀로 선발된 시기를 가능한 한 늦춰서 떠올리려는 방어적인 노력을 기울였던 것이다. 이를 적응기제로는 '억압(repression)'이라고 한다.

억압은 학습의 실패나 단순한 망각과는 다르다. 사람들은 흔히 영어단어를 외운 다음에 불과 몇 시간 정도 지났을 뿐인데 기억이 잘 안 나면 '잊어버렸다'고 생각한다. 하지만 이러한 현상이 대부분은 망각이 아니라 학습에 실패해서 나타나는 것이다. 다시 말해서, 해당 영어단어가 장기기억의 형태로 머릿속에 저장되지 않은 것이다.

일단 학습이 이루어져 장기기억에 저장된 내용도 오랜 시간이 지나게 되면 망각이 일어날 수 있다. 이러한 자연스러운 망각은 주로 중요하지 않거나 잘 활용되지 않는 정보들에서 일어난다. 다시 말해서 이러한 망각은 특별히 망각해야 할 이유가 없는데도 시간이 지남에 따라 기억이 희미해져 가는 것에 해당된다.

대조적으로, 억압은 무의식적인 동기에 의해 자기도 모르게 일어나는 것으로서 정보를 회상하는 데 실패하는 것을 뜻한다. 자연스러운 망각과는 다르게 억압에서는 동기가 중요한 요소가 된다. 억압이 일어나는 이유는 그러한 정보가 의식화될 경우, 불편하거나 두렵기 때문이다. 라이어가 6살 때 영재로 선발되었다는 사실을 기억해내지 못했던 것은 과거에 영재였음에도 불구하고 평범하게 살아가는 자신의 현재 모습을 바라보는 것이 불편감을 유발하기 때문이었다.

다행히 라이어의 삶이 비극으로 끝을 맺지는 않았다. 인생의 황혼기에 라이어의 삶은 극적으로 반전되었다. 성인기 이후로 계속 자신은 단지 평범한 사람일 뿐이라는 말을 반복해왔던 라이어는 노년기에 들어서 비로소 자신에게 음악적인 재능이 있다는 사실을 깨닫게 되었다. 하지만 연구자들은 그녀가 30세 때 작성했던 직업흥미검사 결과를 통해 이미 오래 전부터 그녀가 의학뿐만 아니라 음악에도 각별한 관심을 가지고 있었다는 사실을 알고 있었다. 이 무렵 그녀의 숨겨진 재능을 간파하고 있었던 절친한 친구가 그녀에게 아름다운 바이올린을 유산으로 물려주었다. 그때부터 라이어는 자신의 재능을 꽃피우기 시작해 바이올린 독주회를 갖는 등 열정적인 삶을 살았다. 이처럼 생애의 마지막 시기에 그녀는 거짓말쟁이 '라이어(liar)'가 아닌 현악기를 상징하는 '라이어(lyre)'가 되었다.

장자의 관점에서 본다면, 라이어는 무려 78세가 될 때까지 상징적인 의미에서 '잠든 채로 꿈속에서 살아간 것'이 된다. 호접지몽 고사에 등장하는 '꿈'이라는 단어의 의미는 라이어 같은 사람들이 변화하기 전에 보여주었던 삶의 모습을 가리키는 말이다. 라이어처럼 인생을 살아가는 사람들은 명백히 잠들어 있으면서도 스스로 꿈속에서 살고 있다는 사실조차 못 깨닫는다. 하지만 다행스럽게도 라이어처럼 삶을 살아가는 사람들도 언제든지 꿈에서 깨어나는 것은 가능할 수 있다. 단, 라이어 사례가 보여주는 것처럼, 인간의 삶이 아름답게 점화하기 위해서는 누군가로부터 진정으로 사랑받는 경험이 반드시 동반되어야 한다.

◇◇◇

아름다운 것은 슬픈 것!

세상에서 가장 아름다운 것 중 하나는 바로 '좋은 사람의 향기'다. 하지만 사람의 향기를 말할 때 빼놓아서는 안 되는 것이 있다. "매화는 추운 고통을 겪은 다음에 맑은 향기를 발하는 법"[18]이라는 점이다.

좋은 사람의 향기도 마찬가지다. 무릇 아름다운 향기에는 슬픔이 배어 있기 마련이다. 그렇기에 서정주 시인은 유고시에서 아름다운 것을 음미할 때 놓쳐서는 안 되는 세계를 이렇게 노래했다.

"아름다운 것은 슬픈 것이니라.
한없이, 한없이 슬픈 것이니라. 슬픈 것이니라."[19]

인생의 향기는 삶 속에 내재한 아픔과 슬픔을 조금씩, 하지만 꾸준히 치유해 나갈 때 자연스럽게 배어나오는 것이다. 바로 그렇기에 행복한 삶을 위해서는 삶 속에 내재한 아픔을 '우아하게 수락할 줄 아는 지혜'가 필요하다.

심리적 분석 작업은 비현실적이거나 미화된 긍정성이 아니라, '승화된 긍정성'에 주로 초점을 맞춘다. 비현실적 긍정성에서는 불가능한 것을 왜곡해 마치 가능한 것처럼 탈바꿈시킨다. 또 미화된 긍정성에서는 사실이 아닌 것을 좋게 포장해 그럴 듯하게 만든다. 대조적으로, 승화된 긍정성은 어둔 밤길을 걸어가는 사람들에게 조용한 달빛이 선사해 주는 따뜻한 위로 같은 것이라고 할 수 있다.

행복한 삶을 위해서는 기쁨을 경험하는 것이 중요하다. 기쁨은 쾌감이나 욕구충족을 통해 주관적인 만족감을 경험하는 것과는 다르다. 주관적인 만족감만으로는 행복한 삶이 보장되지 않는다.

행복은 주어진 상황 하에서 '나'와 '남'이 동시에 만족하는 상태를 뜻한다. 그런데 미성숙하거나 성격장애가 있는 사람은 자신의 만족감을 극대화하는 방향으로 행동한다. 그 결과 주변 사람들은 피해를 입게 된다. 이처럼 행복은 주관적으로 만족하는 것 이상의 심리적 과정을 요구한다.

삶에서는 만족감보다 기쁨이 심리적으로 더 성숙한 감정이라고 할 수 있다. 왜냐하면, 고통을 배척하는 쾌감이나 만족감과는 달리, 기쁨은 그러한 고통까지도 기꺼이 수용하기 때문이다. 미성숙하거나 성격장애가 있는 사람들이 타인의 고통을 외면하는 이유는 자신의 아픔을 끌어안을 줄 모르기 때문이다. 그들은 자신의 아픔과 슬픔을 다루는 법을 잘 모른다. 그렇기에 자신과 타인의 고통을 모두 외면해 버린다. 문제는 치유되지 않은 삶의 고통은 태양과 그림자처럼 제아무리 밝은 곳을 찾아가더라도 항상 따라다닌다는 데 있다.

행복의 본질은 아픔을 극복하는 과정에서 경험하게 되는 기쁨에 있다. 이런 점에서 행복은 쾌락의 '강도'나 만족감의 '빈도'가 아니라, 기쁨을 경험하는 '깊이'에 있다고 할 수 있다.

사실 삶에서 고통을 포용할 줄 모르는 사람은 희망의 기쁨도 경험하지 못한다.[20] 희망의 기쁨은 고통을 외면하는 자기기만이나 고통에 무감각해지는 자아도취와는 다르다. 삶에서 희망이 주는 기쁨은 슬픔조차도 끌어안을 마음의 준비를 갖춘 사람들만이 경험할 수 있는 세계다.

희망(hope)은 소원(wish)과는 다른 것이다.[21] 소원은 사람들이 삶에서 일이 성사되기를 간절히 바라는 것을 말한다. 불행한 사람들은 자신이 불행해진 이유가 소원이 이루어지지 않아서라고 믿는다. 하지만 소원이 이루어지지 않았다고 해서 반드시 불행해지는 것은 아니다. 일반적으로 인생에서 소원은 이루어지기보다는 이루어지지 않는 경우가 더 많다.

희망은 온갖 어려움과 고통에도 불구하고 자신이 살아갈 가치가 있다고 믿는 것을 뜻한다. 이것이 바로 희망을 잃어버린 사람에게는 미래가 있을 수 없는 이유다! 이런 점에서 우울증은 '역기능적인 전망'에 의해 유발되는 대표적인 정신장애라고 할 수 있다.[22]

사람의 향기는 마음에서 비롯된다. 그런데 마음은 보이지 않는 세계다. 따라서 심리적 분석 작업에서는 '보이는 세계'를 통해 '보이지 않는 세계'를 드러내는 것이 중요하다. "탄소의 산소화는 보이지 않지만 불꽃은 우리 모두 볼 수 있다. 기침 반사는 보이지 않는 신경과정이지만 기침은 느낄 수 있는 소리다."[23] 마찬가지로 사람의 향기 역시 눈에 보이지 않고 냄새로 맡을 수도 없는 것이다. 하지만 우리 모두 분명히 느낄 수는 있다. 좋은 사람의 향기를.

사람의 향기를 변별해내는 문제와 관련해서는 대법관 포터 스튜워트(Potter Stewart)의 조언을 참고하는 것이 도움이 될 것이다. 1964년 미국의 대법원에서 포터 스튜워트는 다음과 같은 명언을 남겼다.[24] 실제로 어느 두 대상 사이에 분명한 차이가 존재하지만 그러한 차이를 말로는 설명하기 어려운 경우, 사람들은 그 둘 사이의 차이를 "보면 안다"는 것이다.

좋은 사람의 향기 역시 마찬가지다. 우리 모두 느낄 수 있다. 단, 인생 공부가 필요하다!

II

현대의 요정(妖精): 오드리 헵번의 투사

“모든 아이는 신이 아직 인간에 대한 희망을
버리시지 않았음을 상기시켜준다.”[25]

1929년 벨기에에서 출생한 전설적인 배우 오드리 헵번(Audrey Hepburn)은 수많은 영화와 무대공연들을 통해 '현대의 요정(妖精)'이라는 평가를 받았다.[26] 그녀는 생애의 마지막 5년간 유니세프의 친선대사로서 어린 아이들의 생명을 구하는 일에 헌신했다. 그녀는 "어린이 한 명을 구하는 것은 축복입니다. 어린이 백만 명을 구하는 것은 신이 주신 기회입니다."[27]라는 유명한 말을 남기기도 했다.

그녀가 스타 배우로서 생활할 때는 '은막 속에서 요정처럼 보이는 삶'을 살았다. 하지만 유니세프의 친선대사로 활동할 때 그녀의 삶은 진짜 '현대의 요정' 같은 것이 되었다. 여기서 중요한 점은 그녀가 보여준 우아한 삶이 인간애와 열정만으로 빚어진 것이 아니라, 그녀가 살면서 경험했던 마음 속 깊은 슬픔과 상처 경험이 함께 어우러졌기 때문에 가능했다는 것이다. 그녀는 평생 '어린이들에게 적이란 없다'는 믿음을 갖고 살았지만,[28] 정작 자신은 유년시절에 아군과 적군을 구분해야만 하는 상황 속에서 성장했다.

◇◇◇

세상의 적들로부터 자신을 지키기 위한 장벽

오드리 헵번은 성인이 된 이후에 목소리를 높이는 법이 없었다. 오드리 헵번의 지인들은 그녀가 외견상 화를 내지 않고 모든 것을 침착하게 참고 이해하는 특성을 갖고 있다고 말했다.[29] 하지만 그녀의 이러한 독특한 태도는 세상으로부터 스스로를 방어하기 위한 필사적인 노력과도 밀접한 관계가 있었다.

오드리 헵번이 출연한 세 편의 작품에서 영화감독을 맡았던 스탠리 도넌(Stanley Donen)은 오드리 헵번을 무척 좋아했다. 하지만 그에 따르면, 오드리 헵번이 다른 사람들과의 관계에서 그녀를 좋아하는 사람들이 다가오지 못하도록 장벽을 쌓는 경향이 있다고 말했다.[30]

유년시절 오드리 헵번에게는 아버지의 나치 관련 활동 및 실종 그리고 부모님의 이혼 등 남들에게 숨겨야 할 과거 사건들이 많았다. 9살 때 오드리 헵번은 다음과 같이 적었다. "친구가 너의 비밀을 알지 못하도록 하라. 만약 그 친구가 너의 적이 된다면, 온세상이 너의 비밀을 알게 될 것이기 때문이다."[31]

이 글에서는 세상과 인간에 대한 희망을 찾아보기 어렵다. 적응기제의 관점에서 이러한 주장은 '투사(projection)'에 해당된다. 투사는 미성숙한 기제 중 하나로서, 객관적인 근거가 분명하지 않은 상황에서 일반 사람들보다 타인의 의도와 행동에 대해 심한 불신을 나타내는 것을 말한다.

만약 9살 소녀가 투사를 연상시키는 내용의 글을 적었다면, 그 소녀가 세상 사람들에 대한 '기본적인 신뢰'를 터득하기 어려운 환경에서 자랐다는 점을 알아차리는 것이 그다지 어렵지는 않을 것이다. 실제로 오드리 헵번도 그랬다.

오드리 헵번에게는 가족사에 얽힌 비밀이 많았다. 훗날 인터뷰에서 이 얘기가 나올 때면, 그녀는 이 문제에 대해서는 거의 말을 하지 않고 질문자의 관심을 다른 쪽으로 돌리려 애썼다.[32] 특히 아버지에 대한 얘기는 그녀가 평생 숨기려 애썼던 내용이었다.

오드리 헵번의 유년 시절에는 다른 사람들이 이해하기 어려운 사건들이 있었다. 그녀의 어머니 엘라 힘스트라(Ella van Heemstra)는 유대인 친척이 있는 귀족가문 출신이었다.[33]

엘라 힘스트라는 종교적인 믿음으로 질병을 치유할 수 있다고 주장하는 크리스찬 사이언스(Christian Science)를 신봉하는 사람이었다. 그리고 그녀가 불편한 일들을 다루는 방식은 마치 그러한 일들이 일어나지 않은 것처럼 무시하고 회피하는 것이었다. 그녀는 믿음만 있다면 인생의 어떤 역경이든 헤쳐 나갈 수 있다고 믿었다. 하지만 인생은 그다지 호락호락한 것이 아니었다. 그녀는 스무 살이 되기 전에 귀족 가문 출신의 남성과 결혼했지만 얼마 지나지 않아 파경을 맞이했다.

오드리 헵번의 아버지 조셉 러스턴(Joseph Ruston)은 일종의 투기적 사업가였다. 그는 스스로 자신의 본명이 무엇인지조차 혼동할 정도의 이력을 가지고 있었으며 나중에는 부인과 딸 몰래 사라지기까지 했다.[34] 오드리가 생애 처음으로 인명사전에 이름을 올렸을 때, 그녀는 자신의 아버지 이름을 조셉 러스턴이 아닌 조셉 헵번(Joseph Hepburn)으로 기록했다.[35]

엘라는 러스턴이 자바 지역에서 영국의 명예영사로 일하던 때 만났다. 하지만 이 무렵 러스턴은 재직 중 문제가 생겨 사실상 해직 상태였다.[36] 엘라는 자신의 집안과 결별하고서 첫 번째 남편과 이혼을 했으며 러스턴과 결혼했다. 오드리 헵번의 부모님은 벨기에에 살면서도 영국인 동료들과 함께 독일에서 개최된 나치의 집회에 참여할 정도로 파시즘을 열성적으로 지지했다. 오드리 헵번이 세계적으로 유명한 배우가 된 후 부모님이 파시즘의 열렬한 지지자였다는 사실은 배우로서의 생명에 매우 커다란 위협이 되었다.

유년 시절 오드리 헵번의 집은 불화가 잦은 편이었다. 오드리 헵번은 강한 기질의 부모님이 서로 목소리가 커지면서 싸움이 확대되면, 식탁 밑으로 숨고는 했다.[37] 어린 시절 정서불안을 유발하는 가정환경은 오드리 헵번에게 심리적인 상처를 주었다. 그녀는 애정결핍의 문제를 안고 있는 아동들에게서 전형적으로 보이는 행동을 했다. 그녀는 초콜릿 등 단 음식에 집착하거나 손가락을 물어뜯는 등의 불안정한 행동을 보였다.[38] 때때로 그녀는 반항적으로 행동하기도 했다. 부모님이 사준 인형을 받지 않고 땅바닥에 내팽개친 것이다.

결국 오드리 헵번의 부모님은 이혼을 했다. 그 결정적 계기는 오드리 헵번의 어머니가 아이를 돌보던 유모와 남편이 외도를 하는 장면을 목격하게 된 것이다.[39] 이 일로 심한 고성이 오가는 전투가 벌어진 후 오드리 헵번의 아버지는 다시는 집으로 돌아오지 않았다.

먼 훗날 오드리 헵번은 부모님의 이혼이 자신에게 준 상처 경험에 대해 이렇게 회상했다. “내 생활은 그때 완전히 파괴되었어요. 저는 며칠 동안이나 계속 울었어요. 부모님의 이혼은 어린 아이로서는 처음 겪는 충격적인 사건이었습니다. 나는 아버지를 무척 따랐어요. 그래서 아버지가 떠난 날부터 아버지를 무척 그리워했습니다.”[40]

◇◇◇

기이하고도 놀라운 인연의 끈

오드리 헵번의 가족은 2차 세계대전의 소용돌이 속에서 극심한 불행을 겪었다. 오드리 헵번의 어머니는 2차 세계대전을 앞둔 유럽의 정세가 불안정하다고 판단해서 네덜란드로 거처를 옮겼다. 당시 네덜란드는 중립국이어서 상대적으로 안전하다고 믿었기 때문이었다. 하지만 결과적으로 이것은 오판이었다. 처음에 독일군은 네덜란드인들을 예우해 주었지만, 레지스탕스가 조직되자 정책을 바꾸었다. 오드리 헵번의 가족은 집안의 재산을 몰수당했다.

당시에 오드리 헵번의 아버지는 영국에서 유럽 통신회사의 부장으로 일했는데 이 회사는 독일의 나치사상을 영국에 전파하는 전위 부대의 역할을 했다.[41] 그는 전쟁 중에 영국에서 나치에 협력한 죄목으로 체포되어 전쟁이 진행되는 내내 감옥에서 생활했다.

불행한 시기에 오드리 헵번은 발레에 몰두했다. 발레 슈즈를 구할 수 없었기 때문에 그녀는 천으로 만든 슬리퍼를 신고 피아노 반주에 맞추어 발레 공연을 하기도 했다.

전쟁 중에 오드리 헵번의 가족은 나치에 적극적으로 대항했다. 오드리 헵번의 삼촌은 독일군을 공격한 죄목으로 게슈타포에 연행된 후 처형되었다. 이러한 가족 분위기 속에서 오드리 헵번 역시 십대의 소녀였음에도 불구하고 전쟁 중에 자연스럽게 레지스탕스 활동을 돕게 되었다. 그녀는 주로 반나치 선전 유인물을 숨겨와 배포하는 일을 거들었다. 또 이따금씩 레지스탕스로부터 메시지를 받아 또 다른 접선자에게 전달하는 일도 했다.[42]

전쟁 말기에 오드리 헵번은 하루를 한끼 식사로 버텨야 했다. 기본적인 생필품도 부족했고 마실 물조차 구하기 어려운 상황 속에서 그녀는 영양실조에 걸렸다. 빈혈과 혈액순환 장애로 다리에 심한 부종이 생겨 커다란 고통을 받았다. 나중에 가서는 여기에 황달까지 더해졌다.

어쩌면 오드리 헵번은 영양실조로 비극적인 생을 마감하며 역사의 무대에서 자취를 감출 수도 있었을 것이다. 하지만 '기이하고도 놀라운 우연' 덕분에 그녀는 목숨을 구할 수 있었다.

오드리 헵번의 어머니가 전쟁 전에 알고 지내던 사람들 중에 젊은 영국군인이었던 마이클 번(Michael Burn)이 있었다. 그는 영국의 해군 특공 작전 중에 포로로 잡혀 강제 수용소로 이송되었다.

어느 날 오드리 헵번의 어머니는 네덜란드의 하얼렘에 있는 극장에서 독일군이 제작한 선전용 뉴스를 보게 되었다. 그 뉴스 속에서 오드리 헵번의 어머니는 우연히 마이클 번을 발견했다. 그 후 뉴스에서 마이클 번의 얼굴이 나오는 장면을 편집해 적십자에 보내면서 마이클 번에게 음식물을 전달해 달라고 부탁을 했다. 포로였던 마이클 번에게 이 음식은 무척 귀한 선물이 되었다.

전쟁이 끝난 후 마이클 번은 영국으로 송환되었다. 이 무렵 오드리 헵번의 어머니는 영양실조로 사경을 헤매는 딸을 위해 지푸라기라도 잡고 싶은 절박한 심정으로 마이클 번에게 페니실린 약을 구입할 수 있게 도와달라는 부탁을 했다. 전쟁이 끝난 직후 유럽 전역에서 항생제인 페니실린의 가격은 연일 폭등하고 있었다.

고민 끝에 마이클 번은 오드리 헵번의 어머니에게 담배를 몇 상자 보내주었다. 당시에 담뱃값 역시 하루가 다르게 치솟고 있었다. 오드리 헵번의 어머니는 암시장에서 담배를 환전한 다음 이 돈으로 페니실린을 구입할 수 있었다. 그리고 이 페니실린은 오드리 헵번의 생명을 구했다. 이처럼 기이한 인연으로 목숨을 구하게 된 오드리 헵번은 그 후 '유엔구제

부흥기구'에서 제공해 준 음식과 약 덕분에 영양실조로부터 완전히 해방될 수 있었다.[43]

◇◇◇

매우 작은 문제가 주는 논리적 어색함

전쟁이 끝난 후 오드리 헵번은 발레 램버트 학교에 장학생으로 추천되었다. 하지만 오드리 헵번은 발레를 하기에는 너무 큰 키 때문에 발레로 대성하기는 어려운 상황이었다. 결국 그녀는 발레를 포기하기로 결심했다.

오드리 헵번은 브로드웨이 뮤지컬 『하이 버튼 슈즈』의 런던 공연을 위한 배우 선발 오디션에 참가해 3천여 명의 응모자 중 최종 선발된 10명의 명단에 포함되었다. 기본적으로 무대 공연 일은 수입이 불안정했기 때문에 그녀는 자연스럽게 여러 영화에 단역으로 출연하기도 했다.

오드리 헵번이 자신을 세계적인 배우로 발돋움하도록 해준 『로마의 휴일』에 캐스팅되던 무렵 그녀에게 연인이 생겼다. 바로 영국 북부 명문가의 상속자인 제임스 한손(James Hanson)이었다. 처음에 오드리 헵번은 "제임스와 결혼을 하지 않은 채로 살아가는 것은 엄청난 시간낭비"[44]라고 생각할 정도로 그를 좋아했다. 실제로 1951년에 두 사람은 공식적으로 약혼 발표를 했다.

하지만 배우로서 오드리 헵번의 명성이 높아져 감에 따라, 반대로 제임스 한손에 대한 오드리 헵번의 애정은 점차 식어갔다. 어느 순간부터는 오드리 헵번의 의상실에서 제임스 한손의 사진이 들어 있는 액자가 사라졌다. 그 이유에 대해 오드리 헵번은 이렇게 해명했다. "많은 사람들이 그의 이름이 무엇인지 제게 물어요. 저의 사생활은 저만의 거잖아요. 어떻게 하면 무례하지 않게 보이면서도 이 질문을 잘 웃어넘길 수 있을까요?"[45]

실제로 오드리 헵번은 사생활 보호권을 주장한 1세대에 해당되는 배우였다. 그녀는 자신의 집에서 인터뷰를 한 적이 단 한 번도 없었다.[46] 평생 그녀는 공적인 삶은 공적인 영역에서만 유지되도록 사생활을 지켜냈다.

하지만 의상실에서 제임스 한슨의 사진이 들어 있는 액자를 치운 가장 결정적인 이유는 사생활을 보호하기 위함이 아니라 그에 대한 애정이 식어버렸기 때문인 것으로 보인다. 실제로 로마의 휴일 촬영 일정이 지연되면서 1952년 9월 30일로 예정되어 있었던 결혼식이 취소되었다. 그리고 그해 11월 18일에 두 사람은 공식적으로 결별을 선언했다. 이때 오드리 헵번은 논리적으로 다소 어색한 주장을 했다. "우리는 결혼했을 때 서로를 잘 알 수 있게 되는 것만큼 이미 충분히 서로를 너무나도 잘 알고 있습니다. (결혼을 취소하기로 한 결정) 그것은 매우 작은 문제일 뿐입니다."[47]

아마도 결혼을 약속했던 연인이 결혼을 취소하고 헤어지기로 결정한 것이 '매우 작은 문제'에 불과하다는 주장에 동의할 사람은 많지 않을 것이다. 오드리 헵번이 연인의 액자를 치워버린 이유를 설명한 것과 결혼을 취소하기로 한 이유를 설명한 내용은 적응기제의 관점에서 볼 때 '이지화(intellectualization)'에 해당된다. 이지화는 신경증적인 기제 중 하나로, 문제 상황에서 자신의 주장을 펼치면서 이면의 불편한 감정은 빼고 주로 어색하거나 경직된 논리만을 내세우는 것을 말한다.

◇◇◇

불행한 결혼의 반복

1953년 8월 말에 『로마의 휴일』이 뉴욕과 런던에서 개봉되었다. 그리고 바로 일주일 뒤에 오드리 헵번은 타임지의 표지 모델로 발탁되었다. 그 다음부터 오드리 헵번은 전 세계에서 가장 사랑받는 배우 중 하나가 되었다. 『로마의 휴일』은 오드리 헵번에게 아카데미 여우주연상을 안겨주었다.

1954년 후속작 『사브리나』를 촬영하면서 오드리 헵번은 상대 배우였던 윌리엄 홀든(William Holden)과 사귀게 된다. 당시에 윌리엄 홀든은 결혼한 상태였다. 술고래이자 많은 여성들과 관계를 맺는 것을 즐기던 윌리엄 홀든은 아내의 묵인 하에 오드리 헵번과의 밀애를 즐겼다.[48]

1954년에 오드리 헵번은 동료 배우 멜 페러(Mel Ferrer)의 제안으로 『온디네』라는 연극에 참여했다. 이 작품에서 오드리 헵번의 연기는 타임지를 포함해 많은 매체로부터 호평을 받았다. 『온디네』라는 작품으로 오드리 헵번은 '연극의 아카데미상'으로 불리는 토니상을 수상하게 된다. 『온디네』에서 멜 페러는 오드리 헵번과 공동 주연을 맡았고 두 사람은 작품을 하는 동안 급속도로 가까워졌다.

하지만 일주일에 8회나 진행되는 공연 일정 때문에 3달 만에 오드리 헵번은 쓰러졌다. 신경성식욕부진증이라는 소문이 돌 정도로 체중이 감소했다.[49] 스트레스로 천식도 재발했다. 결국 휴양을 위해 멜 페러와 함께 스위스로 여행을 떠났다.

사실 멜 페러는 평판이 좋은 배우가 아니었다. 그는 연기력도 그다지 뛰어나지 않았을 뿐만 아니라, 사생활에서도 감정적으로 행동하는 경향이 있었고 이미 세 번이나 이혼을 한 경력이 있었다. 멜 페러는 오드리 헵번보다 나이가 12살 더 많았다. 어떤 면에서 그가 오드리 헵번과 맺고 있던 관계는 로맨틱한 관계라기보다는 비즈니스 관계에 가까운 것처럼 보였다. 하지만 오드리 헵번은 어머니의 반대를 무릅쓰고 1954년 9월 멜 페러와 결혼했다.

결혼 후 오드리 헵번은 세상 물정에 밝았던 멜 페러의 도움으로 세계에서 가장 많은 출연료를 받는 배우 중 하나가 되었다. 그리고 둘 사이에 아들도 태어났다. 하지만 두 사람의 결혼생활은 그다지 행복하지 않았다. 특히 멜 페러에게는 다른 여자들과의 수상한 관계에 대한 소문이 끊이지 않았다.

오드리 헵번은 자신의 아들에게 자신이 경험한 것과 같은 이혼의 아픔을 물려주는 것을 피하기 위해 안간힘을 썼다. 하지만 결국 두 사람은 1968년 11월 이혼을 했다.

두 달 후 오드리 헵번은 이탈리아의 정신과 의사였던 안드레아 도티(Andrea Dotti)와 재혼했다. 안드레아 도티는 오드리 헵번보다 9살 더 어렸다. 결혼한 지 1년 정도 지났을 때 두 사람 사이에서 아들이 태어났다.

재혼 후 오드리 헵번은 유명한 배우로서의 삶보다는 평범한 주부로서의 삶을 더 좋아했다. 하지만 안드레아 도티는 주부로서의 오드리 헵번보다 세계적인 배우이자 어려서부터 자신이 동경해 왔던 스타로서의 오드리 헵번을 더 사랑했다. 더구나 안드레아 도티 역시 이전 남편과 마찬가지로 바람기가 많은 편이었다. 결국 두 사람은 1982년 이혼하게 된다.

아니러니하게도 어려서부터 세상을 잘 믿지 못했던 오드리 헵번이 진심으로 믿었던 사람들은 다 믿어서는 안 될 사람이었다. 투사의 적응기제를 만성적으로 사용하는 사람이 경험하게 되는 문제 중 하나는 살면서 믿을 만한 사람과 그렇지 않은 사람을 구분할 수 있는 최소한의 훈련 기회조차 박탈해 버린다는 데 있다. 투사는 무조건적으로 다른 사람들을 불신하게 만들기 때문이다.

◇◇◇

나쁜 것과 좋은 것의 차이

하지만 유년시절 기묘한 인연의 끈이 오드리 헵번을 영양실조로부터 구해냈던 것처럼, 운명은 이번에도 오드리 헵번의 편이었다. 생애의 후반부에 또다시 기이한 인연의 끈이 작용해 오드리 헵번은 로버트 월더스(Robert Wolders)라는 놀라운 반려자를 만났다.

항공사 중역의 아들이었던 로버트 월더스는 어려서부터 장래의 꿈이 "여성들을 기쁘게 해주는 것"[50]이라고 말할 정도로 따뜻한 신사도를 갖추고 있었다. 또 그는 뉴욕의 드라마 스쿨 출신으로서 몇 편의 영화에 출연한 적이 있는 배우였다.

그는 자신보다 25살이나 더 많았던 61살의 배우 메를 오베른(Merle Oberon)과 결혼을 한 것으로 유명했다. 메를 오베른은 『폭풍의 언덕』에서 주인공 역을 맡았던 유명 배우였다. 두 사람은 7년간 행복한 결혼생활을 했으나 메를 오베른이 심혈관 질환으로 세상을 먼저 떠나갔다. 메를 오베른은 로버트 월더스에게 거액의 유산을 남겨 주었다.

메를 오베른을 진심으로 사랑했던 로버트 월더스는 그녀를 떠나보낸 후 깊은 슬픔에 빠졌다. 이때 오드리 헵번이 로버트 월더스를 따뜻하게 위로해 주었다. 두 사람 모두 네덜란드에서 유년 시절을 보냈기 때문에 네덜란드에서의 추억을 얘기할 때는 네덜란드어로 대화를 할 정도로 각별한 친분 관계를 유지했다.

나중에 오드리 헵번이 안드레아 도티와의 이혼 문제로 고통을 받을 때, 이번에는 로버트 월더스가 오드리 헵번에게 힘이 되어 주었다. 사실 로버트 월더스는 오드리 헵번이 살면서 처음으로 '진정한 사랑의 기쁨'을 느끼게 해준 사람이었다. 오드리 헵번은 로버트 월더스와의 관계에 대해 이렇게 말했다. "월더스와 나는 우리 인생에서 아주 불행한 시기에 만난 것이 분명해요. (...) 그러나 우리는 결혼 안 한 상태인데도 정말 행복했어요."[51]

로버트 월더스와 오드리 헵번의 삶은 하버드 성인발달연구의 중요한 결과를 상기시켜줄 만한 모범적인 것이었다고 할 수 있다. "이혼이 나쁜 것이 아니라, 오랜 세월을 함께 사랑하며 살아가는 것이 좋은 것이다."[52]

로버트 월더스의 진정한 사랑은 오드리 헵번이 유년시절부터 오랫동안 마음속에 쌓아왔던 투사의 악령을 치유해주었다. 처음으로 세상과, 다른 사람들을 믿을 수 있게 된 것이다. 그러한 믿음은 곧 행동으로 이어졌다.

◇◇◇

현대 요정의 탄생

1987년 오드리 헵번은 유니세프 기금 모금 행사에 초대되었다. 이 일이 계기가 되어 그녀는 유니세프 기금 모금 활동에 적극적으로 참여하기 시작했다. 오드리 헵번의 세계적인 영향력을 인지하고 있던 유니세프는 1988년 3월에 오드리 헵번을 유니세프 친선대사로 임명했다. 보수액은 일

년에 1달러였고 공식적인 출장비와 숙박비 외에는 오드리 헵번에게 어떠한 부가적인 혜택도 주어지지 않았다.[53] 유엔통행 허가증 외에는 외교적인 특권도 없었다.

오드리 헵번은 오랫동안 자신의 자녀들을 위해서 집안에 머무르고 싶어 했다. 도무지 믿을 수 없었던 세상으로부터 자신의 아이들을 철통같이 지키고 싶었기 때문이었다. 하지만 이제 그녀는 진정으로 수많은 아이들을 지키기 위해서 전 세계를 돌아다니기로 결심했다.

오드리 헵번은 에티오피아의 아이들이 기아로 고통 받는 모습을 바라보면서 커다란 충격을 받았다. 그녀는 에티오피아의 수용소에서 한 소녀에게 커서 무엇이 되고 싶은지를 물은 적이 있었다. 그때 소녀는 "살아 있는 거요"[54]라고 대답했다. 그녀가 아이들을 안아줄 때면, 한결같이 "마치 아무 것도 안고 있지 않는 것 같은 느낌"[55]이 들었다.

오드리 헵번은 2차 세계대전 때 영양실조로 사경을 헤맨 적이 있었다. 그때 유니세프의 전신이었던 유엔구제부흥기구에서 제공해 준 음식과 약 덕분에 회복될 수 있었다. 노년기에 오드리 헵번은 그 옛날 자신과 같은 처지에 있는 전쟁터 속 아이들의 목숨을 구하기 위해 동분서주하였다. 적응기제의 관점에서 볼 때, 오드리 헵번의 이러한 활동은 '이타주의(altruism)'에 해당된다. 이타주의는 성숙한 기제 중 하나로서, 과거에 자신이 타인으로부터 받았던 도움 혹은 다른 사람들이 자신에게 해 주었으면 하고 바라는 행동을 역으로 다른 사람에게 베푸는 것을 말한다.[56]

1992년 11월 유니세프 친선대사로 전 세계의 전쟁터를 누비던 오드리 헵번은 결장암 때문에 응급수술을 받았다. 하지만 3주 후에 암이 대장으로 전이가 되었고 3달을 넘기기 힘들다는 진단을 받게 되었다.

더 이상의 치료가 불가능해졌을 때, 오드리 헵번은 스위스의 집으로 되돌아갔다. 그녀의 집에는 모든 가족이 모여 있었다. 생애 마지막 크리스마스에 오드리 헵번은 타고르(Rabindranath Tagore)의 글을 인용한 크리스마스 카드를 작성해 발송했다. 그 문구는 다음과 같았다. "모든 아이는 신이 아직 인간에 대한 희망을 버리지시 않았음을 상기시켜준다."[57]

오드리 헵번은 크리스마스 밤에 잠자리에 들면서 가족들에게 "난 오늘 내 인생 최고의 크리스마스를 보냈어요"[58]라고 말했다. 그리고 한 달이 채 지나지 않아 하늘로 초대되었다.

오드리 헵번의 아들 숀(Sean)은 장례식장에서 지난 크리스마스 이브 때 엄마가 자신에게 들려준 이야기를 감동적으로 전했다. 그것은 샘 레벤슨(Sam Levenson)의 시에서 빌려온 구절이었다. "나이가 들어감에 따라 당신에게는 두 개의 손이 있다는 사실을 깨닫게 될 것이다. 하나는 당신 자신을 돕기 위한 것이고 다른 하나는 남을 돕기 위한 것이다!"[59]

오드리 헵번[60]

III

어느 사회개혁가의 재미있는 인생:
버나드 쇼의 공상

“우리는 거울을 이용해 우리의 얼굴을 보지만,
예술 작품을 통해서는 우리의 영혼을 본다.”[61]

버나드 쇼(G. Bernard Shaw)는 1856년에 더블린의 명망 높은 집안에서 태어났다. 그는 아버지로부터는 '유머'를 그리고 어머니로부터는 '현실도피적인 상상력'을 유산으로 물려받았다.[62]

그의 아버지 카 쇼(G. Carr Shaw)는 인간적으로 따뜻한 품성을 가진 유머러스한 사람이었다. 그는 법원에서 공무원생활을 했는데 은퇴 후 자신의 은퇴연금으로 곡물도매업체를 인수했다. 하지만 그는 사업 감각은 부족한 편이었기 때문에 얼마 가지도 않아서 외상 빚을 잔뜩 짊어진 채 파산하고 말았다.

버나드 쇼의 어머니 엘리자베스(Elizabeth Gurly)는 어머니를 일찍 여의었다. 그래서 그녀는 어려서부터 스파르타식 훈육을 하는 이모의 집에서 생활했다. 엘리자베스는 지긋지긋한 잔소리와 간섭으로부터 벗어나고 싶었기 때문에 자신보다 나이도 두 배나 더 많고 경제적으로도 그다지 부유하지 않은 카 쇼와 결혼을 했다.

하지만 두 사람의 결혼생활은 사실 시작부터 결말이 예정되어 있었다. 신혼여행 중에 엘리자베스는 카 쇼가 이미 알콜중독 상태라는 사실을 깨닫게 되었다.[63] 엘리자베스는 가혹한 현실세계에 직면하기보다는, 그러한 현실과는 비교할 수 없을 만큼 매력적인 상상의 나래를 펼치고서 그러한 공상의 세계 속으로 빠져듦으로써 마음의 상처를 보상받는 길을 선택했다.[64] 결국 버나드 쇼의 어머니는 버나드 쇼가 16살일 때 남편과 아들을 남겨둔 채 두 딸만을 데리고 떠나가 버렸다.[65]

◇◇◇

불우한 외톨이가 건설한 자신만의 왕국

버나드 쇼는 자신의 "어린 시절이 지옥 같았다"[66]고 말했다. 그는 어려서부터 정서적으로 부모의 보살핌을 제대로 받지 못했다. 버나드 쇼에게는 누나가 둘 있었지만 사실상 그가 집안 내에서 의지할 만한 가족은 아무도 없었다. 유년시절 이러한 환경 속에서 버나드 쇼는 "생각하는 법을 배우기도 전에 상상의 나래를 펼치는 법부터 터득하게 되었다."[67]

버나드 쇼는 책을 읽을 수 있게 되면서부터 자신만의 환상의 왕국을 건설하기 시작했다.[68] 그는 자신의 환상 속에서는 늘 왕들과의 전투에서 승리하고 여왕들과 사랑을 나누는 영웅이 될 수 있었다. 반면에 현실에서는 겁이 많고 수줍어하며 잘 우는 외톨이였다.

버나드 쇼의 이러한 행동은 적응기제의 측면에서 볼 때, 공상(fantasy)에 해당된다. 공상은 미성숙한 기제 중 하나로서, 현실적인 대인관계에서 충족되지 못한 욕구를 만족시켜 줄 수 있다. 현실에서 주변 사람들로부터 관심과 사랑을 받지 못하던 아이도 공상 속에서는 '대중들로부터 사랑받는 스타'가 될 수 있는 것이다. 하지만 '머릿속의 즐거운 공상'은 현실생활에서의 외로움을 더욱 가중시킬 수 있다. 왜냐하면 사람들은 비현실적인 몽상가들을 결코 좋아하지 않기 때문이다.

버나드 쇼는 상상 속의 자기 모습과 자신의 실제 모습 사이에 존재하는 심각한 괴리 때문에 때때로 울적한 기분이 들었다. 그리고 이러한 심적인 부담감을 덜기 위한 보상적 시도로서 허풍을 떨기도 했다. 마치 공상의 내용이 사실이기라도 한 것처럼 행동한 것이다.

하지만 그 결과는 아주 안 좋았다. 어느 날 그는 마치 공상 속의 주인

공처럼, 다른 소년에게 실제로 "죽을 때까지 발로 걷어차 주겠다!"[69]고 으름장을 놓았다. 그런데 그의 시나리오와는 달리, 그 소년은 기죽지 않고 '어디 한 번 해볼 테면 해보라!'는 식으로 덤벼들었다. 결국 버나드 쇼는 꼬리를 내리면서 도망갈 수밖에 없었다.

성인이 되어서도 버나드 쇼의 허풍은 계속되었다. 그의 허풍이 최고조에 달했을 때, 그는 자신이 "태어날 때부터 글을 읽을 줄 알았다"[70]는 놀라운 주장까지도 태연하게 했다. 하지만 먼 훗날 그는 입주가정교사를 후원하는 자선단체로부터 기부금을 요청받았을 때 문득 자신에게도 가정교사가 있었다는 사실을 떠올리게 되었다.[71] 곧 자신의 잘못을 깨닫고는 그 단체에 소액이나마 기부를 했다.

◇◇◇

트러블 메이커

20살이 되었을 때, 버나드 쇼는 더블린을 떠나 런던으로 가기로 결심했다. 그는 이러한 결심을 하게 된 배경을 다음과 같이 설명했다. "나는 실패도 싫었고 가난도 싫었으며 무명인으로 사는 것도 싫었고 배척받고 경멸받는 것도 싫었다. 하지만 더블린이 내게 준 것들은 모두 그런 것들뿐이었다."[72]

버나드 쇼는 런던에 도착해서 어머니와 누나들을 찾아 갔다. 어머니는 유산으로 상속받은 돈과 피아노 교습으로 근근이 생계를 꾸려나가고 있었다. 버나드 쇼는 어려운 가정형편에 보탬이 되는 경제활동을 하기보다는 집에서 자신이 좋아하는 노래를 서툰 피아노 솜씨로 연주하면서 시간을 보냈다. 어머니는 오랜만에 만난 아들의 피아노 연주에 조금도 불평하지 않았다. 하지만, 훗날 어머니는 그 당시에 남모르게 울기 위해 밖으로 나갔었다고 아들에게 털어놓았다.[73]

점차 시간이 흐름에 따라 버나드 쇼는 성인답게 경제활동에 동참하라는 주변 사람들의 등쌀에 시달려야 했다. 그 대표적인 인물 중 하나가 바로 성악가였던 밴덜러 리(G. J. Vandaleur Lee)였다. 그는 어머니의 음악 스승이었다. 어머니가 아버지를 버리고 더블린에서 런던으로 오게 된 것도 바로 그와 함께 음악 활동을 하고 싶어서였다.

버나드 쇼는 밴덜러 리가 비평을 연재하던 '호넷(Hornet)'이라는 음악잡지에 그를 대신하여 비평을 쓰고 보수를 받는 일을 했다. 하지만 그의 비평은 공연대행사들의 분노를 유발하여 잡지에 더 이상 광고가 주어지지 않도록 만들었고 결국 잡지사는 폐간되고 말았다.[74]

적응기제의 관점에서 보면, 버나드 쇼의 이러한 행동들은 '수동공격성(passive aggression)'에 해당된다. 수동공격성은 미성숙한 기제 중 하나로서, 불만을 갖고 있는 대상에게 자신의 분노감을 직접 표현하지 않고 간접적인 방식으로 드러내는 것을 말한다. 수동공격성은 주로 상대방에게 직접 폭력을 행사하기보다는 언어적인 공격을 일삼거나 반항적으로 행동하는 방식으로 표출된다.

그는 변변찮은 일조차 하지 않으면서 시간을 흘려보내다가 2년 뒤 런던의 영국박물관 도서실에 처박혀 첫 번째 소설을 썼다. '미성숙'이라는 제목의 소설이었다. 이 소설은 제목만큼이나 미성숙한 작품이어서 런던의 모든 출판사로부터 제안을 거절당했다.[75]

그 후에 그는 4편의 소설을 더 썼다. 그는 영국과 미국의 출판사 60군데에 출간을 제안했지만 모두 실패로 끝났다.[76] 나중에 그가 명망 높은 작가가 되었을 때, 다른 소설들은 모두 출판하는 데 성공했다. 하지만 그가 썼던 첫 번째 작품인 '미성숙'은 끝까지 출간하지 못했다. 결국 그 작품만큼은 그가 직접 자비를 들여야만 했다.[77]

오스카 와일드(Oscar Wilde)는 버나드 쇼의 소설을 조롱하면서 다음과 같이 말했다. "버나드 쇼의 작품들을 싫어하는 두 가지 방법이 있다. 하나는 그의 작품들을 싫어하는 것이다. 나머지 하나는 그의 소설들을 좋아하는 것이다."[78] 이처럼 그의 소설들을 좋아한다고 말하는 것이 그의 작품을 싫어한다고 말하는 것과 같은 말이 될 정도로 그의 소설들은 세상으로부터 외면받았다.

이 시기에 전반적으로 그의 모습은 마치 "희망을 품지 않는 자는 절망하지도 않는다."[79]는 믿음을 갖고 살아가는 것 같았다. 그는 당시에 "사실상 야망이라고는 찾아볼 수 없는 사람"[80]처럼 살았다고 고백했다. 그에 따르면, 그 자신은 이때 "신념이나 희망 없이, 그다지 애쓰지도 않으면서, 보상에 대한 별다른 관심 없이 생활했다."[81] 하지만 객관적으로 조망할 경우, 그의 실제 모습은 그가 한 설명과는 사뭇 다른 것이었다.

사실, 그의 첫 번째 소설 '미성숙'은 영국의 유명화가 세실 로손(Cecil Lawson)을 모델로 한 것이었다. 버나드 쇼가 런던에 도착하던 해인 1876년에 이미 세실 로손의 작품은 영국의 왕립미술아카데미로부터 높은 평가를 받고 있었다. 나중에 그는 프랑스의 루브르 박물관에 작품을 전시할 정도로 유명한 화가가 되었다.

버나드 쇼는 어머니의 소개로 세실 로손의 집을 여러 차례 방문한 적이 있었다. 그는 이때 로손 가족에게 매우 "무례하고 거만하게"[82] 행동했다. 그가 이렇게 행동했던 것은 실제로 그가 거만한 성격의 소유자였기 때문은 아니다. 그는 세실 로손의 집을 방문하는 날, 20분 넘게 강둑을 서성이는 식으로 망설이다가 현관문을 두드리곤 했다.[83] 분명 그는 야망이 없었던 것이 아니다. 그보다는 열등감에 사로잡혀 있었던 것으로 보인다. 왜냐하면, 그가 런던으로 온 이유는 앞에서 언급했던 것처럼 가난과 무명인으로 사는 것이 싫었기 때문이었다.

적응기제의 관점에서 볼 때 버나드 쇼가 이 시기에 야망도 없고 보상에 대한 별다른 관심도 없이 살았다고 주장하는 것은 '이지화'에 해당된다. 비록 그럴 듯한 논리로 포장해서 말하지만 그 밑바탕에는 열등감과 더불어 유명해지고 싶은 욕구가 깔려 있었기 때문이다. 동시에 그가 로손 가족에게 무례하게 행동한 것은 수동공격성에 해당되기도 한다.

◇◇◇

독설로 무장한 괴짜연설가

버나드 쇼는 런던에 온 후 무려 9년간이나 무일푼 신세로 살았다.[84] 그는 구멍 난 바지에 찢어진 신발을 신었다. 그의 코트는 원래 검은 색이었으나 색이 바래서 거의 녹색으로 변해버렸다. 그는 소매가 다 해어진 코트의 끝을 가위로 잘라내어 입고 다녔다. 어느 날 거리에서 걸인을 만났을 때 그는 자신의 모습이 그와 별반 차이가 없다는 것을 깨달았다.[85]

26살 때 버나드 쇼는 우연히 칼 마르크스(Karl Marx)의 『자본론』에 대한 얘기를 듣게 되었다. 당시만 하더라도 아직 『자본론』의 영어 번역본이 없었기 때문에 그는 영국박물관에서 프랑스어판을 구해 읽었다.[86] 『자본론』은 버나드 쇼를 하룻밤 사이에 사회주의자이자 정치선동가로 변화시켰다. 훗날 그는 "누구든지 칼 마르크스의 책을 한 번 읽고 나면, 글래드스톤

(Gladstone: 영국의 수상) 같은 사람들에게 속아 넘어갈 수 없지."라고 말했다.

28살 때 버나드 쇼는 평생의 동지인 시드니 웹(Sidney Webb)과 함께 페이비언 협회(Fabian Society)에 가입했다. 페이비언 협회는 혁명보다는 계몽과 개혁을 통해 사회주의 국가를 건설하고자 하는 정치단체였다.

버나드 쇼는 29살이 되던 1885년부터 대중연설을 시작했다.[87] 그 후로 12년 간 대중 집회에서 무려 1,000번도 넘게 연설을 했다.[88] 훗날 그는 당시에 자신이 "겁이 나지만 매번 화재 현장으로 출동해 두려움을 극복하고서 일을 배워나가는 소방관"[89] 같았다고 말했다.

버나드 쇼의 주장은 매우 재미있었기 때문에 대중을 위한 정치집회가 지나치게 무거운 분위기 속에서 진행되지 않도록 하는 데 커다란 도움이 되었다. 하지만 동시에 그가 귀에 거슬릴 정도로 신랄한 수준의 풍자와 농담을 해댔기 때문에 열성적인 사회개혁가들을 협회에서 떨어져 나가도록 만들었다.[90]

버나드 쇼는 다음과 같이 말했다. "만약 귀에 거슬리게 얘기하지 않을 거면, 차라리 말을 안 하는 것이 더 낫다. 왜냐하면, 자신의 신경을 건드리지 않는 얘기에는 그 누구도 귀담아 듣지 않을 것이기 때문이다."[91]

또 그는 자신이 독설을 하는 이유를 다음과 같이 밝히기도 했다. "화를 잘 내는 사람들의 감정이 상할까봐 주저하지 마라. 그들에게 단단히 일격을 가한 다음 그들이 반격을 하게 놔둬 보라. 그러면 그들은 다시는 덤벼들지 않을 것이다!"[92]

이런 맥락에서 버나드 쇼는 다음과 같은 기발한 주장을 한 적이 있다. "현재 우리 사회에는 많은 불합리한 문제들이 있습니다. 그중에서도 가장 기이한 것은 꿩과 사슴 사냥을 위해서는 광활한 땅에 값비싼 돈을 들여 엄격하게 관리하는 반면에 아이들을 위해서는 그와 같은 투자를 거의 하지 않는다는 점입니다. 그래서 저는 일종의 스포츠로 아이들을 사냥하라는 제안을 해야겠다는 생각이 여러 번 들었습니다. 만약 그렇게 할 경우, 일 년에 두 달 동안은 사냥꾼의 사격으로 아이들의 사망률이 높아지겠지만, 열 달 동안은 매우 조심스럽게 보호받아서 결과적으로는 아이들의 사망률이 감소하게 될 것입니다."[93]

또 금주가인 동시에 채식주의자였던 버나드 쇼는 "위스키를 마시고 육식을 하는 사람은 제 능력을 온전하게 발휘할 수 없다"[94]는 특이한 주장을 했다. 특히 그는 육식이 "최고의 특식이 빠진 식인풍습"[95]이라는 독설을 퍼부었다. 그에 따르면, "소와 양은 마땅히 인간 존재들을 낳아 기르고 돌보는 데 바쳐야 할 인간의 노동력을 엄청나게 잡아먹는 존재들이다."[96]

버나드 쇼의 악명 높은 독설들은 미성숙한 기제인 수동공격성과 신경증적인 기제인 이지화와 관계가 있는 것으로 보인다. 먼저 그의 독설들은 상대방에게 물리적인 폭력을 행사하기보다는 언어적인 공격을 시도한다는 점에서, 수동공격성에 해당된다고 할 수 있다.

또 앞에서 소개한 그의 독설들은 논리적으로는 그럴 듯하지만 그 밑바탕에는 자신이 유년시절 외톨이로 지내야 했던 정서적인 상처경험이 깔려 있었다는 점에서 이지화에 해당되기도 한다. 결국 그가 술, 육식, 그리고 꿩과 사슴 사냥을 비판한 결정적인 이유 중 하나는 바로 그러한 활동들이 아이들을 잘 돌보는 데 방해가 되었기 때문이다.

◇◇◇

피의 일요일

버나드 쇼가 서른이 되던 해인 1886년에 영국은 불황이 극에 달해서 실업자가 폭증했다. 1886년 2월부터 시작해서 1887년 11월까지 런던에서는 노동자와 사회주의자가 연합해 지속적으로 대규모 시위를 벌였다. 특히 1887년 11월 13일 트라팔가 광장에서 진행된 시위는 "피의 일요일"[97] 이라고 불렸다.

이날 버나드 쇼는 시위대 속에서 경찰의 맹공격으로 시위대가 대패하는 모습을 고통스럽게 지켜봐야 했다.[98] 한 남자가 그에게 "선생님, 우리를 이끌어 주세요. 어떻게 해야 합니까?"[99]라고 울부짖으면서 물었다. 하지만 사실상 그날 그가 할 수 있는 것은 아무 것도 없었다. 그날까지만 해도 그는 영국의 낭만파 시인 셸리(Percy B. Shelley)가 노래한 "너희는 다수고 그들은 소수다"[100]라는 믿음을 간직하고 있었다.

하지만 피의 일요일을 겪은 후 버나드 쇼는 전략을 바꾸기로 결심했다. 그는 시위에서는 자신과 페이비언 협회의 역할이 미미할 수밖에 없다고 판단했다. 또 시위를 통해서 무명인이 유명해질 수 있는 방법은 오직 하나밖에 없다고 보았는데 그것은 바로 '순교하는 것'이었다.[101] 결론적으로 그는 자신의 역할에 대해 이렇게 말했다. "나는 사상가이지 싸움꾼이 아니야."[102]

때때로 그의 동료들 중에는 대중이 언제나 패배하는 것은 아니며 프랑스 혁명과 같은 역사가 이를 증명해 준다고 주장하는 이들도 있었다. 그러한 주장에 대해 버나드 쇼는 그것은 프랑스 국왕 루이 16세처럼 군인들에게 줄 봉급을 4년 치나 지급하지 않았을 때나 일어날 수 있는 일이라고 응수했다.[103] 또 영국의 경찰 월급은 미지급된 적이 없을 뿐만 아니라 연금도 보장되기 때문에 영국에서는 프랑스처럼 경찰이 시민들과 손잡고 봉기하는 일은 일어날 수가 없다고 주장했다.

버나드 쇼는 입장 정리를 확실하게 했다. 그는 단호하게 말했다. “나는 총격전이 시작되면 침대 밑으로 기어들어가 우리가 진정한 의미에서 생산적인 일을 할 수 있게 될 때까지 절대로 나오지 않을 것이다.”[104]

피의 일요일 이후 절치부심하던 그는 1895년 페이비언 협회의 동반자 시드니 웹과 함께 사회개혁을 위해 대담한 도전을 시작했다. 바로 런던 정치경제대학교(London School of Economics and Political Science: LSE)를 설립한 것이다. 오늘날 LSE는 사회과학 중심의 세계적인 명문대학이 되었다. 2019년 QS 세계대학평가를 기준으로 할 때, LSE는 사회과학 분야에서는 하버드 대학에 이어 세계 2위를 기록했으며 사회정책 및 행정 분야에서는 전 세계 1위를 기록하였다.

◇◇◇

전혀 예상하지 못했던 일

버나드 쇼는 한때 “진정한 사회주의자가 되고자 하는 사람이라면, 극장을 가거나 춤을 추거나 술을 마시거나 심지어 연애를 하는 대신 일주일에 두 세 번은 우중충하고 허접한 곳에서조차도 연설과 논쟁을 하거나 세상 돌아가는 정보를 수집해야 한다.”[105]고 말했다. 특히 그는, 성행위는 기괴한 것이기 때문에 스스로를 존중하는 사람들이라면, 남녀가 밤에 사랑을 나눈 다음날 아침에 어떻게 얼굴을 대면하는지 도무지 이해할 수 없다고 주장했다.[106] 마찬가지 맥락에서 하나님이 대단하신 이유는 지혜롭게도 생식기관을 배설기관과 붙여놓아서 결과적으로 사람들이 사랑과 수치심을 결부시킬 수 있도록 하신 것이라고 주장했다.[107]

여기까지만 살펴보면, 버나드 쇼의 이러한 태도는 개인적인 신념을 반영하는 것일 수도 있고 이지화에 해당되는 것일 수도 있다. 그의 모습이 이지화일 가능성이 있는 이유는 마치 이솝우화에 나오는 '여우의 신포도 이야기'를 연상시키기 때문이다. 이솝우화에서 여우는 포도를 먹고 싶었으나 아무리 힘차게 뛰어올라도 높이 매달려 있는 포도를 먹을 수 없게 되자 체념하고 돌아서면서 '신포도일거야'라고 말한다. 이때 여우는 자신이 신포도라고 판단내린 이유를 그럴 듯한 논리로 포장해 내세우지만 자신이 그 포도를 먹고 싶어 했다는 감정에 대해서는 숨긴다. 버나드 쇼가 사랑의 문제와 관련해서 젊었을 때 보여준 이러한 수수께끼를 풀기 위해서는 그 이후에 실제로 일어났던 일들에 대해 조금 더 찬찬히 지켜볼 필요가 있다.

1896년 샬롯 페인 타운센드(Charlotte Payne Townshend)라는 여인이 버나드 쇼의 삶 속으로 들어왔다. 아일랜드계 혈통의 상류층 집안 출신이자 사회주의 운동에 관심이 많았던 타운센드는 LSE 설립하는 데 1,000파운드라는 거금을 기부하였다. 이 일이 계기가 되어, 두 사람은 페이비언 협회의 동료들과 여름휴가를 함께 보내게 되었고 그때부터 급속도로 가까워졌다.

1897년에 버나드 쇼의 『악마의 제자』라는 희곡 작품이 뉴욕 무대에서 커다란 성공을 거두었다. 그에 따라 자연히 그의 재정 수입도 크게 증가하였다. 1898년에 타운센드는 기꺼이 버나드 쇼의 비서 역할을 맡아 주기로 했다.

이때부터 버나드 쇼의 독설에 점차 유머(humor)가 가미되기 시작했다. 성숙한 적응기제로서 유머는 스트레스 상황에서 타인에게 불쾌감을 주지 않으면서도 자신의 감정을 재미있게 표현하는 것을 말한다. 자학적인 개그나 가학적인 농담과는 달리, 유머는 자신과 다른 사람들 모두가 진정으로 웃을 수 있도록 해 준다.

타운센드는 버나드 쇼를 극진히 보살폈다. 이 모습을 그는 다음과 같이 유머러스하게 적었다. "내가 마치 통나무처럼 누워있는 동안 나의 충실한 비서는 자전거를 타다가 난 내 뺨의 상처에 약을 발라주고 나를 토닥여주었다. 내가 예전의 미모를 회복할 수 있기를 바라면서....."[108]

사실 버나드 쇼는 외모 열등감이 있었다. 백신 예방 접종을 했음에도 불구하고 그는 1881년에 유행하던 천연두의 희생양이 되었다.[109] 전체적으로 봤을 때 버나드 쇼의 외모는 우스꽝스러운 데가 있어서 "서툴게 조리된 계란반숙요리"[110]같다는 평가를 받았다.

또 그는 자신이 술을 마시지 않는 이유에 대해서도 유머러스하게 소개하였다. "나는 술을 입에 대지도 않는다. 나의 가족이 이미 주류회사에 진 빚을 다 갚아야 할 정도로 돈을 충분히 많이 지불했기 때문에 내가 추가로 지불해야 할 의무까지는 더 이상 남아있지 않아서이다."[111]

버나드 쇼는 자신의 뼈아픈 과거 경험에 대해서도 유머러스하게 반응하는 여유를 보여 주었다. 피의 일요일에 정치인 커닝엄 그레이엄(Cunninghame Graham)은 시위대의 맨 앞줄에 서서 군인들을 뚫고 용감하게 돌진해 시위대의 영웅이 되었다. 그는 시위 때 경찰에게 흠씬 두들겨 맞고 체포되어 6주간 교도소에서 보내야 했다.[112]

그 후 페이비언 협회 강연이 있던 날, 커닝엄 그레이엄은 버나드 쇼에 대해 "피의 일요일에 트라팔가 광장에서 제일 먼저 도망간 사람"[113]이라고 놀렸다. 그러자 버나드 쇼는 유머러스하게 응수했다. "나를 너무 치켜세우는군. 나는 그렇게까지 영리하지는 못했다네."[114]

마침내 1898년에 버나드 쇼와 타운센드는 결혼했다. 두 사람 모두 42세가 되던 해였다. 버나드 쇼는 자신이 결혼을 한 이유를 이렇게 설명했다.

"내가 불가능하다고 생각했던 일, 즉 나 자신보다 누군가를 더 생각하게 되고 서로에게 없어서는 안 되는 존재가 되는 일이 일어났기 때문이다."[115]

이제 우리는 젊은 시절 버나드 쇼가 성행위에 대해 가지고 있었던 기이한 믿음과 관련된 수수께끼도 자연스럽게 해결할 수 있게 되었다. 그의 기이한 믿음은 평생 간직하게 될 철학적인 신념이라기보다는 이지화였던 것으로 보인다. 버나드 쇼는 원래 결혼에 관심이 없었던 것이 아니라 관심은 있었으나 좋은 파트너를 만나지 못했기 때문에 심리적인 갈등상태에서 자기방어의 목적으로 부지불식간에 기이한 믿음을 갖게 된 것이었다. 만약 그가 정말로 결혼에 관심이 없었고 갈등도 없었다면, 그토록 기이한 믿음을 가질 이유도 없었을 것이다. 이처럼 인생에서 진실은 때때로 기다림을 필요로 하는 법이다.

◇◇◇

거울과 예술작품의 차이

1912년 버나드 쇼는 희곡 『피그말리온』을 집필했다. 이 작품의 주요 메시지 중 하나는 인간이 어떤 존재가 되는가는 그 사람이 어떻게 행동하는가에 달려있는 것이 아니라, 세상이 그 사람을 어떻게 대하는가에 달려있다는 것이다.[116] 그가 작품에 담았던 이러한 메시지는 그 자신의 체험과 밀접한 관계가 있다.

이 작품은 나중에 오드리 헵번이 주연을 맡은 영화 『마이 페어 레이디』로 제작되었고 그는 이 작품으로 아카데미 각본상을 수상하였다. 특히

1925년에 버나드 쇼는 노벨문학상까지 수상하였다.

버나드 쇼는 “우리는 거울을 이용해 우리의 얼굴을 보지만, 예술 작품을 통해서는 우리의 영혼을 본다.”[117]고 말했다. 사실 그의 모든 예술작품은 외면이 아니라, 내면의 아름다움을 향한 것이었다. 그가 외모와 관련해서 열등감이 있었던 점을 그의 작품 활동의 적응기제로 본다면, ‘승화(sublimation)’에 해당된다.

성숙한 적응기제로서 승화는 사회적으로 물의를 일으키거나 지나치게 쾌락을 손상하는 일 없이, 보다 문화적인 형태로 본능이 표출될 수 있도록 해준다. 예를 들면, 게임, 스포츠, 취미활동, 직업 등을 통해서 공격성을 표현하거나 다양한 문화 활동을 통해서 낭만적으로 성적인 욕구를 표현하는 것이다.

22살 때 버나드 쇼는 첫 번째 소설 『미성숙』을 썼다. 그리고 56살 때 희곡 『피그말리온』을 썼다. 『미성숙』과 『피그말리온』 모두 작가로서 천부적인 재능을 가지고 태어난 버나드 쇼가 집필한 것이지만 세상의 반응은 너무나도 달랐다. 한 작품은 대중적으로나 문학적으로나 만인의 사랑을 받았다. 하지만 나머지 한 작품은 버나드 쇼를 제외한 그 어떤 사람도 그 가치를 인정해 주지 않았다.

아마도 버나드 쇼가 변하게 된 데는 많은 요인들이 영향을 주었겠지만, 상대적으로 두 가지 요인이 결정적이었던 것으로 보인다. 첫째, ‘나 자신보다도 더 생각하게 되고 서로에게 없어서는 안 되는 누군가’를 만난 것이다. 둘째, 미성숙하거나 신경증적인 심리적 적응기제를 사용하던 것에서 성숙한 적응기제를 사용하는 것으로 변화한 것이다.

조지 버나드 쇼[118]

IV

마음속 독풍(毒風) 다스리기:
추사 김정희의 신체화

"한 겨울이 되어서야 소나무나 잣나무가 시들지 않는다는 사실을 알 수 있다."

추사(秋史) 김정희(金正喜)는 한국을 대표하는 서예가 중 하나로 김생, 탄연, 안평대군과 더불어 4대 명필로 꼽힌다.[119] 단순히 뛰어난 서예가에 머무는 것이 아니라, 시와 문장의 대가인 동시에 경학과 고증학 그리고 금석학 분야에서도 당대 최고의 석학으로 평가받는다. 이러한 점 때문에 그는 당대의 청나라 거유(巨儒)인 옹방강(翁方綱)으로부터 '해동(海東)에서 제일(第一)가는'[120] 통유(通儒), 즉 우수한 유학자로 칭송받기까지 했다.

김정희의 글씨체인 추사체는 '난해한 서체'로 정평이 나 있다. 또 전통적인 아름다움인 '우아미(優雅美)'를 추구하는 유형도 아니다. 그보다는 "파격의 아름다움, 개성으로서의 괴(怪)"[121]를 나타내는 것에 더 가깝다. 추사와 동시대 인물인 초산(樵山) 유최진은 추사체의 특징을 이렇게 평했다. "글자의 획이 혹은 살지고 혹은 가늘며, 혹은 메마르고 혹은 기름지면서 험악하고 괴이하여, 얼핏 보면 옆으로 삐쳐나가고 종횡으로 비비고 ... 마음을 격동시키고 눈을 놀라게 하여 이치를 따져보는 게 불가하다."[122]

그럼에도 불구하고 당대에 추사체의 인기는 하늘을 찌를 듯 했다. 추사를 직접 만난 후 그에 대한 기록을 남겼던 상유현(尙有鉉)은 추사체의 인기에 대해 이렇게 적었다. "사람들이 다 그 체를 좋아하고 그 첩(帖)을 귀중히 여긴다. 청나라 사람들이 그 글씨를 많이 사기 시작하고 일본 사람도 많이 거두어 요즘은 갈수록 귀해져 첩 하나의 값이 백여 원에 이르는 것도 있다. 내 안목으로는 그리 귀히 여길 만한 무엇이 있어 그런지 알 수 없다."[123]

추사체에 대해서는 많은 이설(異說)들이 있지만, 비교적 많은 학자들이

동의하는 것 중 하나는 추사체가 그의 제주유배 시절에 확립된 것이라는 점이다.[124] 정치학자이자 미술사학자인 동주(東洲) 이용희는 추사체의 성립 배경을 이렇게 소개했다.

"(제주 유배지에서) 오직 자기 자신을 위해 쓸 수 있었다는 계기가 추사체의 비밀이겠죠. 자기 자신만을 위하여 썼다는 것, 울적한 심사를 달래려고 썼건 그걸 쏟아내려고 썼건, 원래 예술로서 글씨란 남을 위하여 혹은 남에게 보여주기 위하여 쓰는 것인데 이제는 그런 제3의 계기를 차단해 버린 셈이죠. 부끄러울 것도 없었던 것이죠. 그러니까 괴이한 개성이 나온 거 아니겠어요."[125]

이러한 해석이 부분적으로는 추사체의 형태적 특징에 대해서 설명해 줄 수 있을 것으로 보인다. 하지만 이러한 설명은 추사체의 핵심인 '괴(怪)의 구조를 통해 글씨를 구성해내는 기능적 특징'을 이해하는 데는 별로 도움이 되지 않는다. 김정희 평전을 집필했던 유홍준이 지적한 것처럼, "추사체의 본질은 형태의 괴가 아니라 필획과 글씨 구성의 힘에 있는 것이다."[126] 이런 점에서 추사체의 본질을 이해하기 위해 추사 김정희의 내면세계를 분석하는 것은 필수적인 과제로 보인다.

◇◇◇

추사 김정희의 인간적인 약점

창작열이라는 측면에서 추사는 타의 추종을 불허하는 사람이었다. 특히 그는 글씨를 쓸 때면 말 그대로 각고의 노력을 기울였다. 벗 권돈인에게 보낸 편지에 다음과 같이 적었다. "70 평생에 벼루 10개를 밑창 냈고 붓 일천 자루를 몽당붓으로 만들었다."[127]

추사는 내적으로 열정적이었을 뿐만 아니라 작품 활동에서는 완벽주의적인 모습을 보였다. 그는 정성껏 써놓은 저서를 스스로 몇 차례 불태운 전력이 있을 정도로 작품의 완성도를 중시했다.[128] 하지만 유홍준의 분석에 따르면, 추사의 창작열에는 치명적인 약점이 있었다. "매사에 시시비비를 확실하게 따져야 했고, '알면 말하지 않을 수 없다'는 성미 때문에 결국 수많은 적을 만들어"[129] 끝내 귀양과 유배를 가는 고난을 겪게 된 것이다.

추사는 전주 지역의 이름난 서예가 창암(蒼巖) 이삼만을 만난 적이 있다.[130] 비록 이삼만의 명성이 서울까지 전해졌던 것은 아니지만 호남에서는 꽤 유명해서 주요 사찰의 현판을 썼다.

창암은 추사의 명성을 익히 알고 있던 터라, 자신보다 16살 더 어린 추사에게 자신의 글씨를 보여주면서 평을 부탁했다. 그 자리에는 창암의 제자들이 배석하고 있었다.

처음에 추사는 창암의 글씨를 그저 묵묵히 바라보고만 있었다. 그 후 추사는 이렇게 말했다. "노인장께서는 지방에서 글씨로 밥은 먹겠습니다."[131] 이 얘기를 들은 창암의 제자들은 모욕감을 느껴 추사에게 해를 가하려 했다. 하지만 창암은 흥분한 제자들을 말렸다. 그리고 추사가 자리를 빠져나가자, "저 사람이 글씨를 잘 아는지 모르지만 조선 붓의 헤지는 멋과 조선 종이의 스미는 맛은 잘 모르는 것 같더라."[132]라고 말했다.

추사에게는 초의(草衣) 스님이라는 벗이 있었다. 추사가 세상을 떠났을 때, 초의 스님은 추사에게 다음과 같은 제문을 바쳤다. "42년의 깊은 우정을 잊지 말고 저 세상에서도 오랜 인연을 맺읍시다. 생전에는 별로 자주 만나지 못했지만 그대의 글을 받을 때마다 그대의 얼굴을 대한 듯했고 그대와 만나 얘기할 때는 정녕 허물이 없었지요."[133]

추사가 해남 대둔사에서 초의를 만났을 때의 일이다. 초의를 만났을 때 추사는 다짜고짜 다음과 같이 말하면서 대둔사 대웅전에 걸려 있었던 대웅보전 현판을 떼라고 하였다. "원교의 현판을 떼어버리게! 글씨를 안다는 사람이 어떻게 저런 것을 걸고 있는가!"[134]

그 후 추사는 지필묵을 가져오도록 한 후 '대웅보전'과 '무량수각'이라는 현판 글씨를 써주었다. 그리고 초의는 아무 말 없이 추사의 글씨들을 현판으로 달았다.

◇◇◇

추사가 안하무인으로 행동하게 된 배경

앞에서 언급한 두 일화는 왜 당대에 추사에게 적이 많을 수밖에 없었는지를 잘 보여준다. 때때로 추사는 '안하무인(眼下無人)'으로 행동하는 면이 있었던 것으로 보인다. 다만, 위의 일화들은 상황적으로 추사가 제주로 귀양을 가던 길에 있었던 일이라는 점을 고려할 필요가 있다.

추사는 55세 때 정적(政敵) 김양순의 모함 때문에 옥사에 연루되어 심문 과정에서 6차례나 고문을 받아 만신창이가 되었다.[135] 김양순은 자신의 정치적 음모가 발각되자, 국문 과정에서 죄를 모면하기 위해 김정희를 희생양으로 삼았다. 김양순은 증거가 없음에도 불구하고 자신이 들은 이야기라고 하면서 김정희가 대역죄를 범하는 내용의 상소문을 썼다고 거짓 고백하였다. 그 후 국문 과정에서 김양순은 결국 고문에 의해 사망하고 만다.

추사는 자신이 상소문을 썼다는 증거와 증인이 없는데도 처벌을 받는 것은 억울하다면서 항의했지만 그럴수록 정적들의 의심만 더 커질 뿐이었다. 다행히 추사의 오랜 벗이었던 우의정 조인영이 임금께 추사의 죄가 의심은 가나 확증[136]은 없다는 내용의 상소를 올려 추사는 옥사의 위험에서 간신히 벗어난다. 그 대신 제주도에 '위리안치(圍籬安置)'하라는 명이 내려진다.

위리안치는 유배지에서 죄인이 벗어나지 못하도록 가시울타리를 두르고 그 안에서만 지내도록 하는 중형에 해당된다.[137] 겨우 목숨을 건진 추사는 죽도록 매를 맞았다는 모욕감과 가문에 먹칠을 했다는 죄책감, 그리고 미래에 대한 불안감 때문에 심적으로 엄청난 고통을 받았다.[138]

사실, 추사가 안하무인으로 행동했던 두 일화는 부분적으로는 '반동형성(reaction formation)'과 밀접한 관계가 있는 것으로 보인다. 신경증적인 적응기제로서 반동형성은 내면의 감정이 거꾸로 표현되는 것을 말한다. 반동형성에서는 대상 혹은 행동에 대한 심리적 가치가 반대로 표현된다. 싫어하는 것은 좋아하는 것이 되는 반면에 좋아하는 것은 싫어하는 것이 된다.

추사는 귀양길에 초의를 비롯한 지인들을 만났을 때 자신의 비참한 심경을 털어놓았다. 추사는 모욕감과 죄책감, 그리고 불안감이 뒤섞인 상태에서 자신감이 저하된 모습을 보였다.[139] 앞에서 소개한 두 일화는 추사의 저하된 자신감이 반동형성을 통해 과도한 자부심으로 뒤바뀌어 표출된 것을 반영하는 것으로 보인다. 다시 말해, 당시에 추사는 자신의 글씨에 대한 자부심이 지나쳤던 것이며 여기에는 폐족(廢族)이 된 것에 대한 수치심이 영향을 준 것으로 보인다.

추사가 안하무인으로 행동했던 일화는 오랫동안 추사의 성품에 문제가 있었다는 오해를 불러 일으켰다. 하지만 추사의 그러한 일화를 지나치게 일반화하는 것은 경계할 필요가 있다. 그 당시는 비참한 심정으로 귀양을 가던 길이었다는 상황적인 요인을 고려할 필요가 있기 때문이다.

유배지에서 풀려난 뒤 일상으로 되돌아갔을 때는, 추사가 안하무인으로 행동했던 것 같지는 않아 보인다. 귀양지에서 벗어난 후 추사는 지인들과 활발하게 교류했다. 그중에는 평생지기였던 권돈인도 포함되어 있었다.

어느 날 추사는 권돈인에게 스스로 명작이라고 자부하는 작품을 선물하면서 서신에 이렇게 적었다. "제 글씨가 매우 졸렬하기만 하더니, 이제야 속서는 면했음을 알겠습니다."[140] 추사의 이러한 표현에 대해서도 아마 다양한 해석이 가능할 것이다. 하지만, 이러한 편지 내용은 적어도 추사가 안하무인의 성격을 갖고 있었던 것은 아니라는 점을 시사한다.

◇◇◇

유배지에 부는 마음속 독풍(毒風)

추사의 유배지는 '못살포'라 불리던 제주의 '모슬포'였다. 제주에 도착한 후 추사는 아내에게 보내는 서신에 "내 마음에 찬바람이 불기 시작하였소."[141]라고 슬프게 적었다.

추사는 제주에서 풍토병 때문에 유배생활 내내 병을 달고 살았다. 특히 추사는 모슬포의 바람을 '독풍(毒風)'이라고 불렀다.[142] 추사가 제주에서 가족들에게 보낸 편지를 보면, 아프다는 내용이 거의 빠지지 않는다.[143] 추사는 입에 혓바늘이 돋고 코에 종기가 나는 등 제대로 먹지도 못할 정도였다. 추사는 자신의 고통을 가족에게 이렇게 호소하였다.

"아직도 이렇게 아파서 5~6개월을 끌어오고 있네. 이것이 비록 의학으로는 어떻게 할 수 없는 질병이라 하더라도 어찌 이토록 지루하게 고통을 주는 병이 있단 말인가. 음식물은 점점 더 삼키기가 어려워지고, 삼킨 것은 또 체해서 소화가 되지 않으니 실로 어찌해야 할지 모르겠네."[144] 나중에 추사는 피부병과 눈병까지 앓게 되었다.

적응기제의 측면에서 본다면, 추사의 이러한 모습은 '신체화(somatization)'와 관계가 있다.[145] 미성숙한 기제인 신체화는 스트레스 상황에서 심리적 불편감을 신체적인 증상의 형태로 표출하는 것을 말한다. 서구 사회에서는 스트레스 상황 하에서 객관적인 증거 없이 자신이 병에 걸렸다고 믿는 '건강염려증(hypochondriasis)'이 더 많이 나타난다. 반면에 동아시아 사회에서는 정신적인 스트레스를 병에 걸렸다는 잘못된 믿음보다는 신체적인 불편감을 호소하는 신체화의 형태로 더 많이 표출된다.

건강염려증에서는 주로 병에 걸렸다고 호소하면서도 주변 사람들이 주는 도움을 받아들이기보다는 오히려 거부하면서 주변 사람들을 비난한다. 대조적으로 신체화에서는 신체적인 고통을 호소하면서 주변 사람들에게 심리적으로 의지하는 모습을 보인다.

신체화는 꾀병과는 다르다. 꾀병은 병도 없고 신체적인 통증도 없는데 '병에 걸린 척' 하는 것이다. 하지만 신체화에서 경험되는 신체적 통증은 실제로 존재하는 것이다. 다만 그러한 증상이 나타나는 원인이 스트레스와 밀접한 관계가 있는 것일 뿐이다.

◇◇◇

마음속 독풍을 잠재우다!

추사는 귀양살이를 하는 동안 사랑하는 아내마저 잃었다. 그러자 추사는 국문 때 형틀 앞에서도 움츠러들지 않고 귀양길에 작은 배로 큰 바다를 건널 때도 흔들리지 않았던 자신의 마음이 크게 요동친다며 애도하는 글을 남겼다.[146]

그 후 추사는 세상의 모진 칼바람에 맞서는 과정에서 불후의 명작인 세한도(歲寒圖)를 그렸다. 그리고 불세출의 추사체(秋史體)도 완성하였다. 추사의 문인혼(文人魂)은 그가 가슴속에 품었던 문자향(文字香: 글자에서 나오는 향기)과 서권기(書卷氣: 책에서 나오는 기운), 그리고 심리적으로 성숙해지고자 하는 각고의 노력이 결합된 것으로 보인다. 추사의 예술혼을 말할 때, 세한도와 추사체가 유배지인 제주에서 완성된 것이라는 점을 결코 빼놓을 수 없다.

세한도는, 추사가 제자 이상적(李尙迪)이 사제 간의 의리를 잊지 않고 중국의 연경(燕京: 베이징)에서 구해온 귀한 책을 초라한 행색으로 유배지에 있는 자신에게 보내준 것에 대한 고마움을 표현하기 위해 그린 그림이다. 세한도에는 "한 겨울이 되어서야 소나무나 잣나무가 시들지 않는다는 사실을 알 수 있다."[147]는 공자의 말이 담겨있다.

'세한(歲寒)'은 설 전후의 연중 가장 추운 절기를 뜻한다. 세한도는 그림상의 내용으로는 한 겨울의 물리적인 추위를 나타내고 있지만 실제로는 추사 자신의 심리적인 추위를 상징적으로 표현한 작품이라고 할 수 있다.

세한도의 중요한 특징 중 하나는 유배지에서 추사가 느낀 고독감을 황량하고 메마른 느낌을 주는 초묵법을 통해 구현했다는 점이다. 초묵법은 진하게 먹을 간 후 물기를 짜낸 상태에서 붓에 묻혀 오로지 붓의 속도로만 농담을 표현하는 기법을 말한다. 추사가 세한도를 그릴 때 초묵법을 선택한 심리적인 동기로는 두 가지 점을 들 수 있다.[148]

첫째, 갈필(渴筆: 마른 붓)과 건묵(乾墨: 마른 먹)은 추위의 적(敵)인 물을 최소한으로만 사용하는 기법이라는 점에서 심리적인 추위에 시달리던 추사에게 마음의 위안을 주는 효과가 있었다. 둘째, 유배지에서 억압된 생활을 하던 추사에게 초묵법은 심리적인 해방감을 선사해 줄 수 있는 기법이라는 점이다. 왜냐하면 필력을 갖춘 사람만 사용할 수 있는 초묵법에서는 외부의 영향(먹물 흐름)을 최소화한 상태에서 사용자의 의지에 따라 붓놀림이 이루어지기 때문이다.

세한도(歲寒圖)[149]

이상적은 추사가 선물로 준 세한도를 받고서 편지에 이렇게 적었다. "세한도 한 폭을 엎드려 읽으려니 저도 모르게 눈물이 흘러내립니다. 어찌 이렇게 분에 넘치는 칭찬을 하였으며 감계가 절절하셨단 말입니까?"[150]

세한도와 마찬가지로, 추사체도 추사가 마음속 독풍(毒風)을 다스리기 위해 사용했던 심리적인 지혜와 밀접한 관계가 있다.[151] 추사체는 보통 사람의 눈에는 어리숙한 글씨로 보일 정도로 투박하고 거친 인상을 준다. 하지만 추사체에 담겨 있는 심미적 역동성 그리고 폐쇄성과 개방성 간의 절묘한 조화는 제주 돌담의 특징과 밀접한 관계가 있는 것으로 보인다.

제주의 옛 이름인 탐라(耽羅)는 '담 나라'의 이두음이며 제주에서 돌담은 '바람 잡는 그물'로 불린다. 제주의 돌담은 얼기설기 쌓은 모양이 허술하고 엉성한 인상을 주지만 실제로는 태풍까지 견뎌낼 정도로 완벽한 균형을 이루는 미학적 백미에 속한다.

추사는 추사체의 괴(怪)가 갖는 핵심적인 특징을 '허화(虛和)'라고 불렀다. 허화에서 중요한 포인트 중 하나는 "자연스럽게 우러나오는 것"[152]이다. 제주의 돌담은 허화의 상징과도 같은 구조물에 해당된다.

제주의 돌담은 폐쇄적인 동시에 돌 틈을 통해 항상 열려있기도 한 구조물이다. 유배지에 갇혀 있는 추사에게 돌담의 열린 구조는 심리적으로 커다란 위안감을 주었던 것으로 보인다.

제주에서 심리적인 추위로 고통 받던 추사는 '세한도'라는 불후의 명작을 남겼다. 또 제주의 돌담이 거친 바람을 품어내듯이, 추사는 추사체를 통해 유배지에서 부는 마음속 독풍을 온전히 잠재울 수 있었다. 이것이 바로 승화의 힘이다!

V

세상에서 가장 좋은 사람이 된 말썽꾸러기: 혼다의 행동화

"세상에서 가장 좋은 사람들은 혼다를 탑니다."[153]

디스커버리 채널에서는 세계 최고의 모터사이클을 선정해서 발표하는 프로그램을 방영한 적이 있다. 그때 세계 최고의 모터사이클로 선정된 것은 할리 데이비슨(Harley-Davidson)이나 인디언(Indian)이 아니라 바로 혼다 커브(Honda Cub)였다.[154]

혼다 커브는 개발 콘셉트, 디자인, 기술 등에서 실용성과 경제성을 인정받으며 전 세계 1억대 판매를 돌파했다.[155] 1958년 처음 출시된 이후 혼다의 슈퍼 커브는 전 세계적으로 각광을 받으며 사실상 혼다 제국을 건설한 일등공신이 되었다.

슈퍼 커브의 개발자는 혼다기연공업(本田技研工業), 즉 혼다(Honda)의 창업주인 혼다 소이치로(本田宗一郎)다. 혼다 소이치로는 2000년에 일본경제신문사가 진행한 조사에서 마쓰시타(松下)전기산업의 창업자 마쓰시타 고노스케(松下幸之助)와 더불어 일본이 자랑하는 비즈니스계의 쌍웅(雙雄)으로 선정되었다.[156]

현재 혼다는 오토바이뿐만 아니라 자동차, 선박 그리고 제트기를 아우르는 폭넓은 엔진 제작 기술과 노하우를 갖고 있다.[157] 혼다는 1970년대부터 주 5일제 근무 제도를 도입했을 뿐만 아니라 직원들의 휴가를 장려하고 노동시간을 단축하기 위해 각별한 노력을 기울여 왔다. 그러한 노력의 결실로, 2018년에 혼다는 도요타를 제치고 일본에서 가장 일하기 좋은 자동차회사 1위에 올랐다.

혼다 소이치로는 한 마디로 말해, 기술의 화신이었다. 그는 “기술자의 인격은 기술이다."[158]라는 말을 남긴 것으로 유명하다.

그는 자신의 경영철학과 관련해서 다음과 같이 말한 적이 있다. "좋은 제품을 만들어 세상에 공헌하는 사람이 바로 기술자로서 인격자이자 위대한 사람이다."[159] 마찬가지 맥락에서, 그는 쉽게 고장 나는 제품을 만드는 기술자는 개인의 인품이 어떻든 간에 기술자로서는 인격이 열등한 것이라고 꼬집었다.

흔히 영웅들의 삶이 그러하듯이, 혼다 소이치로의 삶도 결코 순탄하지는 않았다. 그에 따르면, 그가 시도했던 일들 중에서 성공한 것은 고작 1% 밖에 되지 않았다.[160] 99%는 말 그대로 실패의 연속일 뿐이었다.

하지만 혼다 소이치로에 따르면, 누군가 실패를 한다고 해서 성공이 보장되는 것은 아니다. 실패를 성공으로 전환시키기 위해서는 '깨달음'과 '자기반성'이 중요하다.[161] 혼다 소이치로가 비즈니스계의 영웅으로 탄생하게 된 심리학적인 비밀을 이해하기 위해서는 그의 삶에서 '실패라는 이름으로 불린 99%'[162]에 대해 살펴볼 필요가 있다.

◇◇◇

영혼을 병들게 하는 가난의 아픔

혼다 소이치로는 1906년 일본 중앙 동쪽 지방의 시즈오카현에서 가난한 대장장이 집의 장남으로 태어났다. 그래서 그는 어려서부터 집안일을 거들어야 했다. 학교에 갈 때 여동생을 등에 업고 가야한 적도 많았고 방과 후에는 대장간에서 풀무질을 하면서 아버지를 도와야 했다.[163]

유년 시절 혼다 소이치로는 집이 가난해서 옷을 사 입을 여유조차 없었다. 그가 입고 있던 옷의 소매 부분은 콧물이 말라붙어 마치 풀을 먹인 것처럼 딱딱했다. 그의 집에 반해 옆집은 부유해서 전통 명절 때 멋진 인형 장식을 할 정도였다. 하지만 막상 그가 인형구경을 가려 하면, 그의 지저분한 옷차림 때문에 어른들에게 내쫓기기 일쑤였다. 어린 시절 가난 때문에 차별을 받았던 경험은 그의 가슴 속에 멍처럼 남게 되었다.

그가 소학교에 다닐 때의 일이었다. 국경일에 학교에서 행사가 있어 그는 기모노를 차려입고 갔다. 이때 그는 어머니가 둘러준 푸른색 띠를 매고 갔는데 학교에서 친구들로부터 여성용 띠를 매고 왔다는 이유로 놀림을 받았다. 결국 그는 설움이 북받쳐 올라 울면서 집으로 돌아오기도 했다.

어떤 이유에서건 사회에서 배척당하는 경험을 한 사람이 그 과정에서 마음속에 담아두었던 분노감을 표현하는 전형적인 방법 중 하나는 한 마디로 '사고를 치는 것'이다. 이것을 적응기제로는 '행동화(acting out)'라고 부른다. 미성숙한 기제로서 행동화는 내면의 아픔과 고통을 문제행동 또는 각종 비행(非行)으로 표현하는 것을 뜻한다. 혼다 소이치로는 사회에 대한 반항심과 적개심을 크고 작은 말썽을 피우는 것으로 표현하였다.

어린 시절 그는 마을에서 유명한 '말썽꾸러기'였다.[164] 또 학교에서 공부하는 것을 싫어했다. 그래서 싫어하는 과목을 공부해야 할 때면, 수업시간에 몰래 빠져나와 학교 뒷산으로 가 시간을 보내는 일이 많았다.

혼다 소이치로가 소학교를 다닐 때는 시계가 귀하던 시절이었다. 당시에 마을 주민들은 마을의 절에서 일정 시간에 맞춰 타종을 하면 그 종소리에 맞추어 생활을 했다. 어느 날 그는 뛰어놀다가 허기가 지자 슬그머니 절에 들어가 정오를 알리는 타종을 일찍 쳤다.[165] 그 덕분에 배고픔으로부터 빨리 벗어날 수 있었지만 마을은 혼란에 빠졌다.

혼다 소이치로가 다니던 학교의 뒷산에는 수박밭이 있었다. 그는 잘 익은 수박을 골라 구멍을 뚫어 속을 다 파먹은 다음, 안 들키기 위해 구멍이 아래를 향하도록 놓아두고 빠져나오곤 했다. 때로는 도망치다가 발각되어 교장선생님께 심하게 야단을 맞기도 했다.

혼다 소이치로가 사회적으로 물의를 일으키는 행동을 한 것이 유년시절에만 국한된 것은 아니었다. 그는 어려서부터 기계에 흥미를 가지고 있었고 기계를 다루는 데 상당한 소질이 있었다. 그는 다른 사람들이 못 고치는 것도 잘 수리했기 때문에 소문이 나 이십 대에 이미 돈을 꽤 많이 벌 수 있었다. 하지만 그는 돈을 손에 쥐게 되자, 유년 시절의 설움에 대한 한풀이를 하기 시작했다.

그는 자신이 벌어들였던 돈으로 기생을 불러 흥청망청 쓰면서 지냈다. 그는 자동차에 기생을 태우고 나들이를 다녔는데, 꽃구경을 다녀오거나 할 때 음주운전을 하고는 했다. 그러던 어느 날 음주운전을 하던 중에 다리의 난간들을 부수면서 자동차와 함께 다리 아래로 추락하는 사고가 일어났다. 천만다행으로 사상자가 발생하지는 않았다.

또 그는 세무서 직원과 세금 납부하는 문제로 크게 다툰 적이 있었다. 이 때 그는 화가 치밀어 올라 호스로 물을 끌어다가 세무서에 뿌리는 소동을 벌였다. 그 다음날 지역신문에는 이 사건이 대서특필되었다.[166]

한 번은 그가 만취 상태에서 대형 사고를 칠 뻔한 적도 있었다. 그가 취했을 때 술자리에 동석했던 기생 중 하나가 그에게 기분 상하게 하는 이야기를 했다. 그러자 그는 홧김에 그 기생을 이층에서 창밖으로 내던져버렸다.[167] 두 사람 모두에게 운 좋게도 그 기생은 창밖의 전선줄에 걸려 추락하지는 않았다. 그 사고 때문에 주변은 정전이 되어 한밤중에 커다란 소동이 일어났다. 하지만 일행들이 합심해서 사고를 잘 수습한 덕분에 혼다 소이치로는 감방 신세를 면할 수 있었다.

◇◇◇

스피드에 매료된 사나이

나이가 들어감에 따라 혼다 소이치로의 미성숙한 행동화에 변화가 나타났다. '스피드광(狂)'으로 변해간 것이다.

기계를 만지는 데 재능이 있었던 혼다 소이치로는 어려서부터 자동차에 매력을 느꼈다. 소학교 시절 인근 지역에 자동차가 들어오는 날에는 동생을 들쳐 업고서라도 달려가 정신없이 구경을 하고는 했다. 그는 이 무렵 자동차에서 흘러나온 휘발유 냄새를 맡으면서 황홀경에 빠지기도 했다.[168]

손재주가 좋았던 데다가 대장장이 일을 한 경험이 있었던 그는 주조가 가능했기 때문에 차체를 제작할 수 있었다. 그는 자신이 제작한 차체에 항공기 엔진을 개조해 얹어 경주용 자동차를 만들어 내기도 했다. 그리고 자신이 제작한 경주용 자동차로 자동차 경주대회에 참가해 우승을 했다.

적응기제의 측면에서 볼 때, 스피드를 광적으로 즐기는 것은 '해리(dissociation)'에 해당된다. 해리는 의식의 상태를 변경함으로써 일시적으로 스트레스에서 벗어나는 것을 말한다. 고속으로 질주하는 데 정신을 쏟다 보면 그 순간에는 삶의 고통을 잠시 잊을 수 있다.

외견상 스피드를 즐기는 것과 같은 해리는 남에게 피해를 주지 않을 것 같은 인상을 줄 수 있다. 하지만 행동화와 마찬가지로 해리 역시 결국에는 다른 사람들에게 고통을 주게 된다. 아마도 폭주족을 떠올려보면 쉽게 이해가 될 것이다.

해리가 미성숙한 기제가 되는 또 다른 이유로는 해리가 알코올이나 약물과 밀접한 관계가 있다는 점을 들 수 있다. 해리는 일시적으로 스트레스에서 벗어나기 위해 의식의 상태를 변경하는 행동을 선택하게 한다. 문제는 의식의 상태를 가장 빠르게 변경시켜 주는 것이 바로 알코올이나 약물이라는 것이다. 스피드광이 관련 종목의 프로선수가 되지 않는 한 결국에 가서는 폭주족이 되는 이유도 바로 여기에 있다.

스피드를 통해 빠르게 의식 상태를 변화시키기 위해서는 기본적으로 무리한 시도를 할 수밖에 없다. 만약 선수처럼 공식적으로 지정된 장소에서 스피드를 즐긴다면, 사회적으로 문제가 발생하는 것을 예방할 수 있다. 하지만 선수가 아닌 사람이 마치 선수처럼 스피드를 즐기는 행동을 나타내는 경우, 어떤 형태로든지 반드시 사회적으로 물의가 일어날 수밖에 없을 것이다.

30대의 혼다 소이치로는 자동차를 개조해 최고 속도를 경신하는 데 집착하는 모습을 보였다. 1936년에 자동차스피드 전국대회에 참가해 당시 최고기록이었던 시속 120킬로미터를 돌파하는 데 성공했다.[169] 하지만 우승을 눈앞에 둔 시점에 다른 차와 충돌을 해서 차체와 함께 공중제비를 3회전이나 해야 했다. 특히 그는 그 과정에서 차체에서 튕겨져 나와 땅바닥에 내동댕이쳐졌다. 결국 그는 의식불명 상태에서 응급실로 실려 가야 했다. 이때 운 좋게 목숨은 건졌지만 얼굴에 난 흉터를 평생 짊어지고 살아야 했다.

◇◇◇

혼다이즘의 탄생

혼다 소이치로가 유년 시절과 젊은 시절 겪었던 크고 작은 사고 경험들은 훗날 '혼다이즘(Hondaism)'이라는 경영철학을 탄생시키는 배경이 되었다.[170] 1950년대까지만 해도 모터사이클은 반항의 상징이었기 때문에 모터사이클을 타는 사람들은 아웃사이더, 반항아, 또는 범법자 취급을 받았다. 하지만 혼다 커브는 모터사이클에 대한 대중들의 인식을 송두리째 바꾸어 놓았다. 혼다 커브가 등장한 이후로 모터사이클은 남녀노소 누구나 쉽게 탈 수 있는 매력적인 이륜차가 되었다.

혼다를 기술왕국으로 이끌어 준 원동력은 바로 '혼다이즘(Hondaism)'이라는 독특한 기업문화였다. 혼다이즘의 핵심은 바로 '꿈의 기술'을 추구하는 것이다. 여기서 말하는 꿈의 기술은 단순히 '최신의 기술'을 뜻하지 않는다. 말 그대로 '인간의 꿈'을 실현해주는 기술을 의미한다. 그리고 그 혼다이즘을 가장 잘 보여주는 예 중 하나가 바로 혼다 커브(Honda Cub)다.

혼다 소이치로가 모터사이클이 인간의 꿈을 이뤄주는 도구가 될 수 있다는 사실을 처음으로 깨닫게 된 것은 1923년 관동대지진 때이다. 당시에 혼다 소이치로는 자동차 공장에서 일하고 있었다. 처음에 지진이 났을 때, 자동차 수리 공장에 있던 자동차를 보다 안전한 곳으로 옮기는 일을 했다. 하지만 지진 때문에 쏟아져 나온 군중으로 거리가 가득 들어찼기 때문에 자동차 운전을 하는 것은 위험천만한 일이었다.

당시 관동대지진으로 도쿄의 대부분이 큰 피해를 입었다. 하루아침에 삶의 터전을 잃어버린 사람들은 새 출발을 위해 고향으로 되돌아가고 싶어 했다. 하지만 지진으로 교통시설이 모두 파괴되었기 때문에 생존자들은 발을 동동 굴려야 했다. 이 시기에 혼다 소이치로는 귀향인파들을 모터사이클에 태워 지진피해 지역 바깥까지 태워다 주는 일을 했다.

이 일을 계기로 혼다 소이치로는 모터사이클의 소중함과 고마움을 절실히 느끼게 되었다. 모터사이클은 길이 없을 때조차 자동차가 닿을 수 없는 곳까지 사람을 데려다 줄 수 있었기 때문이다. 말 그대로 모터사이클은 귀향객들의 간절한 꿈을 이루어주는 도구였던 것이다.

하지만 모터사이클에 대한 혼다 소이치로의 개인적인 애정과는 대조적으로, 모터사이클은 전 세계적으로 반항의 상징 같은 존재가 되었다.[171] 1950년대 말까지만 해도 모터사이클을 타는 사람들은 주로 '블랙재킷(black jacket)'을 입고 다니는 아웃사이더나 무법자 취급을 받았다. 또 당시에 모터사이클 판매점은 대체로 어둡고 지저분해서 미국의 모터사이클 시장은 규모가 매우 미미한 수준이었다.

하지만 혼다 소이치로는 동료 후지사와 다케오(藤澤武夫)의 적극적인 제안에 힘입어 혼다 커브를 개발함으로써 모터사이클에 대한 이미지를 혁명적으로 바꾸었다. 혼다 소이치로가 혼다 커브를 개발할 때는 소비의 주도권이 남편에서 주부로 이동하는 시점이었다. 그 시기는 신에게서 받은 3가지 귀한 물건이 유행처럼 번지던 때였다.[172] 그 3가지 물건은 바로 세탁기, 청소기, 냉장고였다. 이러한 추세에 발맞추어 혼다 소이치로는 동료 후지사와 다케오와 함께 여성도 충분히 탈 수 있는 모터사이클을 개발하는 데 도전했다.

커브(cub: 맹수의 새끼)라는 이름이 상징하듯, 혼다 커브는 크기가 작고 소음도 심하지 않으며 어린이나 주부들도 쉽게 탈 수 있을 정도로 조작이 간편했지만 파워풀한 모터사이클이었다. 또 학생들이 용돈을 모아 구입할 수 있을 정도로 저렴했기 때문에 판매가 시작되자마자 세계적인 히트 상품이 되었다.

사실상 혼다 커브는 '남녀노소 모든 사람들을 위한 최초의 모터사이클'이다.[173] 특히 혼다 커브를 판매하면서 내세웠던 "세상에서 가장 좋은 사람들은 혼다를 탑니다."라는 광고 전략은 혼다 커브가 최고의 생일선물로 급부상하는 데 크게 기여했다. 이런 점에서 혼다 커브는 20세기의 아이콘인 T형 포드(Ford), 폭스바겐 비틀(Volkswagen Beetle) 및 지프(Jeep)에 필적하는 수준의 공헌을 남긴 이륜차로 평가받는다.

혼다 소이치로는 '모터사이클 같지 않은 모터사이클'인 혼다 커브를 개발함으로써 '무법자 같은 인상을 주던 모터사이클 위의 사람들'에게 '세상에서 가장 좋은 사람들'이라는 평가를 안겨 주었다. 그 역시 고향에서 '무법자'라는 평판을 들었던 인물이라는 점을 고려해 볼 때, 혼다 커브는 세상 사람들로부터 좋은 평판을 얻고자 했던 그의 내면 욕구가 생산적으로 표현된 예에 해당된다. 적응기제의 관점에서 볼 때, 혼다 소이치로의 이러한 노력은 '승화'에 해당된다.

이처럼 '승화'의 과정을 통해 유년 시절 마을에서 소문난 '말썽꾸러기'였던 혼다 소이치로는 '세상에서 가장 좋은 사람들의 일원'이 될 수 있었다. 왜냐하면 그는 세상에서 혼다 커브를 가장 많이 타본 사람 중 하나였기 때문이다. 이런 점에서 혼다이즘은 승화의 심리학적인 연금술과 불가분의 관계라고 할 수 있다.

혼다 소이치로[174]

VI

과학계의 잔 다르크: 마리 퀴리의 수동공격성

"어둠 속에 떠있는 것처럼 보이는 이 빛은 …
마치 요정이 은은한 빛을 내뿜는 것 같았다."[175]

마리 퀴리(Marie Curie)의 최고 업적 중 하나는 바로 방사능을 발견한 것이었다.[176] 그녀는 '방사능(radioactivity)'이라는 용어를 처음 사용했으며 세계 최초로 방사성 원소인 폴로늄과 라듐을 발견했다. 방사능은 물질 안에서 불안정한 핵(nucleus)이 붕괴하면서 빛과 에너지를 방출하는 것을 말한다.

사실, 라듐을 추출하는 일은 매우 위험할 뿐만 엄청나게 고된 작업이었다. 라듐은 천연 방사성 원소인 우라늄보다 약 200만 배나 더 강한 방사선을 내는 물질이다. 또 당시에 라듐은 무려 2톤의 역청우라늄을 가지고 겨우 0.065g의 극소량만 추출 가능했다. 마리 퀴리는 8톤의 역청우라늄을 처리했고 400톤의 물을 사용했으며 수천 번에 걸친 실험을 반복했다. 이처럼 대부분의 사람들에게 라듐을 추출하는 작업은 매우 고통스러운 작업으로 받아들여졌다.

그렇다면, 어떻게 마리 퀴리는 다른 사람들이 기피하는 이 고통스러운 작업을 4년 이상 견뎌낼 수 있었던 것일까? 마리 퀴리가 과학자로 활동하면서 보여준 열정과 인내심은 천부적인 재능을 가지고 있는 학자들의 남다른 학문적 호기심과 관계된 것임이 분명해 보인다. 하지만 그것만으로는 마리 퀴리가 왜 방사능 연구에 남다른 열정을 나타냈는지를 설명하는데 한계가 있는 것으로 보인다.

마리 퀴리는 "우리는 사람이 아니라 사물에 관심을 가져야만 한다."[177]는 독특한 주장을 한 것으로 유명하기도 하다. 이 말은 마리 퀴리의 삶이 어떠했는지를 상징적으로 보여주기도 한다. 마리 퀴리가 어떻게 그러한 말을 남기게 되었는지와 더불어 그녀의 삶 자체를 이해하기 위해서는 심리학적인 분석이 필요해 보인다.

◇◇◇

깊은 우울감과 애증의 나날들

마리 퀴리는 1867년에 폴란드에서 태어났다. 그녀의 결혼 전 이름은 마리아 스쿼도프스카(Maria Skłodowska)이다. 당시에 폴란드는 러시아, 프러시아, 그리고 오스트리아의 분할 지배를 받고 있었다.

마리 퀴리의 아버지 스쿼도프스카(Skłodowska)는 과학교사로 출발해 나중에 교수가 되었는데 폴란드 학생들에게 자긍심을 고취하는 내용의 비밀 강의를 하다가 적발되어 파면당했다.[178] 마리 퀴리의 어머니 브로니슬라바(Bronislava)는 매우 지적인 여성이었고 사립학교에서 교장으로 일하기도 했다.

마리 퀴리가 4살 때 어머니는 폐결핵으로 살이 빠지기 시작했고 연신 기침을 해댔다. 마리 퀴리의 회상에 따르면, 그녀의 어머니는 그녀를 껴안아 주거나 입맞춤을 해준 적이 없었다.[179] 이것은 폐결핵으로부터 아이를 보호하기 위한 불가피한 조치였지만 어린 아이였던 마리 퀴리에게 이것은 이해하기 어려운 일이었던 것으로 보인다.

마리 퀴리는 7살 때 전염병인 발진티푸스로 언니 조시아(Zosia)를 잃었다. 그리고 11살 때 결핵으로 어머니를 떠나보냈다. 두 사람의 죽음은 마리 퀴리에게 심각한 후유증을 남겼다. "깊은 우울감"[180]에 빠진 것이다. 훗날 마리 퀴리는 자신에게 평생 지속된 내면의 우울감을 "피로, 탈진, 신경과민"[181] 등으로 해명하면서 얼버무리고 넘기려 했다.

학창시절 마리 퀴리는 지적으로 매우 명석했다. 그녀는 공립학교를 수석으로 졸업했다. 하지만 정서적으로는 매우 취약했다. 공립학교를 졸업한 후, 그녀는 마치 말하는 법을 잃어버린 것처럼 행동했고 식사도 잘 하지 못했다.[182] 이 모습에 놀란 아버지는 요양을 위해 시골로 보냈다. 비록 1년 남짓한 시간이었지만 외삼촌 집에서 머무는 동안 '크리크(kulig)'라고 불리는 열광적인 무도회를 즐기기도 하고 대자연의 아름다움에 감탄하면서 꿈같은 나날들을 보냈다.[183]

원기를 회복한 마리 퀴리는 아버지의 파면으로 집안이 겪게 된 경제적인 어려움을 타개하는 데 앞장서야겠다는 사명감을 갖게 되었다. 먼저 그녀는 언니의 의대 학비를 지원해 주기 위해 입주 가정교사로 일하기로 결심했다.

마리 퀴리가 정착한 곳은 설탕공장을 운영하는 부유한 가정이었다. 이곳에서 그녀는 장남 카지미에시(Casimir)와 사랑에 빠졌다.[184] 하지만 그들의 사랑은 비극으로 끝났다. 그 집의 부모들은 자신의 장남이 가난한 가정교사와 결혼하는 것을 수치스럽게 생각해 불같이 화내면서 반대했기 때문이었다. 그 과정에서 마리 퀴리는 커다란 모욕감을 느꼈지만 언니의 학비를 벌어야 한다는 사명감 때문에 마치 아무 일도 없는 것처럼, 계속 일해야 했다.

하지만 그녀는 언니가 자신과 비슷한 이유로 부유한 가정의 구혼자와의 혼담이 깨지자, 마치 자기 일처럼 분개했다. 그리고는 남자들에 대해서 강렬한 적개심을 표현했다. "남자들이 어떤 건지 이제 알 것 같아. 가난한 여성과 결혼하고 싶지 않다면, 지옥에나 가버리라지! 애걸복걸한 것도 아닌데 도대체 왜 순수한 사람들의 마음을 어지럽히고 불쾌하게 만드는 거야!"[185]

◇◇◇

얼음처럼 차가운 여인

이십대 초반의 나이에 마리 퀴리는 지독한 고독함을 느꼈다. 사랑에 실패했지만 미련은 계속 남았다.[186] 또 지적으로는 대단히 뛰어났지만 자신의 처지는 학문을 위한 뜻을 포기해야 하는 상황이었다. 돈은 제법 많이 벌었지만 가족에게 송금하고 나면 남는 게 없었고, 정작 자신은 경제적으로 궁핍한 생활을 하며 심한 생활고를 겪어야만 했다.

마리 퀴리는 "마치 인생의 덫에 빠져 헤어나오지 못하는 것처럼 느꼈다."[187] 자신이 마치 "더러운 강물에 출몰하는 민달팽이 같다"[188]고 표현했다. 그녀는 오빠에게 보내는 편지에 "내 영혼도 너무나 지쳤어. 아, 이 얼음처럼 차가운 비난의 분위기에서 단 며칠만이라도 내가 벗어날 수만 있다면 좋을 텐데."[189]라고 적었다.

또 언니에게도 다음과 같은 구절로 시작하는 슬픈 편지를 보냈다. "언니, 난 바보였어. 지금도 바보고 앞으로도 평생 바보로 남게 될 거야. 요즘 식으로 말하자면, 지금까지도 내겐 행운이라곤 없었고 앞으로도 영원히 그럴거야...."[190]

마리 퀴리의 대인관계에는 유년 시절부터 성인 초기까지 겪었던 정서적 상처가 평생 동안 깊게 배어있었다. 그녀와 오랫동안 교류를 해왔던 아인슈타인(Albert Einstein)은 마리 퀴리가 "얼음처럼 차갑다."[191]고 말했다. 마리 퀴리는 자서전에서 "내 주변이 거대한 침묵에 휩싸이도록 했다."[192]고 적었다. 그녀의 딸 에브도 자신의 어머니가 "그 누구도 즐겁건 화가 나건 간에 목소리를 높이지 못하도록 만들었다."[193]고 적었다. 마리 퀴리가 딸에게 준 가장 냉혹한 벌 중 하나는 며칠 동안이나 자신에게 말을 걸지 못하

도록 만든 것이었다.[194]

마리 퀴리의 딸 에브는 어머니에 대한 전기에서 자신의 유년 시절에 대해 아주 냉소적으로 적었다. "내 유년 시절은 결코 행복한 것이 아니었다. 어머니가 자녀양육에서 성공을 거둔 일이 하나 있기는 했다. 딸들이 건강하고 몸매가 좋으며 운동을 좋아하게 된 것은 전적으로 그녀 덕분이었다."[195]

어린 시절 폐결핵 때문에 어머니에게 제대로 안겨 보지 못했던 마리 퀴리는 자신의 딸들에게도 그러한 기회를 주지 않았다. 하지만 이것이 마리 퀴리가 딸들을 사랑하지 않았기 때문은 아니었다. 왜냐하면, 마리 퀴리가 딸들에 대해 깊은 애정을 간직하고 있었던 것은 분명해 보이기 때문이다. 마리 퀴리는 딸들이 어렸을 때 삐뚤삐뚤한 글씨체로 써준 편지들을 하나도 빼놓지 않고 정성스럽게 간직하고 있었다.[196]

그녀는 다른 사람들과 애착을 형성하는 데 어려움을 겪었던 것으로 보인다. 다른 사람들이 조금이라도 자신을 쌀쌀맞게 대하면 쉽게 동요되고 상처 받았다.[197] 결국 마리 퀴리가 선택한 방법은 마음의 문을 걸어 잠그는 것이었다.

마리 퀴리의 대인관계가 매우 제한적이었다는 것은 그녀가 제자에게 보낸 서신에서도 잘 드러난다. "나는 사교생활에 투자할 시간이 조금도 없어. 아마 우리 동료들 모두 만약 업무와 관계있거나 작업과 관계된 질문이 있거나 자녀 교육에 관한 일이 아니라면 내가 그 누구도 만나지 않는다는 점을 알고 있을 거야. 아무도 나를 방문하지 않고 나 역시 아무도 안 만나."[198]

◇◇◇

또 한 번의 정신적 위기

언니가 의대를 졸업하자, 마침내 마리 퀴리는 과학공부를 위해 파리로 갔고 소르본대학교에 진학하였다. 마리 퀴리는 약 2,000명의 자연과학대학 재학생 중 유일한 여성이었다. 이곳에서 그녀는 천재과학자 피에르(Pierre)를 만났다.

피에르는 마리 퀴리를 만나기 전까지 여성에 대해 상당한 편견을 가지고 있었다. 그는 22살 때 다음과 같이 적었다. "여성은 우리들 남성이 무언가에 헌신하도록 놔두지 않는다. 우리가 투쟁해야 할 대상은 바로 여성이다. 천재성을 가진 여성은 거의 존재하지 않는다."[199] 하지만 피에르는 마리 퀴리를 만난 후 다음과 같이 적었다. "요즘 나는 지난 10년 전부터 고수해 왔던 삶의 원칙들로부터 멀어져가고 있다."[200]

피에르는 오랫동안 열정적으로 마리 퀴리에게 구애를 했다. 결국 마리 퀴리도 피에르의 마음을 받아들이게 되었고 마침내 1895년에 두 사람은 소박한 결혼식을 올렸다.

결혼 후 마리 퀴리는 집안일을 하면서도 박사과정 학생으로서 학업을 계속 이어나갔다. 마리 퀴리가 결혼한 지 2년이 지난 시점인 30살 때 첫째 딸 이렌(Irène)이 태어났다. 당시에 30살은 첫 아이를 출산하기에는 다소 늦은 나이었지만 이렌은 건강하게 태어났다. 마리 퀴리는 마치 실험일지를 적듯이, 매일 이렌의 체중과 먹은 것, 신체의 변화 등을 기록했다.[201]

학업과 집안일, 그리고 육아를 병행하는 것은 몹시 고된 일이었다. 마리 퀴리는 과학 연구에 8시간, 집안일에 2~3시간 그리고 수면 시간을 제외한 나머지 시간은 아이를 돌보는 일에 썼다.[202] 경제적으로 여유가 없는 살림살이였지만, 마리 퀴리에게서 충분한 젖이 나오지 않아 유모를 고용할 수밖에 없었다.

아슬아슬한 곡예 같은 생활을 하던 마리 퀴리는 결국 신경쇠약 증세가 재발했다.[203] 학교에 나가 실험을 하는 동안은 유모에게 아이를 맡겼던 그녀는 갑자기 유모가 아이를 잃어버린 것 같다면서 밖으로 뛰쳐나갔다가 아이가 안전한 것을 확인한 다음에 되돌아오기도 했다.

정신적인 위기가 고조되어 가는 상황에서 엎친 데 덮친 격으로 결핵 진단까지 받게 되었다. 의사는 마리 퀴리에게 요양을 떠나라고 조언을 했지만 그녀는 그러한 제안을 단호하게 거절했다.

그 무렵 마리 퀴리에게 은인이 나타났다. 시아버지가 부인을 암으로 떠나보낸 후, 아들 내외와 함께 살면서 손녀를 돌봐주기로 한 것이다. 상처를 한 시아버지는 손녀딸을 무척 사랑했으며 훌륭한 양육자인 동시에 교육자의 역할을 맡아주었다. 그러한 시아버지 덕분에 마리 퀴리는 연구에 전념할 수 있었고 무사히 박사논문을 마무리할 수 있게 되었다.

◇◇◇

방사능 연구가 주는 황홀경

얼음처럼 차가운 여인이었던 마리 퀴리가 스스로 열을 내는 물질인 라듐 연구에 남다르게 몰두한 것은 적응기제의 측면에서 보면, '승화'라고 할 수 있다. 마리 퀴리는 방사성 원자가 에너지를 방출하면서 나오는 빛에 대해 다음과 같이 말했다. "어둠 속에 떠있는 것처럼 보이는 이 빛은 우리에게 새로운 감정과 황홀감을 불러 일으켰다. 그것은 정말 사랑스러운 광경이었다. 마치 요정이 은은한 빛을 내뿜는 것 같았다."[204] 특히 마리 퀴리는 훗날 자서전에서 이러한 고된 작업이 반복되던 시기에 자신과 남편은 "아주 행복했으며, 마치 꿈을 꾸듯이 완전히 작업에 빠져 살았다."[205]고 고백했다.

방사능에 대한 연구는 마리 퀴리의 차가운 마음에 온기를 불어 넣어 주었을 뿐만 아니라, 프랑스에 귀화한 과학자인 그녀가 소녀 시절부터 품어 왔던 조국에 대한 애국심도 부활시켜 주었다. 1898년 7월 퀴리 부부는 새로운 방사성 원소를 발견하는 데 성공했다. 이때 피에르는 아내에게 새로운 방사성 원소에 이름을 붙여달라고 요청했다. 그러자 마리 퀴리는 세계지도에서 지워져버린 조국 폴란드의 이름을 따서 '폴로늄'이라고 명명하였다.[206]

1902년에 퀴리 부부는 순수 라듐염을 추출하는 데도 성공했다. 라듐은 산업용으로도 그리고 의학적으로도 활용가치가 높은 물질이었기 때문에, 발견된 지 얼마 지나지 않았을 때부터 세상에서 가장 비싼 물질 중 하나가 되었다. 조지 버나드 쇼(George Bernard Shaw)의 표현에 따르면, "온세상이 라듐으로 인해 광란의 장처럼 변해버렸다."[207] 라듐은 1그램에 무려 75만 프랑이나 나갔다. 당시에 퀴리 부부의 한 달 생활비가 500프랑이었기 때문에 이것은 상당한 거금이었다.

놀랍게도 마리 퀴리는 라듐을 추출할 수 있는 원천기술에 대해 특허신청을 하지 않기로 결심했다. '과학정신(scientific spirit)'에 위배된다는 이유 때문이었다.[208] 라듐은 얼음처럼 차가운 여인을 세상에서 가장 뜨거운 과학적 열정을 간직한 여인으로 바꿔주었다!

1903년 노벨 물리학상 후보로 앙리 베크렐(Henri Becquerel)과 피에르 퀴리가 지명되었다. 그러자 피에르는 마리 퀴리가 수상자 명단에 함께 포함되지 않으면 자신도 수상을 거부하겠다고 했다. 결국 피에르가 노력한 덕분에 당시 과학계에 만연되어 있던 여성에 대한 배타적인 분위기에도 불구하고 1903년 마리 퀴리는 여성 최초로 노벨 물리학상을 수상하였다.

◇◇◇

영욕의 세월들

노벨 물리학상을 받은 지 채 3년도 지나지 않아 마리 퀴리에게 또 다른 불행이 찾아왔다. 남편 피에르가 교차로에서 마차에 치여 사망한 것이다.

이 슬픈 시기에 마리 퀴리는 일기에 자살에 대한 상념을 슬쩍 적어 넣기도 했다. "나는 마치 최면에 걸린 사람처럼 생각 없이 거리를 걸었다. 내가 자살하는 것 같은 일은 결단코 일어나지 않을 것이다! 왜냐하면 자살을 하고픈 욕구조차도 들지 않을 지경이기 때문이다. 하지만 과연 이 많은 마차들 중에서 나를 사랑하는 남편 곁으로 데려가 줄 것이 하나도 없을까?"[209]

마리 퀴리는 자살 유혹에도 불구하고 살아남았지만, 마음의 문은 또 다시 닫히게 되었다. 마리 퀴리의 딸 에브는 이 시기의 그녀 모습을 이렇게 적었다. "자녀들조차도 그녀 안의 감정을 일깨울 수 없을 정도로"[210] 마리 퀴리는 차갑고 기계적인 모습을 나타냈다.

남편이 세상을 떠난 지 4년 정도가 지났을 때, 마리 퀴리에게 또 다른 사랑이 찾아왔다. 그 대상은 남편의 제자이자 후임이었던 폴 랑주뱅(Paul Langevin)이었다.[211] 마리 퀴리보다 5살 연하였던 랑주뱅은 아이슈타인과는 독립적으로 상대성이론의 핵심공식 중 하나인 'E=mc2' 공식을 유도해낼 정도로 뛰어난 과학적 재능을 갖고 있었다.

하지만 랑주뱅의 결혼생활은 매우 불행했다. 랑주뱅은 마리 퀴리에게 아내가 돈을 벌어오라고 다그치는 바람에 연구에 집중하기 어렵다고 호소했다. 그리고는 자기 아내의 거친 심성을 보여주는 증거로 아내가 병으로 자신의 머리를 내리쳐 생긴 상처를 보여주기도 했다.

서로에 대해 점차 알아가면서 두 사람은 빠르게 가까워졌다. 두 사람 중 더 적극적이었던 것은 마리 퀴리였다. 마리 퀴리는 랑주뱅에게 보낸 구애 편지에서 "저는 당신을 향한 사랑을 위해서라면 저의 인생과 지위를 모두 다 걸 수 있어요."[212]라고 적었다. 그러면서 랑주뱅이 어떻게 하면 아내와 헤어질 수 있는지를 알려주었다.

두 사람 사이의 수상한 낌새를 눈치챈 랑주뱅의 부인은 개인적으로 탐정을 고용해가면서까지 두 사람에 대한 뒷조사를 했다. 결국 랑주뱅의 부인은 마리 퀴리가 랑주뱅에게 보낸 은밀한 편지들을 손에 넣게 되었고 흥분한 그녀는 마리 퀴리를 죽여 버리겠다고 협박했다.[213]

협박에 겁을 먹은 마리 퀴리는 집으로 돌아가지 못하고 지인의 집으로 피신했다. 그리고 자신의 두 딸은 해외로 보냈다. 신문사들은 마리 퀴리가 랑주뱅에게 보낸 은밀한 서신들 중 랑주뱅이 부인과 헤어질 수 있는 방법을 알려준 부분을 그대로 실으면서 마리 퀴리를 가정파괴범이라며 비난했다. 마리 퀴리의 집은 유리창에 돌팔매질을 하는 사람들로 넘쳐났다.[214]

이 고통스러운 시기에 마리 퀴리는 생애 두 번째로 노벨상을 받는 경사가 있었지만 병원에 실려 가는 신세가 되고 말았다.[215] '신체화'가 나타난 것이다. 그리고 깊은 우울감과 더불어 신경증적 증상이 재발했다. 실제로 병원에서도 신체적인 질병에 대한 치료와 더불어 정신과치료가 병행되었다.[216]

이 무렵에 마리 퀴리는 식사를 제대로 하지 못해 체중이 7kg이나 줄었다. 또 그녀는 자살충동을 느꼈을 뿐만 아니라, 일부 서신에서는 자살을 암시하는 내용을 적기도 했다.[217] 적응기제의 측면에서 볼 때, 마리 퀴리의 이러한 모습은 '수동공격성'에 해당된다. 미성숙한 기제로서 수동공격성은 내면의 분노감을 목표 대상에게 폭력적인 행동을 통해 직접 표현하는 것이 아니라, 간접적인 방식으로 표현하는 것을 말한다. 자살 혹은 자살시도는 목표대상에게 죄책감을 심어줄 수 있는 극단적인 방법으로서 수동공격성의 한 가지 예에 해당된다. 보통 수동공격성은 불만을 언어적으로 표현하거나 반항적으로 행동하는 방식으로 나타나게 된다.

◇◇◇

과학계의 잔 다르크

1914년 유럽은 전쟁의 포화에 휩싸였다. 1차 세계대전이 벌어진 것이다. 마리 퀴리는 전쟁이 발발했을 때, 자신에게 그토록 모욕감을 주었던 '제 2의 조국'을 위해 헌신하기로 결심했다.

당시에 야전병원에는 'x－레이' 같은 의료장비가 없었다. 그래서 군의관들은 총상을 당한 병사들의 몸속에 총알이 어디 있는지를 찾아내기 위해 은제로 된 봉(棒) 모양의 탐침장비로 환부의 여기저기를 찌르는 고통스러운 시술을 해야 했다.[218] 이러한 점에 착안해 마리 퀴리는 이동용 x－레이 장비를 개발해 군에 보급했다. 1차 세계대전 동안 마리 퀴리가 개발한 이동용 x－레이 장비는 100만 번 이상 사용되었다.[219]

퀴리 부부는 당시에는 그 누구도 이해할 수 없었던 질병으로 고통을 받았다. 방사능 노출에 따른 후유증 때문에 당시의 의학 수준으로는 원인을 파악할 수 없는 고통을 받았던 것이다. 피에르 퀴리는 방사능 노출로 무릎 뼈가 손상되었고 이것이 마차에 치이는 사고가 나는 데도 영향을 주었다.[220] 또 마리 퀴리도 방사능 노출로 이명(耳鳴)증상을 겪었고 시력에 손상을 입었으며 간과 담낭 그리고 신장도 손상되었다. 결국 그녀는 방사능 노출로 인한 '재생불량성 빈혈'로 67세의 나이로 사망했다.[221] 이런 점에서 원인 모를 질병 때문에 고통을 받았던 마리 퀴리가 정확한 진단을 돕는 이동용 x－레이 장비를 개발한 것은 적응기제의 측면에서 '승화'와 '이타주의'에 해당된다고 할 수 있다.

프랑스 파리의 '팡테옹(Panthéon)'은 예배장소인 동시에 위인들이 묻혀 있는 사원이다. 이곳에는 볼테르(Voltaire), 루소(Jean-Jacques Rousseau), 위고(Victor-Marie Hugo) 등 프랑스를 상징하는 인물들이 잠들어 있다. 팡테옹의 정면에는 "위대한 국가의 위대한 남성들에게"[222]라는 문구가 새겨져 있다. 이처럼 전통적으로 남성의 전유물로 여겨져 왔던 명예의 전당 팡테옹에 프랑스 역사상 처음으로 안치된 여성이 바로 마리 퀴리다.

1995년에 열린 기념행사에서 미테랑 대통령(Francois Mitterrand)은 다음과 같이 말했다. "오늘 피에르(Pierre)와 마리 퀴리 부부의 유해를 우리의 가장 신성한 성전에 안치하는 것은 단순히 기념하기 위한 것만은 아닙니다. 그보다는 프랑스가 과학적 연구에 대한 그녀의 헌신을 공인한다는 뜻입니다. 그리고 오늘 우리가 이 성전에 안치하는 그들의 삶과 영향력에 대한 우리의 존경심을 확인하는 것에 해당됩니다."[223]

마리 퀴리는 소르본대학교에서 물리학 박사 학위를 취득한 최초의 여성이었으며 같은 대학에 교수로 임명된 최초의 여성이기도 했다. 또 마리 퀴리는 프랑스의 의학 아카데미 회원으로 선출된 최초의 여성이었으며 노벨상을 두 번 수상한 최초의 여성이기도 했다. 이런 점에서 마리 퀴리는 과학계의 잔 다르크(Jeanne d'Arc)로 불린다.[224]

마리 퀴리[225]

VII

천재 코미디언의 어두운 코미디 같은 삶: 로빈 윌리엄스의 해리

할리우드 아카데미 위원회는 로빈 윌리엄스의 죽음을 이렇게 애도하였다.

"지니, 넌 이제 자유야(Genie, You're free.)."[226]

미국의 영화배우이자 코미디언이었던 로빈 윌리엄스(Robin M. Williams)는 생애의 대부분을 다른 사람들에게 웃음과 즐거움을 선사해 주면서 살았다. 그 공로로 다섯 번의 그래미상, 두 번의 에미상, 그리고 아카데미 남우조연상 등을 수상했다.[227] 하지만 정작 그 자신의 삶은 어두운 코미디 같았다.[228]

로빈 윌리엄스는 시카고에서 태어나 유년 시절을 그 인근 지역에서 보내다가 포드자동차의 중역이었던 아버지를 따라 디트로이트 지역으로 이사했다. 당시에 로빈 윌리엄스의 친구들은 주로 국방색 플라스틱으로 만들어진 평범한 꼬마 병정 인형을 갖고 놀았다. 반면에 그는 납으로 제작되어 일일이 손으로 예쁘게 색을 칠한 고급 장난감 세트를 가지고 있었다. 하지만 어린 시절 로빈 윌리엄스는 대저택에서 2천여 개에 이르는 고급 장난감 병정들을 갖고 놀면서 외롭게 집을 지켜야 했던 적이 많았다.

유년 시절 로빈 윌리엄스는 다소 소심한 성격을 가지고 있었다. 추운 겨울날 그는 친구와 함께 눈덩이를 만들어 던지며 놀다가 실수로 경찰차를 맞춘 일이 있었다.[229] 그 일 이후, 오랫동안 로빈 윌리엄스는 집에서 전화벨이 울리기만 하면, 경찰서에서 걸려온 전화일까봐 걱정하면서 지냈다.

그는 유년 시절에 대해 "당시 나의 상상력이 내 유일한 친구였다."[230] 라고 회생하며 다음과 같이 덧붙였다. "바쁜 부모님으로부터 충분한 관심을 받지 못한 나는 버림을 받을까봐 늘 두려움에 차있었다. 소위 '러브 미 신드롬(Love Me Syndrome)'에 걸린 상태였다."[231] 러브 미 신드롬은 애정결핍으로 인해 버림받는 것에 대한 두려움과 더불어 다른 사람들의 관심과 사랑을 받는 데 집착하는 것을 말한다.

◇◇◇

로빈 윌리엄스가 코미디에 필사적이었던 이유

로빈 윌리엄스의 학창시절 친구에 따르면, 그는 코미디언으로서 소질을 가지고 있어 다른 사람들과 친해지는 데 유리한 편이었다.[232] 하지만 로빈 윌리엄스가 코미디언으로서 재능을 키워나가게 된 사연은 다소 서글픈 인상을 준다.

어린 시절 로빈 윌리엄스는 또래들에 비해 과체중이었다.[233] 가뜩이나 외로워했던 로빈 윌리엄스는 외모 때문에 친구들로부터 따돌림까지 받게 되었다. 훗날 그는 초등학교 6학년 때가 자신의 인생에서 가장 힘든 시기였다고 고백했다.[234] 그는 급우들로부터 신체적인 괴롭힘뿐만 아니라 이름을 불리며 놀림을 받기 일쑤였고 울면서 집으로 가는 날이 많았다.

유년 시절 불행했던 로빈 윌리엄스가 고민 끝에 찾아낸 생존전략은 코미디였다. 그는 성대모사를 연습해 친구들 앞에서 흉내 냄으로써 차츰 교우관계를 개선할 수 있었다. 또 로빈 윌리엄스는 코미디를 자신의 '러브 미 신드롬'을 완화하기 위한 목적으로도 활용했다.

로빈 윌리엄스의 어머니는 모델 겸 배우로 활동을 했다.[235] 그녀는 위트가 있었고 유머러스했다. 로빈 윌리엄스는 어머니와 대화하는 시간을 늘리기 위해 코미디를 활용했다.[236] 이런 점에서 로빈 윌리엄스는 유머러스해지기 위해 필사적으로 노력해야만 했다.

로빈 윌리엄스의 학창시절 역시 그의 삶만큼이나 모순적인 인상을 준다. 그는 고등학교 때 '가장 재미있는 학생'으로 뽑혔다.[237] 하지만 동시에 '가장 성공하지 못할 것 같은 학생'으로도 지목되었다.

◇◇◇

심리적 중압감 그리고 알코올 및 마약의 유혹

고등학교 졸업 후 로빈 윌리엄스는 클레어몬트대학에서 정치학을 공부하였다.[238] 하지만 얼마 지나지 않아 그는 강의실보다는 대학의 극장에서 더 많은 시간을 보내게 되었다. 훗날 그는 뉴욕의 명문 줄리어드 스쿨의 연기학과에 장학생으로 선발되었다.

줄리어드 스쿨에서 '슈퍼맨'으로 유명한 크리스토퍼 리브(Christopher Reeve)를 만나게 된다. 크리스토퍼 리브에 따르면, 줄리어드 스쿨에서 로빈 윌리엄스는 항상 속사포처럼 말을 쏟아냈고 잠시도 가만히 있지 않았다고 한다.[239]

줄리어드 스쿨에서 크리스토퍼 리브와 로빈 윌리엄스는 점차 우정을 쌓아갔다. 로빈 윌리엄스는 진지한 대화를 나누고 싶을 때마다 크리스토퍼 리브를 찾아갔고 이러한 점은 크리스토퍼 리브도 마찬가지였다.[240] 이 둘의 각별한 관계는 평생 지속되었다.

로빈 윌리엄스는 줄리어드 스쿨에서 탁월한 성대묘사 실력 덕분에 동료들로부터 커다란 인기를 끌었다. 하지만 그의 자유분방한 연기는 줄리어드의 전통적이고 보수적인 교육방식과 잘 맞지 않았다.

줄리어드의 마이클 칸(Michael Kahn) 교수는 로빈 윌리엄스가 연기를 하는 것이 아니라 입담을 과시하는 코미디에 빠져있다고 비판했다.[241] 마이클 칸 교수는 그에게 남을 흉내 내는 데 그치지 말고 진지하게 연기에 도전하라고 조언했다. 마이클 칸 교수의 조언이 로빈 윌리엄스에게 한때 도움이 되기도 했지만, 전반적으로 로빈 윌리엄스는 줄리어드 스쿨에서 잘 적응하지 못했다. 결국 로빈 윌리엄스는 줄리어드 스쿨의 연기지도 방식이 자신과 잘 맞지 않는다고 생각해서 2년 만에 학교를 그만두었다.[242]

줄리어드를 떠난 후 로빈 윌리엄스는 '스탠드업 코미디'에 도전했다. 스탠드업 코미디는 코미디언이 관객 앞에 혼자 서서 진행하는 공연을 말한다. 그의 광기어린 움직임과 속사포 같은 애드리브는 그 누구도 흉내 내기 어려운 것이었기 때문에 무척 빨리 팬을 확보하게 되었다.

로빈 윌리엄스는 스탠드업 코미디가 주는 즉각적인 피드백을 매우 좋아했다. 하지만 스탠드업 코미디는 연기자에게 심한 부담감을 주는 공연이었다. 특히 그는 겉보기와는 다르게 실제로는 매우 내성적이었으며 무대공포증도 있었다.[243] 스탠드업 코미디가 주는 중압감 속에서 점차 로빈 윌리엄스는 알코올과 마약에 손대기 시작했다.

◇◇◇

효과가 빠르지만 함정이 있는 술과 약물

줄리어드를 떠난 직후인 1976년에 로빈 윌리엄스는 바텐더이자 댄서인 발레리 버랄디(Valerie Velardi)를 만났다. 그리고 2년 후 둘은 결혼을 했다.

발레리는 오랫동안 로빈 윌리엄스가 마약에 중독되어 시끌벅적한 술판을 벌이는 일을 눈감아 주었다.

스탠드업 코미디 공연을 하던 로빈 윌리엄스는 TV 프로듀서인 게리 마샬(Gary Marshall)에게 발탁되어 시트콤(sitcom)에 출연할 기회를 얻게 되었다. '모크와 마인디(Mork & Mindy)'라는 코미디 프로그램이 방영되자마자 로빈 윌리엄스는 하룻밤 사이에 스타가 되었다.[244] 2주 만에 모크와 마인디는 인기방송 순위 10위 안에 진입하였다. 이 프로그램은 아동들 사이에서 일종의 문화적 신드롬을 일으켰다. 아이들은 방송에서 로빈 윌리엄스가 행동했던 방식을 흉내 내면서 즐거워했다.

흥미롭게도 1979년에 로빈 윌리엄스가 모크와 마인디로 '새로운 TV 프로그램을 대상으로 한 인기상'을 수상할 때, 시상을 위한 무대에 오른 발표자가 바로 크리스토퍼 리브였다. 수상자의 이름을 호명하면서 크리스토퍼 리브는 마치 자신의 일처럼 기뻐했다.

하지만 로빈 윌리엄스는 마음의 준비가 충분히 갖추어지기 전에 스타가 된 것 같은 인상을 준다. 그는 스타가 된 지 얼마 지나지 않아서부터 술과 약물에 빠져 지냈다.[245] 그리고 덩달아 그의 생활도 무너져 내렸다. 방탕한 생활로 체력이 방전된 로빈 윌리엄스는 종종 무대 세트에서 그저 멍하니 앉아 있거나 잠들어 버렸다.

적응기제의 관점에서 볼 때 로빈 윌리엄스가 술과 약물을 탐닉하면서 생활하는 것은 '해리(dissociation)'에 해당된다. 해리는 말 그대로 실제 자신의 모습으로부터 의식을 차단시키고 격리시켜 자신의 진면목을 인식하지 못하게 막는다. 또 사용자의 고통스러운 생각과 감정을 유쾌한 것으로 대체할 수 있도록 해준다.

겉보기에 해리는 얼마든지 의식적으로 선택할 수 있는 적응기제처럼 보인다. 우리는 고통스러운 생각과 느낌으로부터 벗어나기 위해 술을 마시는 것을 선택할 수 있다. 하지만 알코올중독의 핵심적인 측면 중 하나는 본인 스스로도 자신이 왜 알코올중독자가 되었는지 알아차리지 못하도록 만든다는 데 있다. 이런 점에서 해리를 포함해서 모든 적응기제는 본질적으로는 무의식적인 것이다.

고통스러운 상황에서 사람들이 다른 대처방법보다도 술이나 마약과 같은 해리에 빠져들게 되는 중요한 이유는 그러한 방법의 효과가 다른 어떤 것보다도 빠르다는 데 있다.[246] 하지만 해리는 그만큼 빠른 속도로 삶을 황폐하게 만들기도 한다.

1982년 로빈 윌리엄스의 절친이자 마약친구이기도 했던 배우 존 벨루시(John Belushi)가 33세의 나이로 약물중독에 의해 급사했다.[247] 이때 로빈 윌리엄스는 커다란 충격을 받았다.

◇◇◇

마음에 힘을 주는 사람들

이 무렵에 아내가 임신을 하자, 로빈 윌리엄스는 스스로 자격 있는 아버지가 되기 위해 알코올과 약물을 멀리하였다.[248] 그 자신의 표현에 따르면, 알코올과 마약 대신 자전거타기(cycling)에 몰입함으로써 목숨을 건질 수 있었다.[249] 로빈 윌리엄스가 방탕한 생활을 청산하는 데는 절친한 친구이자 슈퍼맨으로 세계적인 스타였던 크리스토퍼 리브의 격려가 큰 힘이 되었다.[250]

하지만 시간이 흐를수록 로빈 윌리엄스 부부는 서로 사이가 벌어졌고 로빈 윌리엄스의 방황은 계속되었다. 그는 1986년에 칵테일 바 웨이트리스와 외도를 하다가 고소를 당했다. 미셸 카터(Michelle T. Carter)는 로빈 윌리엄스가 자신에게 포진(herpes) 바이러스를 감염시켰다면서 약 70억 원에 달하는 보상금을 요구했다.[251] 이 사건이 마무리된 후 결국 로빈 윌리엄스와 발레리는 이혼했다.

발레리와 이혼한 후 1989년에 로빈 윌리엄스는 마샤 가르시스(Marcia Grimes)와 재혼했다. 그녀는 로빈 윌리엄스 아들의 유모였다. 마샤는 거액의 소송, 발레리와 이혼 등 고통스러운 사건들로 심신이 지쳐 있던 로빈 윌리엄스를 따뜻하게 위로해 주었다. 로빈 윌리엄스는 마샤와의 사이에서 딸과 아들을 얻었다. 로빈 윌리엄스는 아이들에 대해 이렇게 말했다. "내 아이들은 내게 거대한 경이감을 선사해 줍니다. 그들이 비범한 인간으로 발달해 나가는 것을 바라보는 것 말이에요."[252]

마샤는 수행비서로서, 로빈 윌리엄스가 세계적인 배우로 인정받는 데 결정적인 역할을 했던 대표작들을 촬영할 때 작업에 집중할 수 있도록 도왔다. 영화 '굿모닝 베트남', '죽은 시인의 사회', '사랑의 기적', '피셔킹', '알라딘', '미세스 다웃파이어', '굿윌헌팅', '패치아담스' 등이 마샤가 그에게 정신적인 안식처를 제공해 주던 시기에 제작된 영화들이다.

이러한 작품들 중에서 미세스 다웃파이어는 로빈 윌리엄스의 개인사와 밀접한 관계가 있다. 미세스 다웃파이어에서 로빈 윌리엄스는 경제적인 무능력과 어른답지 못한 행동으로 사고를 치는 문제 때문에 아내에게 이혼을 당하는 애니메이션 더빙 성우 역을 맡았다. 극중에서 로빈 윌리엄스는 아이들에 대한 그리움 때문에 할머니 분장을 하고서 가정부이자 유모로 취업을 한다.

미세스 다웃파이어는 자녀에 대한 그리움 때문에 고통 받는 가장의 애환과 더불어 가족의 화합을 위해 눈물 나는 노력을 기울이는 가장의 모습을 코믹한 동시에 감동적으로 보여준다. 로빈 윌리엄스의 개인사를 고려해 볼 때, 미세스 다웃파이어에서 그가 보여준 연기는 '승화'에 해당된다고 할 수 있다. 로빈 윌리엄스는 미세스 다웃파이어에서의 열연으로 골든글로브상을 수상했다.

◇◇◇

코믹 릴리프를 선물하는 삶

1996년에 로빈 윌리엄스는 우피 골드버그(Whoopi Goldberg) 및 빌리 크리스탈(Billy Crystal) 등과 함께 '코믹 릴리프(Comic Relief)'라는 재단을 설립하였다. 코믹 릴리프는 비극작품에서 관객의 긴장을 잠시 풀어 주기 위해 희극적 장면을 삽입하는 것을 말한다. 코믹 릴리프 재단은 '홈리스'를 돕기 위한 모금행사에서 900억 원이 넘는 기금을 모으는 성과를 올렸다.[253]

1997년 아카데미 시상식에서 로빈 윌리엄스는 오스카 남우조연상을 받았다. 이때 그는 유머러스하게 다음과 같은 수상소감을 남겼다. "하늘에 계신 나의 아버지께도 감사하다는 말을 전하고 싶다. 그는 내가 배우가 되고 싶다고 했을 때 아낌없는 축하와 응원을 해주며 단지 백업플랜으로 용접을 배우라고 말했다."[254] 아버지에 대한 감사의 마음과 서운했던 마음을 유머러스하게 표현한 것이다.

사실 평생 그 누구보다도 재미와 웃음을 주는 코믹릴리프가 필요했던 사람이 바로 로빈 윌리엄스였다. 하지만 그는 자신이 간절히 원했던 바로 그 코믹 릴리프를 다른 사람들에게 선물하면서 살았다. 적응기제의 측면에서 볼 때, 이것은 이타주의에 해당된다.

1995년에 크리스토퍼 리브는 비극적인 낙마사고를 당했다. 크리스토퍼 리브는 마장 마술 경기에 참여하기 위해 연습을 하던 도중에 장애물을 넘다가 말에서 떨어져 심각한 부상을 입었다. 땅에 떨어질 때의 충격으로 척추가 시작되는 부위인 첫 번째와 두 번째 경추가 부러진 것이다.

이 사고로 중요한 척추 수술을 앞둔 크리스토퍼 리브가 앞날에 대한 걱정 때문에 침대에 누워 힘들어 하고 있을 때였다. 로빈 윌리엄스는 갑자기 수술복을 입고 크리스토퍼 리브 병실에 나타났다.[255] 그는 러시아 억양으로 크리스토퍼 리브에게 자신이 항문과 의사인데 긴급하게 검사를 해야 한다고 말했다. 순간적으로 크리스토퍼 리브는 자신이 수술을 앞두고 약을 많이 먹어서 정신이 혼미해졌다고 착각할 정도로 어리둥절해졌다. 하지만 이내 문제의 항문과 의사가 로빈 윌리엄스라는 것을 알아차릴 수 있었다. 이 일로, 깊은 절망감에 빠져있었던 크리스토퍼 리브가 낙마 사고 이후 처음으로 웃을 수 있었다.[256] 이날 크리스토퍼 리브는 커다란 깨달음을 얻게 되었다. 비록 전신이 마비되었을지라도 자신이 웃을 수는 있다는 점이다![257] 이것이 중요한 이유는 비극적인 순간에도 삶을 포기하지 않을 수 있는 희망을 선사해 주기 때문이다.

로빈 윌리엄스는 크리스토퍼 리브를 위로해주었을 뿐만 아니라, 이 어려운 시간을 크리스토퍼 리브와 함께 보냈다. 그리고 로빈 윌리엄스는 크리스토퍼 리브에게 진심으로 자신이 그를 위해 할 수 있는 일이 있다면 그것이 무엇이든지 다 하겠다고 약속했다.

◇◇◇

슬픈 사람들이 사는 법

마샤를 만난 후 십여 년 간 음주문제를 보이지 않았던 로빈 윌리엄스는 크리스토퍼 리브가 심각한 감염질환으로 생사를 오가던 2003년 무렵부터 다시 술을 입에 대기 시작했다. 크리스토퍼 리브의 가족들에 따르면, 그 둘은 형제보다 가까운 절친이었다.

2004년에 크리스토퍼 리브가 세상을 떠났을 때 로빈 윌리엄스는 정신적인 지주 하나가 뿌리 채 뽑혀나간 것처럼 크게 흔들렸다. 그리고 로빈 윌리엄스의 알코올중독 문제가 재발하였다. 비록 로빈 윌리엄스 자신은 음주문제와 친구의 죽음 간 관계에 대해 부인했을지라도, 로빈 윌리엄스의 삶에서 알코올 문제의 시작과 치료를 위한 노력은 모두 그의 인간관계에서의 좌절 및 희망과 밀접한 관계가 있는 것으로 보인다.

2005년에 로빈 윌리엄스는 골든글로브상 공로상을 받으면서 수상소감을 이렇게 말했다. "저는 정말 특별한 한 사람에게 감사를 전하고 싶습니다. 저는 이 상을 저의 소중한 친구를 기리는 데 바치고 싶습니다. 크리스토퍼 리브, 네가 그립다!"[258]

크리스토퍼 리브의 아내인 데이나 리브가 2006년에 폐암으로 사망했을 때, 로빈 윌리엄스는 크리스토퍼 리브의 자녀들을 끝까지 돌보겠다고 선언했다.[259] 또 데이나와 크리스토퍼 리브가 설립한 척추 손상 환자들을 위한 재단에서 이사로 봉직하면서 기금 마련을 위해 헌신적인 노력을 기울였다.[260]

로빈 윌리엄스는 선행에 대해 이렇게 말한 적이 있다. "내 생각에는 세상에서 가장 슬픈 사람들이 다른 사람들을 행복하게 만들기 위해 최선을 다하는 것 같다. 왜냐하면 슬픈 사람들은 스스로 무가치하다는 느낌을 받는다는 것이 어떤 것인지를 잘 알고 있기 때문에 다른 사람들이 그러한 느낌을 받는 것을 내버려 두고 싶어 하지 않기 때문이다."[261]

로빈 윌리엄스는 알코올중독이 재발한 이후 스스로 자신의 문제를 인정하고 재활기관에 제 발로 들어가 입원치료를 받을 정도로 치료를 위해 상당한 노력을 기울였다. 하지만 알코올중독 문제를 완전히 떨쳐내지 못했다. 결국 로빈 윌리엄스의 알코올문제를 다루는 데 어려움을 느끼던 마샤는 이혼을 결심하게 되었다.

2011년에 로빈 윌리엄스는 그래픽 디자이너인 수잔 슈나이더(Susan Schneider)와 세 번째로 결혼했다. 하지만 그들의 결혼은 오래가지 못했다.

2013년에 로빈 윌리엄스는 파킨슨씨병(Parkinson's disease)의 진단을 받았다. 치매 증상으로 인한 고통 속에서 그의 삶은 점차 황폐해져갔다. 이 무렵 로빈 윌리엄스는 스스로 또 다시 알코올에 손을 댔다고 시인하면서 알코올중독에 대한 치료를 시작했다. 하지만 치료를 시작한 지 얼마 지나지 않아 2014년에 자살로 생을 마감했다.

부검 결과 그는 루이바디 치매(Lewy Body dementia)를 앓고 있었던 것으로 밝혀졌다.[262] 루이바디 치매는 환각이나 망상 등의 정신병적 증상과 더불어 인지기능 및 운동 장애 그리고 불안과 우울 등 심각한 정서적인 문제들을 동반한다.

로빈 윌리엄스가 떠나갔을 때, 오바마(Barack Obama) 대통령은 "그는 정말 대체할 수 없는 특별한 사람(one of a kind)이었다."[263]라는 추모의 글을 발표했다. 또 할리우드 아카데미 위원회는 그의 죽음을 애도하면서 그가 '알라딘'에서 지니의 목소리를 담당했던 점에 착안해 트위터에 "지니, 넌 이제 자유야(Genie, You're free.)."라는 글을 게시하였고 이 글은 하루 만에 전 세계적으로 20만회 이상 공유되었다.[264]

로빈 윌리엄스[265]

VIII

어린왕자의 슬픈 사랑: 생텍쥐페리의 반동형성

생텍쥐페리와 콩쉬엘로의 사랑은
둘 중 하나가 곁에 없어야만
이상적인 관계가 될 수 있는 슬픈 것이었다.
그럼에도 불구하고 그들의 사랑은
시적이면서도 아름다운 철학적인 작품
『어린왕자』를 유산으로 남겼다.

"결혼을 하라! 좋은 아내를 만나면 행복할 것이고 악처(惡妻)를 만나면 철학자가 될 것이다."[266]라는 말이 있다. 오랫동안 이 말은 소크라테스가 했던 것으로 잘못 전해져왔다. 하지만 실제로 이 말은 영국의 작가 시드니 스미스(Sydney Smith)가 했던 말이다. 어쨌거나 결혼의 효과에 대한 이러한 주장은 창조적인 작가에게도 마찬가지로 적용될 수 있다. 다시 말해서, 때로는 불행한 결혼이 뛰어난 작가를 탄생시키기도 한다는 것이다. 그 한 가지 예가 바로 생텍쥐페리(Saint Exupéry)다.

세상에서 가장 어려운 일 중 하나는 바로 한 사람이 다른 사람의 마음을 얻는 일이라고 할 수 있다. 마음은 눈에 보이지 않기 때문에 이해하기조차 쉽지 않다. 하물며 눈에 보이지 않는 마음을 얻는다는 것은 난제(難題) 중의 난제라 할 만하다. 이런 점에서 자기가 좋아하는 사람이 자신도 좋아하도록 만드는 것은 인생을 걸고 시도해 볼 만큼 매력적인 일이라고 할 수 있다.

단, 이처럼 매력적인 일이 실제로 일어나기 위해서는 심리학적으로 특별한 조건이 필요하다. 그 특별한 조건은 바로 '심리적인 동화(psychological assimilation)'이다. 심리적인 동화는 다른 사람을 자신의 마음속에 담는 과정을 뜻한다.[267] 1943년 뉴욕에서 출간된 후 20세기 문학의 전설로 회자되고 있는 『어린왕자』의 작가 생텍쥐페리(Saint Exupéry)와 그의 아내 콩쉬엘로(Consuelo)의 관계는 심리적인 동화와 관련해서 중요한 시사점을 준다.

◇◇◇

생텍쥐페리와 콩쉬엘로의 기묘한 관계

삶에서 진실이 무엇인지 알아내는 것은 결코 쉽지 않다. 행복한 결혼의 문제도 마찬가지다. 부부의 문제는 제3자가 파악하기 힘든 법이다. 하지만 때로는 부부사이가 어떠했는지에 대해 진실을 알아내는 것이 가능한 경우도 있다.

행복한 결혼을 위한 조건은 그다지 단순하지 않다. 예를 들면, 남편과 아내가 모두 행복하다고 주장한다고 해서 그 부부가 실제로 행복하다고 말하기는 어렵다. 실제로는 불행한 부부가 단지 다른 사람들의 시선을 의식해서 행복을 가장하기도 하기 때문이다.

반면에 부부가 모두 결혼생활이 불행하다고 말한다면, 그들의 결혼생활이 불행하다고 결론내리는 것이 가능하다. 이런 기준을 적용할 경우, 생텍쥐페리와 콩쉬엘로의 결혼생활은 불행했던 것으로 보인다.

생텍쥐페리는 콩쉬엘로를 처음 만나 소개받은 직후부터 그녀에게 반했다. 그래서 그는 그때부터 콩쉬엘로와 결혼할 수 있기를 간절히 바랐다. 이 무렵 한 친구가 생텍쥐페리에게 "당신은 반드시 위대한 책을 쓸 것입니다."라고 말하자, 그는 이렇게 답할 정도였다. 만약 콩쉬엘로가 "내 손을 잡아준다면, 그리고 내 아내가 되어 준다면!"[268]

생텍쥐페리는 처음 만났을 때부터 콩쉬엘로를 대단히 높이 평가했던 반면, 다른 사람들은 콩쉬엘로에 대해 생텍쥐페리만큼 긍정적인 평가를 하지는 않았다. 생텍쥐페리의 지인들은 콩쉬엘로가 "파리의 지붕 위에 불을 내뿜는 엘살바도르의 작은 화산 같다."[269]고 평했다. 또 전기작가 알랭 비르콩드레(Alain Vircondelet)는 콩쉬엘로의 모습을 이렇게 묘사했다. "그녀는 쉴 새 없이 떠들어 대면서 생텍쥐페리가 글을 쓰고 명상하기 위해 필요로 하는 침묵을 깨트려 놓는다."[270]

콩쉬엘로는 사치스러운 분위기의 사교 파티를 즐겼고 진한 화장을 했으며 자동차 운전을 좋아했는데 늘 과속으로 몰았다. 생텍쥐페리의 지인들은 콩쉬엘로가 화를 잘 낸다고 불평을 하면서 이렇게 말했다. "어떻게 당신은 그런 여자를 견뎌낼 수 있죠?"[271]

때때로 콩쉬엘로는 생텍쥐페리와 기묘한 장난을 즐기기도 했다. 콩쉬엘로에 따르면, "나는 내 약혼자를 작업실에 가둬 놓고 대여섯 페이지를 쓴 다음에야 미래의 신혼 방으로 들어올 수 있게 해주었다. 그 전에는 들어오지 못하게 했다. 그이는 내 장난을 즐겼다."[272]

생텍쥐페리의 가족들을 비롯해 그를 아끼는 사람들은 거의 대부분 콩쉬엘로와의 결혼을 반대했다. 왜냐하면 콩쉬엘로가 생텍쥐페리를 만나기 전에 이미 두 번의 결혼 경력이 있었을 뿐만 아니라, 혼담이 오가던 시기에 콩쉬엘로는 전(前) 남편과 사별한 관계로 상중(喪中)이었기 때문이다.[273]

생텍쥐페리의 누나이자 작가였던 시몬(Simone)은 생텍쥐페리가 가족들에게 콩쉬엘로를 소개하자, 다음과 같은 '악의에 찬 기록'을 남기기도 했다. "콩쉬엘로, 그 연기하는 백작부인."[274]

또 생텍쥐페리의 절친이었던 소설가 앙드레 지드(Andre Gide)는 콩쉬엘로에 대해 다음과 같이 기록했다. "생텍쥐페리가 아르헨티나에서 자신의 약혼녀와 함께 새 책 하나를 가져 왔다. 나는 그 책과 그 여자를 모두 보았다. 나는 진심으로 그를 치하했다. 하지만 그것은 전적으로 그가 가지고 온 책 때문이었다."[275] 물론 이 두 가지 기록 모두 콩쉬엘로에게 전달되었고 콩쉬엘로는 크게 분개했다.

이러한 가족과 지인의 평가는 생텍쥐페리에게 무척 중요한 것이었기 때문에 한때 그는 콩쉬엘로를 멀리하려고 시도하기도 했다. 하지만 얼마 지나지 않아 생텍쥐페리는 샴페인을 여러 병 들고서 그녀를 찾아가 용서를 빌었다. 그 후 시간이 지나면 또다시 생텍쥐페리는 말없이 떠나간 후 콩쉬엘로와 연락을 끊고 지내기도 했다.[276]

◇◇◇

콩쉬엘로, 가시 돋친 꽃

1931년 결국 두 사람은 결혼했다. 결혼식 때 콩쉬엘로는 여전히 전 남편에 대한 상(喪)을 완전히 끝마치지 못했기 때문에 검은 레이스 드레스를 입고 검은 스카프를 쓰는 등 온통 검은 색으로 치장해야 했다.

생텍쥐페리는 아내 콩쉬엘로에게 보낸 편지에서 『어린왕자』가 그녀를 위해서 쓰여졌으며 그 작품 속 어린왕자가 아끼고 사랑했던 단 하나의 장미꽃이 바로 콩쉬엘로였다고 고백하였다.[277] 흥미로운 점은 생텍쥐페리가 『어린왕자』라는 작품에서 묘사한 꽃의 모습, 즉 콩쉬엘로의 모습이 그다지 긍정적인 인상을 주지 않는다는 점이다. 『어린왕자』에 나오는 장미의 모습은 다음과 같다.

"가시 돋친 꽃"[278]

"가시들은 전혀 쓸모없는 것들이야. 순전히 꽃들의 심술일 뿐이야!"[279]

"그 꽃이 그다지 겸손해 보이지 않았지만, 왠지 마음이 끌렸다."[280]

"이 꽃은 정말 까다롭군. (...) 그 꽃은 어린왕자에게 양심의 가책을 심어주려고 더욱 기침을 심하게 했다. (...) 어린왕자는 진심으로 꽃을 아껴주고자 했지만 곧 그 꽃을 의심하게 되었다. 어린왕자는 꽃이 의미 없이 내

벨는 사소한 말까지도 심각하게 받아들이는 바람에 몹시 불행해졌다."[281]

"꽃이 하는 말들에 너무 귀 기울이지 말았어야 했어. 꽃이 하는 말들은 적당히 듣고 넘겨야 해. 그저 바라만 보고 향기만 맡아야 했었던 거야. 내 꽃은 내 별을 꽃향기로 물들였지만, 나는 그것을 즐길 수 없었어."[282]

"만일 이것을 본다면 내 꽃은 기분이 많이 상할 거야. 아마도 기침을 심하게 해대면서 웃음거리로 전락하지 않기 위해 다 죽어가는 척 하겠지. 그러면 나는 진짜로 그 꽃을 보살펴주는 척 해야겠지. 만약 내가 그렇게 하지 않으면 내 꽃은 나에게 망신을 주기 위해 진짜로 죽어버릴지도 몰라."[283]

결혼 후 생텍쥐페리는 콩쉬엘로에게 셀 수도 없이 사랑고백을 늘어놓았다. 예를 들면, "사랑하는 콩쉬엘로, 당신은 내 생명의 은인이라오."라고 말하는 식이다.[284] 또 생텍쥐페리는 콩쉬엘로를 "세상에서 가장 사랑스러운 여인"[285]이라고 부르기도 했다.

하지만 실제 행동의 측면에서 이들 부부의 결혼생활은 "이별과 재회의 연속이었다."[286] 생텍쥐페리와 콩쉬엘로는 "서로 얼굴을 보지 않고는 살 수 없었지만, 함께 살면 곧 헤어지고 싶어 했다."[287]

생텍쥐페리 부부는 같은 건물의 다른 층에서 사는 등, 오랜 시간 동안 별거를 하면서 지냈다. 콩쉬엘로에 따르면, 생텍쥐페리는 넬리 드 보귀에(Nelly de Vogüé)라는 여성과 외도를 했다. 넬리는 경제적으로 부유했기 때문에 생텍쥐페리에게 주로 파리의 최고급 가게에서 산 고급품들을 선물했으며 심지어 비행기까지도 사주었다.[288]

콩쉬엘로는 남편의 바람기를 어느 정도 눈감아 주는 듯한 태도를 취하다가도 때때로 분개하는 등 혼란스러운 모습을 보였다. 콩쉬엘로는 다음과 같이 적었다. "내 방 벽을 통해 남편 방으로 오가는 복도에서 나는 소음, 여자들의 목소리, 웃음소리, 정적을 느끼며 나는 질투에 치를 떨었고 버려진 아내의 고독감에 허덕였다. 마치 작위는 빼앗기지 않았지만 귀양을 간 여왕이 된 듯한 심정이었다."[289]

또 콩쉬엘로는 생텍쥐페리와의 결혼생활에 대해 이렇게 고백하기도 했다. "나는 불행했다. 정말이지 치가 떨리게 불행했다. 나는 내가 파리에서 만나는 모든 사람들에게 내 문제에 대해 털어 놓았다. 나는 당연히 파리의 모든 사람들이 사랑의 아픔을 겪고 있는 나를 불쌍하게 여기고 보호해 주며 위로해 줄 것이라고 믿었다. 나는 어렸고 순진했다. 나는 이제서야 나폴레옹의 말을 이해할 수 있을 것 같다. '사랑의 고통에 대한 유일한 치료제는 도망치는 것이다.' 나도 마침내 그 지점에 도달했다."[290] 콩쉬엘로에 따르면, 이혼에 대한 생각은 그녀의 머리에서 결혼기간 내내 떠나지 않았다.[291]

결혼생활이 불행했던 것은 생텍쥐페리도 마찬가지였다. 콩쉬엘로는 생텍쥐페리가 자신을 대하는 태도를 이렇게 적었다. "그는 나를 무시했다. 만약 우연히 누군가 나를 아는 사람이 그 자리에 있었더라면 그가 당장이라도 나를 주먹으로 칠 기세였다는 점을 알 수 있었을 것이다. 나를 쳐다보는 그의 눈길에 증오의 감정이 배어있다는 것을 느낄 수 있었다."[292]

하지만 생텍쥐페리는 콩쉬엘로가 집세와 전화세 그리고 식비가 필요할 때마다 그를 불러내면 늘 콩쉬엘로의 경제적 문제를 해결해 주곤 했다. 한번은 생텍쥐페리가 콩쉬엘로의 생활비 문제를 해결해 준 다음에 떠나면서 자신의 모습이 담긴 스케치를 두고 갔다. "자신의 손 안에 있는 꽃으로 무엇을 해야 하는지 잘 몰라 쩔쩔매고 있는 광대 그림"이었다.[293] 물론 그 꽃은 『어린왕자』에 나오는 거만한 꽃이었다.

콩쉬엘로는 생텍쥐페리와 자신의 관계를 상징적으로 잘 보여주는 그림을 그린 적이 있다. 그 그림에는 콩쉬엘로와 갈색 곰이 등장하는데 갈색 곰은 콩쉬엘로의 옆 기둥에 묶여 있었다.[294] 콩쉬엘로는 생텍쥐페리를 갈색 곰이라고 불렀다.

◇◇◇

사랑한다고 말할수록 더욱 더 멀어지는...

지금까지 설명한 것처럼, 생텍쥐페리와 콩쉬엘로의 관계는 결코 평범하지 않았다. 지인들은 두 사람의 관계가 오래가지 않을 것이라고 예상했다.[295] 그렇다면 생텍쥐페리가 마치 그림 속의 갈색 곰처럼 콩쉬엘로에게 묶여 지내도록 만들었던 '인연의 끈'은 무엇이었을까?

적응기제의 관점에서 본다면, 그것은 바로 '반동형성(reaction formation)'이라고 할 수 있다. 반동형성이 두 사람의 기묘한 관계를 설명해 줄 수 있는 유일한 요인은 아닐지라도, 결코 빼놓을 수 없는 요인인 것은 분명해 보인다.

신경증적인 기제인 반동형성에서는 대상에 대한 심리적 가치가 부지불식간에 역전된다. 그토록 싫어하는 것이 정말 좋아하는 것이 되고 진짜 좋아하는 것은 죽도록 싫어하는 것이 된다. 예를 들면, 반동형성을 사용하는 사람에게 섹스는 무의식적으로는 쾌감을 주기 때문에 의식적으로는 나쁜 것이 되어버린다. 또 반동형성을 사용하는 사람에게는 자신이 가지고 있는 무의식적인 소망과 내용상 정반대되는 소망이 세상에서 가장 가치 있는 것으로 바뀌게 된다.

반동형성의 좋은 점은 보살핌을 받고 싶어 하는 사람이 오히려 다른 사람을 돌보게 만들고 경쟁자를 미워하는 대신 좋아하게 만들며 의무와 책임을 짊어지는 것을 싫어하지 않고 좋아하도록 만든다는 것이다. 반동형성의 나쁜 점은 친밀한 관계에서 반동형성이 나타나는 경우, 두 사람이 서로 의식적으로 사랑한다고 말하면 말할수록 현실에서 두 사람 사이는 더욱 더 멀어지게 된다는 점이다. 무의식적으로는 서로를 미워하는 셈이기 때문이다.

반동형성과 도덕적인 행동은 유사해 보인다. 그 둘의 차이는 표출되는 생각과 행동의 경직성에 있다. 근검절약하는 것은 도덕적이고 합리적인 행동에 해당된다. 하지만 가족과 지인들에게 '지나치게 인색하다'는 식의 부정적인 평가를 받는 행동을 하는 것은 반동형성에 해당된다. 예를 들면, 생텍쥐페리가 콩쉬엘로와 별거를 하던 중에 '아내에 대한 애정이 남아 있다'고 말한다면, 이것은 있을 수 있는 일이다. 하지만 아내와 별거 중인 남편이 아내에게 '내 생명의 은인이 바로 당신'이고 '세상에서 가장 사랑스러운 여인'이라고 부른다면, 이것은 반동형성일 가능성이 크다.

이러한 형태의 반동형성이 나타나는 이유는 죄책감과 밀접한 관계가 있다. 외도로 인한 죄책감에 시달리는 사람은 자신이 아내에게 애정이 있다는 식으로 평범하게만 애정 표현을 하면, 스스로 부적절감을 느끼게 된다. 무의식적으로 죄책감이 자극받아 도둑이 제 발 저린 것과 같은 기분이 들기 때문이다. 그래서 이러한 사람은 부지불식간에 자신이 아내를 사랑하지 않는 것이 아니며 아내에 대한 자신의 애정을 스스로 의심하지 않을 수 있을 만큼 자신의 애정을 과대포장해서 표현하게 된다.

거짓말과 반동형성의 차이는 '진심'으로 믿는지 여부에 달려있다. 거짓말과는 달리, 반동형성에서 행위자는 적어도 의식적으로는 자신의 말과 행동에 진심이 담겨있다고 믿는다.

사실 생텍쥐페리에게 콩쉬엘로는 심리적으로는 어머니를 대신하는 사람이었다. 생텍쥐페리는 4살 때 아버지를 여의었다.[296] 남편과 사별했을 때 어머니의 나이는 29세였다. 그리고 생텍쥐페리는 남편과 사별한 콩쉬엘로가 29세가 되던 해에 그녀를 만났다. 콩쉬엘로는 생텍쥐페리에게 일종의 모성애를 느꼈다. 콩쉬엘로는 생텍쥐페리에게 공공연하게 "당신은 내 아들이기도 해요."[297]라고 말했다. 이런 점에서 콩쉬엘로에 대한 생텍쥐페리의 감정은 전위(displacement)에 기초한 것이었다고 할 수 있다. 신경증적인 기제인 전위는 한 대상에 대한 감정이 무의식적으로 또 다른 대상으로 옮겨 가는 것을 말한다.

생텍쥐페리는 어머니를 대신하는 인물이었던 콩쉬엘로를 지나치게 이상화했다. 부부의 오랜 별거 기간을 고려해 볼 때, 생텍쥐페리가 남자로서 콩쉬엘로를 사랑했다고 보기는 어렵다. 생텍쥐페리는 마치 소년이 남편을 잃은 가련한 처지의 어머니를 보호하고 싶어 하는 것처럼, 콩쉬엘로를 대했다. 소년이 한때 꿈꿀 만한 '기사도 정신'에 입각해 보호자 역할을 자처했던 것이다.

내심 생텍쥐페리는 콩쉬엘로가 마치 자신의 어머니 같은 아내가 되어주기를 기대했다. 문제는 콩쉬엘로의 실제 성격이 자신의 어머니와 너무나 달랐다는 데 있다. 결혼 후 자연스럽게 생텍쥐페리는 콩쉬엘로에게 실망하게 되고 미움이 커질수록 실제 행동과는 다르게 말로는 사랑한다고 떠벌리게 되었다.

◇◇◇

생텍쥐페리와 콩쉬엘로의 반동형성

생텍쥐페리가 유독 콩쉬엘로에 대해서만 반동형성을 나타냈던 것은 아니었다. 22살 때 생텍쥐페리는 귀족 출신인 루이즈 드 빌모랭(Louise de Vilmorin)과 만나 사랑에 빠진다. 하지만 변덕스러운 루이즈 때문에 결국은 파혼을 하게 된다.[298] 훗날 생텍쥐페리는 콩쉬엘로가 과거에 다른 여자와 사랑에 빠진 적이 있냐고 묻자 다음과 같이 대답했다.

"딱 한 번. 제가 젊었을 때 온몸이 마비되어 깁스를 하고 있는 여인과 약혼한 적이 있어요. 의사는 그녀가 다시 못 걸을 수도 있다고 말했죠. 하지만, 나는 그녀와 유희를 즐겼고 사랑을 나누었어요. 그녀는 내 꿈속의 약혼녀였어요. 그녀는 깁스 바깥에 있는 머리만 움직일 수 있었죠. 그녀는 저에게 자기 꿈 얘기를 들려주었어요. 그러나 그녀는 제게 거짓말도 했어요. 그녀는 제 친구들 모두와 약혼을 했고, 친구들 각각이 그녀의 유일한 약혼녀라고 믿게 했어요. 물론 우리들은 모두 그렇게 믿었어요. 나중에 그 친구들은 모두 걸음걸이가 가능한 약혼녀를 만나 결혼을 했지요. 하지만 저는 혼자서 그녀 곁에 끝까지 남았어요. 결국 그녀는 저의 한결같은 모습을 사랑하게 되었죠. 그러자 그 쪽 집안의 어른들이 우리들이 약혼하는 것을 반대했어요. 그들은 저보다 더 부자인 약혼자를 찾아냈죠. 저는 눈물을 흘렸어요. 저는 쓸모없는 사람이었지만, 어느덧 군 입대를 해야 할 때가 와버렸지요."[299]

생텍쥐페리의 이야기는 가련한 여인을 강박적으로 지켜줘야 한다고 믿는 젊은이의 반동형성을 잘 보여준다. 생텍쥐페리가 말한 것처럼, 나중에 그의 친구들은 모두 걸을 수 있는 약혼녀를 만나 결혼을 했다. 하지만 그는 끝까지 혼자 남아 온몸이 마비되어 걸을 수조차 없었던 깁스한 여인의 곁을 지켰다. 이러한 반동형성의 한계는 결국 자신이 그토록 지키고자 했던 여인조차도 자신을 사랑해 주지 않게 된다는 점이다. 지나친 동정심으로는 진정한 사랑을 얻을 수 없기 때문이다.

생텍쥐페리의 반동형성은 그의 애국심에도 영향을 주었다. 생텍쥐페리는 조국이 전쟁에 휩싸일 때마다 순교자로서의 사명감에 사로잡힌 채 생활했다. 반동형성이 강한 사람은 죽음에 대한 두려움이 클수록 전쟁 상황에서 스스로를 죽음으로 내모는 행동을 선택한다.

이런 맥락에서 생텍쥐페리는 "내가 가야할 유일한 곳은 군인의 자리이며, 아마 북아프리카의 어느 곳에 있는 고요한 작은 묘지 자리일 것이다."[300]라고 적었다. 또 그는 "나를 전쟁터에 데려다 놔야 하며, 내가 깨끗이 씻겼다고, 이 우스꽝스러운 전쟁 중에 나 자신이 깨끗하다고 느낄 수 있어야 해."[301]라고 적기도 했다.

생텍쥐페리에 대한 콩쉬엘로의 감정도 어느 정도는 반동형성과 관계가 있는 것으로 보인다. 생텍쥐페리가 전투에 참여했다가 비행 중에 실종되었을 때, 콩쉬엘로는 늘 이혼 직전의 상태로 살았던 부부치고는 지나치게 슬퍼하는 모습을 보였다.

콩쉬엘로는 대부분의 지인들이 생텍쥐페리가 사망했다고 믿는 상황에서도, 끊임없이 생텍쥐페리에게 편지를 쓰고 마치 그가 곁에 있는 것처럼 대화를 나누고 이야기를 건넸으며 조언을 구하기까지 했다.[302] 또 콩쉬엘로는 남편의 실종사건과 관련된 행정기관에 찾아가서 소란을 피우고도 모자라 바티칸에까지 남편의 실종사건과 관련해 도움을 호소하는 편지를 썼다. 이 시기에 콩쉬엘로는 지푸라기라도 잡는 심정으로 보이지 않는 존재의 힘과 천체의 영향력, 그리고 신비한 마술 등에 의지할 정도로 남편의 실종을 애통해 했다.

◇◇◇

반동형성에서 심리적 동화로

생텍쥐페리와 콩쉬엘로의 반동형성이 전혀 무용한 것은 아니었다. 생텍쥐페리의 반동형성은 오랜 시간이 흐른 뒤에 승화로 이어졌다. 생텍쥐페리는 죽기 1년 전인 1943년에 세기의 명작 『어린왕자』를 아내 콩쉬엘로에게 선물했다.

그 작품에서 어린왕자는 이렇게 속마음을 털어놓았다. "나는 그때 아무것도 몰랐어. 말이 아니라 행동을 가지고 판단했어야 했는데 그렇게 하지를 못했어. 그 꽃은 내 삶에 향기를 선사해 주었을 뿐만 아니라, 내 삶을 빛나게도 해 주었어. 나는 절대로 도망치지 말았어야 했어! 그 서툰 속임수들 뒤에 숨어 있는 애정을 눈치 챘어야만 했는데. 꽃들은 원래 모순되는 모습을 보여주잖아. 하지만 나는 너무 어렸기 때문에 '꽃을 사랑하는 법'을 미처 몰랐어."[303]

그 즈음에 전투비행 중대에 입대를 하면서 생텍쥐페리는 콩쉬엘로에게 다음과 같이 말했다. "당신은 이제 더 이상 가시가 있는 장미가 아니오. 언제나 어린왕자를 기다리는 꿈의 공주라오."[304] 그리고 정찰 비행을 떠났던 생텍쥐페리는 실종되었다.

『어린왕자』에서 생텍쥐페리는 자신이 콩쉬엘로를 마음속으로 받아들이는 과정, 심리적으로 동화해 나가는 과정을 다음과 같이 소개하였다. 처음 지구에 도착했을 때 어린왕자는 이 세상에 자신의 장미와 같은 것은 존재하지 않는다고 믿었다. 하지만 장미 정원을 방문했을 때, 어린왕자는 지구에 셀 수도 없이 많은 장미가 있다는 사실을 깨닫게 된다. 자신이 세상에 단 하나밖에 없는 귀한 꽃을 가진 부자가 아니라, 그저 평범한 꽃 하나를 가지고 있었을 뿐이라는 것을 깨달은 어린왕자는 구슬피 운다.

하지만 어린왕자는 여우의 지혜로운 조언을 통해 자신의 장미꽃이 소중한 이유가 자신이 그 꽃을 위해 보냈던 시간 때문이라는 사실을 새롭게 깨닫게 된다. 그 후 어린왕자는 다시 장미 정원을 방문해서 장미꽃들에게 이렇게 말한다. "너희들은 내 장미꽃과는 전혀 달라. (...) 너희들은 아름답긴 하지만 텅 비어있어. 아무도 너희를 위해 죽지는 않아."[305] 그 후 어린왕자는 겉보기에는 비슷해 보여도 자신의 장미꽃이 특별한 이유에 대해서 '바로 내 장미니까'라고 설명한다. 다시 말해서 자신의 장미꽃만이 자신이 실제로 물을 준 장미꽃이고 자신이 보호해 준 장미꽃이라는 것이다.

이처럼 반동형성은 속으로는 미워하는 파트너에게 잘해주기 위해 많은 시간을 쏟도록 함으로써 파트너가 자신의 마음속에 담길 수 있을 만큼의 기회를 제공해 주기도 한다. 이러한 점은 콩쉬엘로의 경우도 마찬가지였다.

생텍쥐페리 탄생 100주년이 되던 해에 콩쉬엘로의 책 『장미의 기억』이 출판되었다.[306] 그 책의 내용을 살펴보면, 생텍쥐페리가 실종된 후 콩쉬엘로는 그와의 행복했던 순간만 기억하려 노력했던 것으로 보인다.[307] 그리고 그 과정에서 두 사람을 따라다녔던 삐그덕대던 부조화와 애증도 사라졌다. 콩쉬엘로는 이렇게 적었다. "위대한 작가의 반려자가 된다는 것은 하나의 직업인 동시에 성직이라고 할 수 있다."[308] 결국 생텍쥐페리는 실종된 후에야 콩쉬엘로의 마음속으로 들어갈 수 있었던 것이다.

일찍이 시인 딜런 토마스(Dylan Thomas)는 "비록 연인들은 사라질지라도, 그 사랑은 사라지지 않는다"고 노래한 바 있다.[309] 생텍쥐페리와 콩쉬엘로의 사랑은 반동형성에 해당되는 것이었다. 그래서 그들의 사랑은 둘 중 하나가 곁에 없어야만 이상적인 관계가 될 수 있는 슬픈 것이었다. 그럼에도 불구하고 생텍쥐페리와 콩쉬엘로의 사랑은 시적이면서도 아름다운 철학적인 작품 『어린왕자』를 유산으로 남겼다. 그리고 그들의 사랑도 전설로 남게 되었다.

생텍쥐페리[310]

IX

기억해내지 못하는 것이 주는 고통: 찰스 다윈의 억압

"나는 죽음 앞에서 조금도 두려움을 느끼지 않는다."[311]

찰스 다윈(Charles Robert Darwin)은 진화론을 통해 우리에게 인간의 기원과 역사에 대해 '새로운 이해의 빛'을 선사해주었다.[312] 찰스 다윈은 인류의 역사상 가장 뛰어난 박물학자 중 한 사람이었음에도 불구하고 그의 명석한 두뇌는 정작 자기 자신의 내면을 들여다보는 데는 꽤 서툴렀던 것으로 보인다. 특히 그는 자신의 정서적 발달 문제에 대해서는 사실상 평생 눈을 감은 채 살아갔다.

찰스 다윈은 평생 불안, 우울, 만성 두통, 구토, 구역질 등의 다양한 신경증적 증상에 시달렸다. 이러한 증상은 일명 '다윈의 병'이라고 불린다.[313] 그는 자신의 삶이 "질병으로 인한 긴장과 피로감에 맞서 싸웠던 기나긴 투쟁"[314]의 연속이었다고 표현했다. 그리고 자신의 병이 런던에서 지내는 동안 정기적으로 학회에 참석하고 간사 역할을 하는 등 학회활동을 열심히 했던 것과 관계가 있다고 믿었다.[315] 하지만 영국의 정신분석가이자 '애착 이론(attachment theory)'의 창안자인 존 볼비(John Bowlby)는 찰스 다윈의 신경증적 증상에 대해 다른 시각을 가지고 있었다.

존 볼비는 찰스 다윈에 대한 자신의 정신분석 결과를 마지막 저서로 남겼다.[316] 그는 농담 반 진담 반으로 자신의 마지막 저서를 '찰스 다윈의 기원'이라고 부르기도 했다.[317] 존 볼비는 다윈의 삶 이면에서 강력하게 영향을 준 요인이 바로 '모성박탈', 즉 불안정한 애착의 문제였다고 주장하였다. 애착은 영유아가 부모처럼 자신을 돌봐주는 특별한 사람과 형성하게 되는 친밀한 정서적 유대를 말한다.[318]

존 볼비에 따르면, 찰스 다윈은 평생 정서적으로 불안정한 사람이 전형적으로 보이는 모순적인 모습을 나타냈다. 다른 사람들로부터 관심과 애정을 받기를 간절히 원하면서도 상대방이 자신을 떠나가 버릴까봐 두려워 사람들에게 가까이 다가가지는 못하는 것이다.

찰스 다윈은 탁월한 과학적 업적에도 불구하고 자기 자신과 타인의 비판을 매우 두려워했고 다른 사람들로부터 자신의 가치를 끊임없이 재확인받고 싶어 했다.[319] 또 그는 자신의 자존감을 높이는 데 도움이 되는 학문적 탐구에 평생 몰두했지만 자신의 업적을 인정해 줄 수 있는 학문적 동반자들과의 교류는 최소한으로만 유지하면서 주로 시골 저택에만 머물렀다. 찰스 다윈의 이러한 수수께끼 같은 모습을 이해하기 위해서는 그의 유년 시절에 대한 심리학적 분석이 필요하다.

◇◇◇

찰스 다윈의 특이한 기억상실

찰스 다윈은 노년기에 어느 독일인 편집자의 부탁을 받고 자신의 성격 발달에 대한 자서전적 기록을 남긴 적이 있다. 자서전에서 찰스 다윈은 자기 어머니의 죽음에 대해 다음과 같이 적었다.

"어머니는 내가 막 8살을 넘긴 시점인 1817년 7월에 돌아가셨다. 그런데 이상하게도 나는 어머니에 대해서는 거의 기억나는 것이 없다. 기억나는 것이라고는 어머니가 임종 시 누워계셨던 침대, 검정색 벨벳 가운, 특이하게 생긴 작업대 정도일 뿐이다. 내 생각에 내가 어머니에 대해서 기억을 떠올리지 못하는 이유 중 하나는 내 누이들 때문인 것 같다. 누이들이 너무나도 슬퍼했기 때문에 나는 어머니에 대해서는 그 이름조차 언급할 수 없었다."[320]

하지만 어머니의 죽음을 정말로 가장 슬퍼했던 사람은 찰스 다윈 자신이었던 것으로 보인다. 왜냐하면 어머니의 죽음 이후에 가족들 중 정서적으로 가장 불안정한 모습을 보인 것은 바로 찰스 다윈이었기 때문이다.

놀랍게도 찰스 다윈은 젊은 아내를 떠나보낸 사촌에게 다음과 같은 위로의 편지를 썼다. "나는 살면서 가까운 이를 한 번도 잃어본 적이 없어서 너와 같은 사람이 겪게 될 극심한 슬픔에 대해서는 감히 상상조차 할 수가 없구나."[321]

찰스 다윈의 어머니에 대한 특이한 기억상실증은 평생 지속된 것으로 보인다. 찰스 다윈의 손녀 그웬(Gwen M. Darwin)은 자신의 저서에서 할아버지 찰스 다윈과의 흥미로운 일화를 소개했다. 찰스 다윈의 가족들은 단어 게임을 즐겼다. 이 게임의 규칙은 흩어져 있는 철자들을 모아 어떤 것이든 사전에 있는 단어를 만들어 내거나 이미 만들어진 단어에 새로운 철자를 더해 또 다른 단어를 만들어내는 것이었다.

어느 날 가족과 게임을 즐기던 찰스 다윈은 누군가가 이미 만들어진 단어 'OTHER(다른)'에 'M'을 더해 'MOTHER(엄마)'라는 단어를 만들어내자, 놀랍게도 그 단어를 제대로 인식하지 못했다. 그웬은 이 일화를 이렇게 소개했다.

"할아버지(찰스 다윈)는 게임 보드 위에 있던 'MOTHER'라는 단어를 오랫동안 바라본 후 'MOETHER라구?' 'MOETHER라는 단어는 없는데?'라고 말했다. 아마도 심리학자들은 이 일화에 대해 무척 재미있어 할 것 같다. 하지만 미리 양해를 구하지만, 이것은 단순히 재미로 하는 얘기가 아니다. 이 이야기는 한편으로는 '종의 기원'이라는 개념이 탄생하게 된 단서를 제공해 주는 동시에 다른 한 편으로는 할아버지의 건강 문제가 어린 시절 어머니와의 사별에 따른 직접적인 결과라는 점을 보여준다."[322]

◇◇◇

망각과 억압의 차이

찰스 다윈이 어머니에 대해 기억해내지 못하는 것은 오랜 시간이 지나서 기억해내지 못하는 단순한 망각과 다르다. 왜냐하면, 찰스 다윈은 자서전에서 스스로 4살 때의 일화도 꽤 정확하게 기억해낼 수 있다고 적었기 때문이다. 찰스 다윈에 따르면, 자신보다 한 살 더 어린 여동생조차도 어머니에 대해서 세세한 것들까지 기억해낼 수 있었었다.[323] 특히 찰스 다윈이 'MOTHER'라는 단어를 인지하지 못하는 실수를 범했던 사실을 고려해 보면, 이러한 일화들은 그의 내면의 갈등과 관계가 있는 것으로 보인다.

적응기제의 관점에서는 찰스 다윈의 이러한 모습을 '억압(repression)'이라고 부른다.[324] 신경증적인 기제인 억압은 견디기 힘든 내면의 갈등을 기억해내지 못하는 것을 말한다. 사람들은 의식적으로 떠올렸을 때 스스로 견뎌낼 수 없다고 느껴지는 것들을 잊어버리는 경향이 있다. 적어도 잊고 지내는 동안은 내면의 고통으로부터 자신을 보호할 수 있기 때문이다. 이런 점에서 억압도 어느 정도는 적응적인 기능을 한다고 할 수 있다.

하지만 억압은 길을 가던 중에 갑작스럽게 축구공이 자신에게 날아오자, 무서운 나머지 눈을 감아버리는 것과 비슷한 문제를 나타낸다. 축구공이 갑자기 시야에 들어와 자기도 모르게 눈을 감았다고 해서 그 사람을 비난할 필요는 없을 것이다. 하지만 그렇다고 해서 이것이 효과적인 대처 방법이 될 수는 없다. 여기서 중요한 점은 위기 상황에서는 눈 감고 대처하기 보다는 눈을 뜬 채로 대처하는 것이 훨씬 더 적응적이라는 점이다.

적응기제로서 억압과 억제는 서로 비슷해 보이지만 실제로는 다르다. 억압에서 현실의 문제와 고통들은 자신의 의식 속에서만 사라지기 때문에 삶에는 지속적으로 영향을 준다. 왜냐하면, 문제 자체를 기억해내지 못하기 때문에 해당 문제를 해결하는 데 도움이 될 만한 행동이 있다고 하더라도 그것을 실천하지 못하기 때문이다. 대조적으로 억제에서는 문제 그 자체를 인식하고서 적절하게 대책을 세움으로써 실제로 문제가 사라지도록 만든다.

또 억압은 특정 기억을 완전히 잊어버리는 망각과도 다르다. 억압을 통해 기억을 떠올리지 못하더라도, 관련 정보가 망각처럼 완전히 머릿속에서 사라지는 것이 아니다. 억압에서는 단지 사고만 사라지고 감정은 여전히 의식 속에 남아있게 된다.

억압은 의식에서 감정이 아니라 사고를 배제한다는 점에서 이지화와도 다르다. 비유적으로 표현한다면, 억압을 사용하는 사람은 음악을 들은 후 가사를 잊어버리는 것에 해당된다고 할 수 있다. 대조적으로 이지화를 사용하는 사람은 노래를 들은 후 가사는 떠올릴 수 있지만 멜로디는 기억해내지 못할 수 있다.

억압이 단순한 망각과 다른 이유 중 하나는 억압을 사용하는 사람은 은연중에 자기 내면의 비밀을 드러내는 상징적 행동을 보인다는 점이다. 찰스 다윈이 게임 중에 'MOTHER'라는 단어를 인식하는 데 실패했던 것이 그 예이다.

◇◇◇

어쨌거나 개보다는 나은 것을 찾아서

찰스 다윈의 어머니 집안은 대대로 유난히 동물들을 좋아했다.[325] 그 영향으로 찰스 다윈은 어려서부터 누이들이 이따금씩 놀릴 정도로 개에 대해 열광적인 애정을 갖고 있었다.

찰스 다윈이 개와 특별한 유대를 형성하게 된 것은 그가 어머니를 일찍 여의게 된 것과 관계가 있는 것으로 보인다.[326] 찰스 다윈에게 개는 일종의 과도기적인 '이행 대상(transitional object)'이었다고 할 수 있다. 이행 대상은 아이가 어머니 같은 애착 대상으로부터 감정적으로 분리되는 과정에서 일시적으로 집착하게 되는 대체물을 뜻한다. 보통 아이들은 부모와 함께 자다가 어느 순간부터 혼자 잠자리에 들게 될 때, 부모 대신 담요나 인형에 매달리는 모습을 보이게 된다. 적응기제의 측면에서 본다면, 이행대상은 일종의 '전위'에 해당된다.

찰스 다윈의 누이들은 그가 에든버러대학에서 의학 공부를 하기 위해 집을 떠나 있을 때, 편지에서 그가 자식처럼 아끼던 개 '스파크(Spark)'의 소식을 전하면서 '너의 아이' 혹은 '네가 가장 아끼는 아이'라고 표현하기도 했다.[327] 또 찰스 다윈은 자신을 대신해 누이가 돌보던 스파크가 행방불명되었다가 임신한 상태에서 발견된 다음 병에 걸려 죽었다는 소식을 알렸을 때, 누이를 지독하게 나무라는 편지를 썼다.[328] 흥미롭게도 찰스 다윈이 가장 좋아하는 표현 중 하나가 바로 '정말 징하다(It's dogged as does it)'였다.[329]

찰스 다윈이 좋아했고 실제로 결혼한 배우자 엠마(Emma) 역시 찰스 다윈의 외사촌, 즉 어머니 남동생의 딸이었다. 찰스 다윈의 아내 엠마는 찰스 다윈보다 한 살 더 많았다.[330] 흥미롭게도 찰스 다윈은 엠마와의 결혼을 고민하면서 결혼을 했을 때의 장점과 단점을 비교하는 메모를 남겼다. 이때 그가 결혼의 장점으로 꼽은 것 중 하나는 바로 "어쨌거나 개보다는 낫다"[331]는 것이었다.

이처럼 결혼을 통해 찰스 다윈의 과도기적인 이행 대상은 개에서 엠마로 교체되었다. 자서전에서 찰스 다윈은 아내인 엠마가 자신에게는 '마치 어머니와도 같은 존재'였다고 적었다.[332] 찰스 다윈에 따르면, 엠마는 남편이 싫어할 만한 얘기를 거의 한 적이 없으며 아프다고 하면서 고통을 호소하는 남편을 언제나 따뜻하게 감싸주었다.[333] 찰스 다윈에게 엠마는 지혜로운 조언자인 동시에 삶의 위안을 주는 존재였다.

존 볼비의 용어를 빌리자면, 찰스 다윈에게 엠마는 일종의 '안전기지(secure base)' 같은 역할을 한 것이다. 아이에게 부모처럼 돌보는 이가 제공해 주는 안전기지는 아이가 외부 세계로 나아갈 수 있는 디딤돌이 되어 주는 동시에 외부 세계에 대한 탐색을 마치고 귀환했을 때 신체적으로나 심리적으로 재충전의 기회를 제공해 준다.[334]

찰스 다윈은 아내와 자녀를 제외하고는 그 누구를 만나도 한 시간도 채 지나지 않아 피로와 불안, 그리고 구토, 발작 등의 다양한 신경증적 증상이 몰려와 두려움에 떨게 되었다.[335] 그의 이러한 정서불안증상은 평생 지속되었다. 마치 어린 아이가 엄마 곁을 떠날 수 없듯이, 찰스 다윈은 평생 엠마의 곁을 떠나지 못했다. 중요한 점은 찰스 다윈의 신체적·정신적 발작이 주로 집에서 외부인을 만나거나 집 밖에서 일어났다는 것이다. 이러한 점은 다윈의 병이 적응기제의 관점에서는 '신체화'에 해당된다는 점을 보여준다. 찰스 다윈은 공황발작 증상을 보이는 경우가 많았는데[336] 신체화는 찰스 다윈처럼 공황장애의 문제를 갖고 있는 사람들이 흔하게 나타내는 적응기제 중 하나다.[337]

◇◇◇

가문의 수치에서 벗어나기

찰스 다윈의 아버지는 유능한 내과 의사였다. 21살이 되기 전부터 진료를 보기 시작해 개업한 첫 해부터 성공한 의사로서 경제적으로 여유로운 생활을 할 수 있었다. 그는 찰스 다윈과 형 모두 의사가 되어 가업을 이을 수 있기를 원했다.

하지만 찰스 다윈은 학창시절에 학업 면에서 보통 수준이었다. 찰스 다윈이 자서전에서 스스로 밝힌 바에 따르면, 그의 지적인 수준은 평균보다 조금 아래였다.[338]

찰스 다윈이 학업에 별다른 관심을 보이지 않자, 그의 아버지는 다음과 같이 말하면서 호된 질책을 했다. "네가 고작 사냥과 개, 그리고 쥐잡기에만 신경을 쓰다가는 너 자신과 우리 가문의 수치가 되고 말게다."[339]

찰스 다윈의 아버지는 찰스 다윈에게 의학 공부를 시키기 위해 다른 아이들보다 더 이른 나이인 17살 때 에든버러대학으로 보냈다. 하지만 문제는 찰스 다윈에게는 의사가 되기 어려운 치명적인 약점이 있었다는 점이다.

찰스 다윈에게는 피 공포증이 있었다.[340] 그는 에든버러 병원에서 두 차례 수술에 참여한 적이 있었다. 하지만 두 차례 모두 수술이 끝나기 전에 뛰쳐나와야 했다. 그 다음부터는 아예 출석조차 하지 않았다. 찰스 다윈은 자서전에서 "그 어떤 유인책으로도 자신이 수술실에 또 다시 들어가도록 만드는 것은 불가능했을 것이다."[341]라고 힘주어 썼다.

찰스 다윈은 자서전에서 자신의 피 공포증이 아버지로부터 유전된 것이라고 주장했다.[342] 하지만 찰스 다윈의 아버지는 피를 두려워했음에도 불구하고 그것이 내과 의사로 성공하는 데 걸림돌이 되지는 않았다. 대조적으로 찰스 다윈은 피 공포증 때문에 의대에서의 학업을 정상적으로 마치지 못하고 중도하차해야 했다. 이런 점에서 찰스 다윈의 피 공포증 역시 단순히 유전된 것이라기보다는 어린 시절의 정신적 외상 경험과 관계가 있는 것으로 보인다.

찰스 다윈의 어머니는 임종 직전에 심한 구토와 구역질을 동반한 끔찍한 복통을 호소하였다. 정확한 병명이 밝혀진 것은 아니었으나 생의 마지막 순간에 신체에서 심각한 괴사가 진행되었고 최후의 순간에는 복막염으로 추정되는 질병으로 사망하였다.[343] 비록 찰스 다윈 자신은 어머니에 대해 거의 기억하지 못한다고 주장했지만, 어머니의 고통스러운 임종 모습은 어린 찰스 다윈의 마음속에 죽음에 대한 공포를 각인시켰던 것으로 보인다. 흥미로운 점은 찰스 다윈의 신경증적 증상 중에는 심한 구토와 구역질이 포함되어 있었다는 것이다. 구토와 구역질 증상은 그의 어머니가 임종 직전에 실제로 경험했던 문제였다. 그의 어머니는 명백히 신체적인 질병 때문에 그러한 증상을 나타냈던 반면, 찰스 다윈의 경우에는 신체적인 원인이 밝혀지지 않았다.

찰스 다윈의 아버지가 세상을 떠났을 때 찰스 다윈이 보여준 모습은 그의 신경증적 증상이 애착대상의 죽음과 관계가 있음을 보여준다. 39살 때 그는 신경증적 증상 때문에 자신의 아버지가 돌아가셨는데 장례식에 참석하지도 못했을 뿐만 아니라 유언집행인으로서 제 역할도 해내지 못했다. 한 가지 흥미로운 점은 찰스 다윈이 자서전에서 아버지가 돌아가신 해를 자신이 38살이었을 때로 잘못 기술했다는 점이다.[344]

찰스 다윈은 평생 자신이 즐거움을 얻을 수 있는 영역을 자연사에 대한 과학적 연구에서 찾았다.[345] 물론, 그 결정적인 계기가 된 사건은 바로 그가 비글(Beagle)호를 타고서 바다로 나가 생활을 했던 5년의 기간이었다. 찰스 다윈의 『비글호 항해기』에 따르면, 찰스 다윈 자신은 박물학자로서 이

지적인 탐험을 정말로 즐거워했다.[346]

5년간의 항해를 마치고 돌아온 다음 해부터 찰스 다윈은 『종의 기원』의 집필을 위한 첫 번째 노트를 정리하기 시작했다. 비록 이 시기에 찰스 다윈이 진화론의 방대한 전체 체계를 구상하고 있었던 것은 아닐지라도, 다양한 생물의 종(種)들이 하나씩 따로따로 창조된 것이 아니라 엄청나게 오랜 시간에 걸쳐 공통의 조상에서 서서히 변화해 왔다는 핵심 아이디어는 구축된 상태였다.

찰스 다윈의 아이디어는 장차 인류 사회에서 지적인 혁명을 이끌어낼 탁월한 과학적 사고였지만 당시의 종교적 관점에서 보면, 불온한 사상이었다. 훗날 '다윈의 병'으로 알려진 다양한 신경증적 증상이 나타나기 시작한 것은 바로 이 시기부터다.[347] 이 시기에 찰스 다윈은 교수형과 참수형이 등장하는 참혹한 꿈들을 꿨다.[348] 그럼에도 불구하고 찰스 다윈은 22년의 고통스러운 집필기간을 끝내고 마침내 1859년에 기념비적인 저서인 『종의 기원』을 출판했다.

찰스 다윈은 어머니에 대한 것을 포함해 자신의 8세 이전의 기억에 대해서는 사실상 죽을 때까지 거의 떠올리지 못했다. 하지만 그는 당시의 모든 사람들이 상상조차 할 수 없었던 종들의 역사를 밝혀냈다. 찰스 다윈의 노고를 통해 인류는 과거로 5억 년 이상을 더 거슬러 올라가야 하는 캄브리아기부터 현재의 생명체들까지 이어져 내려온 다양한 종들의 계보를 이해할 수 있게 된 것이다. 찰스 다윈은 자신의 뿌리(어머니)에 대해서는 무지했지만, 인류의 뿌리에 대해서는 당시의 그 어떤 사람보다도 더 잘 이해할 수 있었다.

진화론이 제시하는 생명의 계보는 인간이 만물 중에서 홀로 존재하는 것이 아님을 분명하게 보여준다. 진화론에 따르면, 인간은 다양한 생명체들과 유대관계에 있는 존재이다. 이러한 관점은 불안정한 애착의 문제가 있었던 찰스 다윈에게 심리적으로 위안을 줄 수 있는 것이었다.

또 진화론은 죽음의 공포를 다루는 데도 도움을 줄 수 있다. 진화론은 생명에 내재해 있는 무한의 가능성을 우리에게 일깨워줄 수 있기 때문이다. 찰스 다윈은 『종의 기원』을 다음과 같은 글로 마무리했다. "이 행성이 중력의 법칙에 따라 회전하는 동안 그토록 단순한 것에서부터 시작해서 그렇게 아름답고 경이적인 형태가 무한하게 탄생되어 왔고 지금도 탄생되고 있다고 바라보는 생명에 대한 이러한 견해에는 장엄함이 깃들어 있다."[349] 평생 죽음의 공포와 보이지 않는 전쟁을 벌여왔던 찰스 다윈은 '승화'를 통해 과학적 탐구에 평생 헌신함으로써 심리적으로도 의미있는 결실을 얻을 수 있었다. 그는 생의 마지막 순간에 유언으로 다음과 같은 말을 남겼다. "나는 죽음 앞에서 조금도 두려움을 느끼지 않는다."[350]

찰스 다윈[351]

X

열정적인 구두 제작자의 비밀: 페라가모의 전위

"나는 구두 제작자가 되기 위해 태어났다. 긴 인생 여정을 되돌아보니,
온갖 장애물로 점철된 외길을 쉬지 않고 달릴 수 있게 해준 것은
내 안의 지칠 줄 모르는 강렬한 열정이었다."[352]

살바토레 페라가모(Salvatore Ferragamo)는 수많은 구두의 전설을 남겼던 구두장인이다. 그는 1928년에 동명의 구두 회사를 설립했다. 페라가모는 아르마니, 구찌, 프라다 등과 함께 이탈리아의 대표적인 패션 브랜드의 하나로서, 특히 세계 최고의 슈즈 명가로 평가 받고 있다. 또 페라가모는 세계 최초로 밑창과 굽이 연결된 형태의 구두인 웨지힐(Wedge Heel)과 투명 낚싯줄로 만들어 구두의 위쪽 판이 보이지 않는 인비저블 샌들(the invisible sandal) 등을 개발하였다.

살바토레 페라가모는 자서전에서 스스로 구두 제작자가 되기 위해 태어났으며 자신의 성공비결은 내면의 강렬한 열정이었다고 밝혔다.[353] 그는 자신이 구두제작에 관한 한, "신의 축복을 받아 (아니면 저주를 받아) 누구도 못 말릴 정도로 끈질긴 탐구 정신과 아무리 힘든 일도 견뎌낼 수 있는 무한한 인내력을 가지고 있었다."[354]고 자랑스럽게 말했다.

하지만 20세기 초까지만 하더라도 이탈리아에서 페라가모처럼 구두에 대한 열정을 갖고 있는 사람은 거의 없었다. 왜냐하면 당시까지만 하더라도 구두장이는 이탈리아에서 가장 천대받는 직업 중 하나였기 때문이다.

이러한 상황은 우리나라에서 과거에 가죽신을 만드는 일을 하던 갖바치가 천대를 받았던 것과 비슷하다.[355] 조선시대 때 갖바치는 7대 백정(白丁) 중 하나에 속했다. 천방지축마골피(天方地丑馬骨皮)에서 피(皮)는 가죽, 갖바치를 뜻했다.

구두장이를 천하게 취급하는 이탈리아의 사회적 풍토 때문에 실제로 페라가모의 아버지는 그가 유년 시절에 구두 제작자가 되고 싶다고 하자 가족의 수치라고 하면서 격노했다. 그렇다면 소년 시절부터 시작된 페라가모의 구두에 대한 열정은 어디에서 비롯된 것일까? 이러한 비밀을 규명하기 위해서는 구두의 상징적 의미와 페라가모의 심리에 대한 분석이 필요하다.

◇◇◇

어린 시절 방황하던 구두장이

살바토레 페라가모의 출신지는 이탈리아 남부의 보니토(Bonito)라는 조그만 마을이었다. 그는 신분이 낮고 가난한 집안에서 14명의 형제자매 중 11번째로 태어났다.

그는 자서전에서 유년 시절에 부모님이 비교적 허용적인 편이었다고 적었다. "내가 하고 싶은 일을 하면서 사는 것도 허용되었다. 내가 하고 싶은 일은 무엇이든 하면서...딱 한 가지만 제외하고 ... 하지만 딱 그 한 가지가 바로 내가 가장 하고 싶은 일이었다."[356]

그의 자서전에 따르면, 당시 이탈리아에서는 구두장이가 가장 비천한 직업 중 하나였다. 아무리 가족의 신분이 낮고 집안이 가난하다 해도 웬만해서는 자녀에게 구두장이만큼은 시키지 않겠다는 것이 당시 부모들의 일반적인 견해였다. 한 마디로 구두장이가 되는 것을 집안의 수치로 생각했기 때문이다.

실제로 페라가모의 아버지는 그가 구두장이가 되고 싶다고 조르면,

"이놈아, 제발 그 말도 안 되는 소리 좀 작작해라. 너는 구두장이가 돼서는 안 돼. 좀 더 품위 있는 직업을 가져야 한단다. 다른 건 뭐든지 허락할 테니 제발 그 구두장이 된다는 소리만 집어치워라."[357]라고 야단치며 그 대신 양복일, 이발소일, 목공일 등을 배우라고 권유했다.

문제는 이러한 일들은 페라가모에게 아무런 의미가 없는 것들이었기 때문에 그가 배우기 싫어했다는 점이다. 이러한 갈등상황에서 페라가모가 선택했던 대응방식은 많은 소년들이 그러하듯이, 반항하는 것이었다.

그가 자서전에서 밝힌 바에 따르면, 이 시기에 그는 "꾀병을 부리며 출근을 거부했고 틈만 나면 동네 아이들과 어울려 놀거나, 몰래 페스타씨 (구두) 가게에 가서 작업하는 것을 지켜보곤 했다."[358] 적응기제의 관점에서 보면, '수동공격성'을 나타낸 것이다. 미성숙한 기제인 수동공격성은 내면의 분노감을 폭력적인 행동을 통해 직접 표현하는 것이 아니라 언어적으로 표현하거나 반항적으로 행동하는 식으로 간접적으로 표현하는 것을 말한다.

페라가모가 철없이 행동하는 모습을 보이면 그의 아버지는 그에게 격렬하게 화를 냈다. 하지만 아버지가 아무리 화를 내도 페라가모는 지지 않고 "구두 만드는 사람이 되고 싶단 말이에요."라며 고집을 부렸다.

아버지와 페라가모 사이에 이런 식의 줄다리기가 계속되던 어느 날, 반전의 계기가 생겼다. 토요일 저녁에 페라가모가 집에 와보니, 어머니가 깊은 슬픔에 잠겨 있었다. 다음 날인 일요일에는 여동생이 여섯 살이 되어 처음으로 언니의 수행을 받으면서 교회 성찬식에 참석하기로 되어 있었다. 그런데 이탈리아의 관습상 그 행사를 위해서는 두 사람 모두 하얀 색 구두를 신어야 했다.

당시에 가난한 집 아이들은 새 신발을 구하기 어려웠기 때문에 '발에 맞는 구두'를 신는다는 것은 엄두조차 내지 못했다.[359] 그래서 그들은 보통 대물림한 신발들을 헐렁할 때부터 시작해서 발가락을 억지로 구겨 넣을 정도로 작아질 때까지 신으면서 생활했다. 하지만 페라가모의 누나가 오래 전에 신었던 구두는 너무 낡아서 더 이상 여동생이 신을 수조차 없는 상태였다.

가정형편상 새 구두를 살 경제적 여유가 없었기 때문에 어머니는 며칠 전부터 동네 이웃들에게 구두 두 켤레를 빌리려고 안간힘을 썼지만 끝내 구할 수 없었다. 생애 첫 번째 성찬식에 여동생이 구두 없이 참석한다는 것은 너무나 끔찍한 일이었기에, 그의 어머니는 성찬식 전날 밤에 말없이 눈물을 흘리고 있었다.

집안 사정 얘기를 들은 아홉 살의 페라가모는 그 길로 곧장 페스타씨의 구두 가게로 달려가 구두를 만드는 데 필요한 재료와 도구를 빌려왔다. 그리고 밤샘 작업 끝에 여동생과 누나를 위한 새 구두를 만들었다. 이것이 페라가모가 생애 처음으로 제작한 구두였다. 이러한 일화는 그가 '발에 맞는 구두'에 특별한 관심을 갖게 된 계기가 되었다.

◇◇◇

구두의 상징적 의미

결국, 성찬식 사건이 계기가 되어 페라가모의 아버지도 그의 소원을 들어주었다. 구두장이가 되는 것을 허락한 것이다. 그때부터 견습생으로 본격적으로 구두를 배우기 시작한 페라가모는 불과 14살의 나이에 조수를 여섯 명이나 둔 성공한 사업가가 되었다.

하지만 페라가모가 자서전에서 밝혔던 것처럼, 그는 단순한 구두사업가가 아니었다. 그는 사람들의 발과 구두에 대해서 "거의 광기에 가까울 정도의 열정"[360]을 가지고 있었다. 그의 이러한 열정을 이해하기 위해서는 구두의 상징적 의미에 대한 심리학적 분석이 필요하다.

의상연구가 매릴린 혼(Marilyn J. Horn)은 구두가 직업과 신분을 추측하는 데 아주 중요한 단서를 제공해 준다고 주장하였다. 한 심리학 실험에서 사람의 얼굴과 그가 신고 다니는 구두를 보여준 다음, 그 사람의 직업과 성격을 알아맞히는 과제를 수행하도록 했다.[361] 그 결과, 연구참여자들은 구두와 얼굴을 통해 그 사람의 직업과 성격을 상당히 정확하게 맞추는 것으로 나타났다. 그 밖에도 구두에는 다양한 의미가 담겨 있다.

구두를 뜻하는 '슈(shoe)'는 '가리다'라는 의미의 고어(古語) '스케오(sceo)'에서 유래했다.[362] 일반적으로 의복이 몸을 가림으로써 몸에 대한 시선집중과 성적인 매력을 높여주는 것과 마찬가지로 구두 역시 발에 대한 관심과 성적인 매력을 높이기 위한 일종의 발가리개에 해당된다. 이런 점에서 구두는 '시선을 집중시키기 위해 일부러 감추는' 형태로 사용되는 대표적인 물건 중 하나다.

사실 구두는 '성적인 의미'와 분리시켜 생각하기 어렵다. 구두가 발을 보호하는 등의 실용적인 기능을 갖고 있는 것은 틀림없지만, 그러한 구두를 생산하고 착용하는 또 다른 동기에는 성적인 의미가 담겨 있다. 이런 점에서 페라가모의 구두에 대한 열정은 바로 발과 다리의 에로티시즘을 추구하는 것과 밀접한 관계가 있다.

왜 구두를 제작하고 생산하는 활동에 '성적인 의미'가 담겨 있을까? 그 이유는 다음과 같다.

첫째, 발은 인체의 가장 민감한 촉각기관 중 하나로서 자체적으로 성신경(sexual nerves)을 가지고 있다.[363] 따라서 실제로 발은 성적인 자극에 반사적으로 반응하기 때문에 성적 전희와 성교에 자연스럽게 관여한다. 둘째, 발의 윤곽과 아치 그리고 발가락 등 발은 그 자체로 성적 매력을 갖는다.[364] 신발이나 다른 장식물 등으로 발을 장식해 자신의 성적인 매력을 높이고 싶어 하는 것은 인간의 보편적인 욕망이다. 특히 다양한 성 관련 페티시(fetish) 중에서 발 혹은 신발과 관련된 것이 가장 흔하게 나타난다. 페티시는 사람이 아닌 물건, 즉 구두 혹은 속옷 등에서 성적 만족을 얻는 것을 말한다. 셋째, 일반 사람들이 어떻게 생각하든지 간에, 구두는 성적인 장신구에 해당된다.[365] 구두를 제작하는 사람들이 구두를 디자인할 때 가장 중요하게 고려되는 요소 중 하나가 바로 섹슈얼리티다. 그리고 구두제작자들이 그렇게 하는 이유는 바로 매출과 직결되기 때문이다.

◇◇◇

페라가모의 페티시

'페티시(fetish)'는 프랑스의 심리학자 알프레드 비네(Alfred Binet)가 만들어낸 말이다.[366] 이 말은 포르투갈어인 페티소(fetico)에서 유래한 것이다. 그 말의 의미는 강박적인 집착이다.

프로이트를 비롯해 많은 정신의학자들에 따르면, "발 그 자체가 에로틱한 기관이기 때문에 일부 남성들이 이 기관에 의해 극단적인 성적 자극을 받아 발 페티시즘이라는 특별한 영역으로 들어가게 된다."[367]

페티시는 적응기제의 측면에서 본다면, '전위(displacement)'와 관계가 있다. 신경증적인 기제인 전위는 한 대상에 대한 감정이 무의식적으로 또 다른 대상으로 옮겨 가는 것이다. 발 페티시는 성적인 관심이 발로 옮겨가는 것에 해당된다. 전위가 나타나는 흔한 예 중 하나는 바로 자신이 사랑하는 사람이 좋아하는 음악이나 스포츠를 자신도 덩달아서 좋아하게 되는 것이다. 좋아하는 사람에 대한 감정이 음악이나 스포츠로 옮겨가는 것이라 할 수 있다.

발과 구두에 대한 페티시즘을 가지고 있었던 유명인 중 하나는 괴테(Johann W. von Goethe)다. 괴테에 따르면, "예쁜 발은 자연이 내려준 가장 큰 선물의 하나다."[368] 그는 예순이 넘어서도 여전히 자신의 페티시에 몰입했다.

괴테는 자신의 아내인 크리스티안 불피우스(Christiane Vulpius)에게 이렇게 썼다. "지난 번 편지에서 얘기했던, 춤추면서 신었다는 그 최신 구두를 내게 가능한 한 빨리 부쳐줘요. 내가 당신의 일부를 내 가슴에 안아볼 수 있도록."[369] 그리고 스위스의 발리(Bally) 구두 박물관에는 괴테의 또다른 정부인 마리안네 폰 빌레메어(Marianne von Willemer)가 선물로 준 빨간색과 황금색 스트라이프 무늬의 슬리퍼 한 켤레가 소장되어 있다.

여기서 중요한 점은 괴테의 페티시는 '정상적 페티시즘'에 속한다는 점이다. 다시 말해서 변태로 보기보다는 독특한 성적 취향을 가진 사람으로 보아야 한다는 것이다. 정신의학자, 라스 울러스탐(Lars Ullerstam)에 따르면, "페티시즘은 성욕을 비교적 온건하게 표현한 용어다. 그것은 개인이 다양한 종류의 대상을 보거나 만지면서 성충동을 만족시키는 기회를 제공한다." 페티시의 정상성 여부를 판단할 때 중요한 기준 중 하나는 그러한 취향이 적응에 얼마나 걸림돌이 되는가 하는 점이다. 적응상의 문제를 야기하지 않는 한, 타인의 취향을 비판할 이유는 없다.

사실, 페라가모가 스스로 자서전에서 소개했듯이, 그는 인간의 발에 대해서 단순히 직업적인 흥미와 호기심을 가지고 연구했던 것은 아니었다. 분명히 그 이상이었다. 특히 그가 할리우드(Hollywood)의 배우들을 위해 구두를 제작할 때는 사람들의 발을 "거의 광기에 가까울 정도의 열정을 가지고 관찰했다."[370] 이럼 점에서 괴테와 유사하게 페라가모는 발과 구두에 대한 페티시를 가지고 있었다고 할 수 있다.

그는 자서전에서 "나는 사람에 따라 모양이 다른, 발의 무한한 다양성에 매료당했다."[371]고 적었다. 또 그는 이렇게 썼다. "인간의 발은 사랑스럽다. 발은 내게 이야기를 한다. 손으로 발을 만져보면 그 발의 강함과 연약함, 그 발이 가진 생명력과 결점이 모두 느껴진다. 근육이 잘 발달되어 있고 장심이 단단한 '좋은 발'은 창조주의 걸작과도 같아서 자꾸만 만져보고 싶게 만든다."[372]

페라가모에 따르면, 할리우드 여배우들을 포함해서 수천 명에 달하는 유명 인사들의 발이 직접 그의 손을 거쳐 갔다.[373] 페라가모는 자서전에 이렇게 적었다. "긴 발과 짧은 발, 가느다라 발과 볼이 넓은 발, 망가진 발이나 상한 발, 그리고 가끔 윈저 공작 부인이나 수전 헤이워드의 발과 같은 '완벽한 발'도 있었다."[374] 하지만 그에 따르면, "좋은 발을 가진 사람은 1퍼센트도 안 됐다. 아니, 1퍼센트의 10분의 1, 즉 1천 명 중의 하나나 될까 말까 했다."[375]

페라가모는 이러한 경험을 바탕으로 여성고객의 발을 세 가지 유형으로 구분했다. 신데렐라, 비너스, 그리고 귀족 여성. 그는 스스로 공언한 대로, 평생 신데렐라, 비너스, 그리고 귀족 여성의 발을 가까이서 관찰하고 만지면서 생활했다. 이처럼 때때로 직업은 개인의 심리적 특성을 은폐하는 역할을 하기도 한다.

사실 페라가모는 조금 더 구체적으로 기술하자면, '여성 발 애호가'라고 할 수 있다. 실제로 그는 할리우드에서 유명 감독이자 여성 발 애호가였던 그리피스(D. W. Griffith)와 "최고로 예쁜 발과 다리를 선발하는 대회"[376]를 개최하기도 했다. 그리피스는 당시 영화계에서 글래머로 이름을 날리던 여배우들의 구두를 특별히 수집하기도 했다.

페라가모가 여성 발 애호가라는 점은 그의 결혼과정에서도 잘 드러난다. 어느 날 페라가모가 지인의 집을 방문했을 때, 우연히 미래의 아내가 될 완다(Wanda)를 만났다. 페라가모는 처음 만나던 날 완다에게 '발에 잘 맞는 구두'에 대해 설명해 줄 테니 신발을 벗어보라고 요청했다.[377] 자신이 다른 사람 앞에서 신발을 벗게 될 것이라고는 전혀 생각하지 못했던 완다는 구멍이 뚫린 양말을 신고 있었다. 그녀는 부끄러워 뺨이 붉게 물들었고 페라가모는 그 모습에 반했다.

페라가모는 그 길로 집으로 되돌아가 삼촌에게 그동안 찾아 헤매던 배필을 찾았다고 말했다. 그리고 처음 만난 여자와 결혼하겠다고 말하는 것에 대해 의아해하는 삼촌에게 이렇게 설명했다. "이건 진짜로 첫눈에 사랑에 빠진 경우라구요. 삼촌, 완다는 제가 평생 찾아 헤맨 그 여자에요. 보자마자 결혼해야겠다는 생각이 드는 걸 보니, 이건 사랑이 분명해요. 다른 여자는 그런 적이 없었거든요."[378] 여기서 중요한 점은 페라가모가 완다와 결혼하기로 결심하게 된 데는 그녀의 발을 직접 보고 만져본 것이 중요한 역할을 했다는 점이다.

◇◇◇

명품 구두 탄생의 심리학적 비밀

단순히 발 애호가가 된다고 해서 명품 구두 제작자가 될 수 있는 것은 아니다. 발 애호가는 다양한 형태로 존재할 수 있다. 예를 들면, 이렇게 말하는 극단적인 발 애호가도 있다. "이 세상 모든 여성들의 발목을 절단한다고 가정해 봅시다. 그러면 발목 아래만 내게 주고 나머지는 당신이 다 가져도 상관하지 않겠습니다."[379] 만약 이러한 일이 생각을 하는 데서 그치는 것이 아니라 실제로 일어나게 된다면, 이것은 전위와 행동화가 결합된 끔찍한 예에 해당될 것이다. 미성숙한 기제인 행동화는 내면의 갈등이나 욕구를 사회적 물의를 일으키는 형태로 표출하는 것을 말한다.

대조적으로 페라가모는 이와 유사한 발 페티시를 문화적으로 훨씬 더 세련되고 생산적인 방식으로 즐겼다. 다음 사진은 페라가모가 유명인의 발을 본 떠 만든 나무 골을 만지는 모습이다.

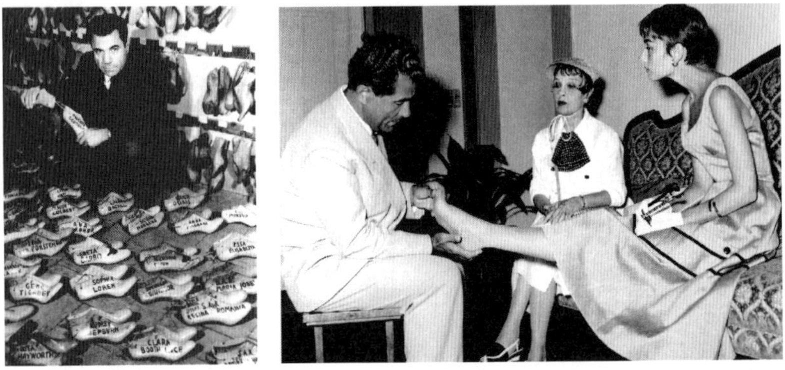

페라가모가 수집한 유명인 발 모양의 나무 골(왼쪽)[380]**과 오드리 헵번의 구두 맞춤 작업**[381]

앞서 말한 극단적인 발 애호가와 페라가모는 심리적으로 유사한 역동을 공유하지만 그러한 내부의 역동이 바깥으로 표출된 결과는 질적으로 차이가 있다. 둘 간의 결정적인 차이는 페라가모가 전위를 자신의 직업활동과 결합하는 것을 통해 '승화 및 이타주의'로 발전시켜 나갔다는 점이다.

성숙한 적응기제인 '이타주의'는 다른 사람들이 자신에게 해 주었으면 하는 형태의 행동을 역으로 다른 사람에게 베푸는 것을 말한다.[382] 어린 시절 자신의 누나와 여동생이 '발에 맞는 구두'를 찾지 못해 고통 받는 모습을 지켜봤던 페라가모는 훗날 구두제작자가 되어, '발에 맞는 구두'를 찾지 못해 고통 받는 사람들을 돕는 역할을 하였다. 또 어린 시절 페라가모와 가족들은 신발 때문에 고통을 받았다. 적어도 한때 페라가모와 그의 가족들에게 신발은 마음에 상처를 심어주는 대상이었다. 하지만 구두제작자가 된 후에 페라가모는 사람들의 마음을 치유하는 신발, 즉 '힐링 슈즈'를 만들기 위해 노력했다. 그 결과, 페라가모는 명품 구두를 제작하는 대가가 될 수 있었다.

그는 명품 구두의 조건으로 다음의 두 가지를 제시하였다.[383] 첫 번째 조건은 구두가 사람의 발을 길들이지 않아야 한다는 것이다. 페라가모는 '새 구두는 길들여야 한다.'는 속설에 강력하게 반대하였다. 그는 이렇게 말했다. "여러분은 백날이 지나도 그 구두를 길들이지 못할 것이다. 구두가 여러분의 발을 길들일 뿐이다. 여러분이 구입한 구두의 질긴 소재를 변형시킬 정도로 강철 같은 발은 이 세상 어디에도 존재하지 않는다."[384]

페라가모는 구두 메이커의 입장이 아니라 고객을 생각하는 것의 중요성을 강조하였다. 오늘날까지도 많은 구두 제조업체는 표준형 발을 가진 고객을 위해 구두를 제작한다. 그리고 만약 손님의 발이 표준치수의 구두와 맞지 않으면, 구두가 아니라 손님의 발에 문제가 있다는 식의 진단을 내린다.

하지만 페라가모에 따르면 표준적인 형태의 발을 가진 사람은 극소수에 불과하다. 따라서 만약 현재 누군가의 발가락에 굳은살이 있거나 심지어는 발가락의 일부가 휘어 있다면, 그 사람의 발이 기형인 것이 아니라, 정상적인 발을 가진 사람이 잘못된 구두를 신은 결과에 해당된다.

명품 구두의 두 번째 조건은 '힐링 슈즈'가 되어야 한다는 것이다. 사실, 사람들의 발을 편안하게 해주는 구두를 발견하는 것은 그렇게 어려운 일이 아니다. 하지만 페라가모는 좋은 구두가 마음의 상처까지도 치유할 수 있다고 믿었다.

페라가모는 자서전에서 자신을 거쳐 갔던 수많은 발들이 자신에게 이야기를 들려준다고 소개한 바 있다. “발이 내게 말을 한다니, 그게 무슨 뜻일까? 말 그대로다. 발은 그 사람의 특징을 말해준다. 신경질적인 여성이 완전히 긴장을 푼 상태에서 발 한 쪽을 내 손에 올려놓으면, 나는 그 여성이 예민한 사람이라는 것을 단번에 알아차린다. 작은 전기 충격 같은 미세한 전류가 그녀의 발을 통해 내 손바닥으로 전달되기 때문이다. ... 전류의 세기로 예민한 정도를 말할 수 있다.”[385] 마치 한의사가 환자의 손목을 어루만지면서 진맥을 보는 것처럼, 페라가모는 발을 만지는 것을 통해 고객의 심리적인 맥을 짚어낼 수 있었던 것이다.

공자(孔子)는 “색을 밝히는 것만큼 덕을 좋아하는 사람은 보지 못했다.”[386]고 하였다. 공자의 말처럼, 실제로 색을 밝히는 것만큼 열심히 일하기는 어렵다. 하지만 여성 발 애호가가 구두장이가 될 경우, 색을 밝히는 것만큼이나 구두 만드는 일에 몰입할 수 있다. 바로 페라가모가 그 좋은 예가 된다.

페라가모는 승화와 이타주의를 통해 전위를 자신의 직업생활과 창의적으로 연결지었다. 이것이 페라가모가 전 세계 구두장이들 사이에서 전설로 남게 된 심리학적 비밀이다.

XI

백조(白鳥)왕자의 동화 같은 인생: 앙드레 김의 이지화

"선생님의 옷은 대단히 화려하다고 볼 수 있지 않을까요?"

"그럴까요? 하지만 28년째 같은 옷만 입잖아요?"[387]

한국의 디자이너 중에서, 이름 그 자체로 세계적으로 통용될 수 있는 수준의 브랜드 가치를 갖고 있는 인물은 많지 않다. 하지만 아마도 앙드레 김은 21세기에도 한국 패션업계에서 화두로 남게 될 만한 아이콘(icon) 중 하나일 것이다.

앙드레 김은 1962년 첫 의상실인 '살롱 드 앙드레'를 오픈하고서 한국 최초의 남성 패션디자이너로 첫발을 내딛었다.[388] 그해 그는 반도호텔에서 첫 의상발표회를 하면서 명성을 높이기 시작했다. 또 그는 1966년 프랑스 의상협회 초청으로 파리에서 패션쇼를 개최하는데 이것은 한국인 최초의 파리패션쇼였다.[389] 1977년 패션디자이너로는 최초로 대한민국 문화훈장을 받았으며 1999년 샌프란시스코 시장은 11월 6일을 '앙드레 김의 날'로 선포했다.[390]

앙드레 김은 살아생전에 한마디로 "걸어 다니는 패션기업"[391]이었다. 그가 활동하던 당시에 앙드레 김 브랜드의 연간 매출을 모두 합치면, 약 1,000억 원이 넘는 수준이었다. 이러한 사실은 그의 이름이 갖는 브랜드 가치가 어지간한 중소기업을 뛰어넘는 수준이었음을 시사한다.

앙드레 김은 미국식 영어 발음에 친숙한 사람들에게는 다소 어색한 인상을 줄 수 있는 옥스퍼드식 영어발음 애호가로 유명하다. '이메이지(image)' 혹은 '판타스틱(fantastic)' 등이 그 예이다. 앙드레 김은 자서전에서 자신을 사로잡는 것들에 대해 이렇게 소개하였다. "아아... 순결하고, 순수하고, 아무에 의해서도 더럽혀지지 않고 아름답고, 교양있고, 명예롭고, 환상적이고, 철학적이고, 낭만적이고, 세계적인 상식으로 가득차고, 천재적이고, 시적인 것들이 저를 흥분시킵니다."[392] 하지만 앙드레 김이 마주했던 세상은 그다지 환상적이지만은 않았다.

◇◇◇

백조왕자, 앙드레 김

앙드레 김의 삶은 백조왕자 이야기와 유사한 데가 있다. 덴마크의 작가 한스 안데르센(Hans C. Andersen)의 동화 중에 『백조왕자(The Wild Swans)』라는 작품이 있다. 그 이야기에서는 왕자들이 사악한 마녀의 마법에 걸려 백조가 된 채로 궁에서 쫓겨나게 된다. 저주에 걸린 왕자들은 쐐기풀로 만든 옷을 입어야만 마법에서 풀려날 수 있었다. 그 동화에서 백조왕자는 숱한 고난을 겪은 후 여동생이 힘들게 지어 준 쐐기풀 옷을 입고서 왕자로 되돌아가게 된다.

앙드레 김은 환상적인 세계를 꿈꿨지만, 대중들은 앙드레 김이 사랑한 것들을 다양한 방식으로 희화하고 조롱하기도 했다. 특히 개그맨들은 과장된 방식으로 앙드레 김의 어투를 흉내 내기도 했다. 자서전에서 앙드레 김은 이러한 일들에 상당한 불쾌감을 표시하면서 자신은 그러한 사람들을 "이그노어(ignore: 무시하다)"[393]해 버린다고 밝히기도 했다.

앙드레 김과 오랫동안 인연을 맺어왔던 배우 신성일은 앙드레 김에 대한 첫인상을 이렇게 평했다. "나는 처음 그에게 호감을 느끼지 못했다. 거친 사나이만 보아온 나로선 그의 외모에 적응하기가 어려웠다. 앙드레 김은 그때에도 하얀 옷을 입고 있었고, 가부키 배우처럼 얼굴 화장을 진하게 했다. 옷에 풀을 빳빳하게 먹여 사각사각 소리가 날 정도였다. 향수는 어찌나 진했는지 곁에 가면 속이 울렁거렸다."[394]

앙드레 김에 대한 대중들의 놀림은 1999년 8월 정재계 옷 로비 스캔들에 대한 국회청문회에서 그가 참고인으로 출석했을 때 절정에 달하게 된다. 앙드레 김이 청문회장에서 자신의 본명을 김봉남으로 소개하자, 그의 이름은 이내 세간의 웃음거리로 전락하게 되었다.

이때의 일을 앙드레 김은 자서전에서 이렇게 밝혔다. "너무 너무 억울하고 분해요. 저 앙드레 김이 왜 이런 잘못된 취급을 받아야 하는지. 제 본명이 김봉남(金鳳男)이라는 게 도대체 뭐가 문제라는 건가요? 부모님이 주신 소중한 이름인데..."[395] 앙드레 김은 인터뷰 때 이 사건에 대해 말하면서 울먹이기까지 했다.[396]

앙드레 김은 한 인터뷰에서 자신이 낭만적이고 동화적인 상상을 자주 하는 편이라고 말한 적이 있다.[397] 실제로 그의 자서전 제목은 『앙드레 김, 나의 환상(fantasy)』이다. 자서전에서 그는 독일의 노이슈반슈타인(Neuschwanstein) 성을 보았던 순간을 "오직 꿈을 통해서만 만날 수 있었던 광경을 실제로 목격"[398]한 것 같았다고 고백하였다.

노이슈반슈타인(Neuschwanstein) 성은 바이에른의 국왕 루트비히 2세(Ludwig II)가 만든 것으로서 일명 '백조의 성'이라고 불린다. 디즈니월드의 신데렐라성이 바로 이 성을 본떠 제작된 것이다. 평생 독신으로 살았던 루트비히 2세는 환상적이고 동화적인 세계를 좋아했다. 특히 은둔생활을 즐기면서 화려한 성을 짓는 작업에 주로 몰두하였다.

루트비히 2세와 앙드레 김은 예술적인 취향뿐만 아니라 생활방식도 유사한 데가 있었던 것으로 보인다. 다만, '백조의 성' 성주였던 루트비히 2세가 일생동안 성 짓기에 몰두한 반면, 앙드레 김은 『백조왕자』 동화에서

왕자들이 마법에서 풀려나기 위해 쐐기풀 옷을 필요로 했던 것처럼 평생 옷 짓기에 열중했다.

노이슈반슈타인 성[399]

◇◇◇

'블랙 앤 화이트'의 전설

대중들에게 앙드레 김의 트레이드 마크는 단연 '하얀색 의상과 검정색 머리 칠'이었다. 그도 30대까지는 감색이나 검정, 갈색 계통의 정장을 주로 입었다. 하지만 그가 밝힌 바에 따르면, 스스로 체형의 결점을 커버하기 위해 1974년부터 특유의 흰 옷을 입고 화장을 하면서 생활했다.[400]

앙드레 김은 똑같이 디자인된 옷 30벌을 돌려가면서 입었으며 하루 평균 3회 갈아입었다.[401] 이 옷들의 디자인은 모두 같았지만, 그 두께는 계절별로 차이가 있었다.

그가 이처럼 하얀색 의상을 즐겨 입게 되는 데는 청년 시절 가와바타 야스나리(川端康成)의 소설 『설국(雪國)』을 읽고 그 첫 장면이 주는 감동에 푹 빠진 점도 커다란 영향을 미친 것으로 보인다.[402] "국경의 긴 터널을 빠져나오자 눈의 고장이었다. 밤의 밑바닥이 하얘졌다."

앙드레 김은 눈 내린 풍경이 주는 서정성, 아름다움, 순수함, 그리고 환상적인 이미지를 작품 속에도 많이 담아냈던 것으로 보인다. 그래서 그의 의상뿐만 아니라 그의 작품에도 흰색이 넘치며 작품 소재도 실크(silk)나 울(wool)이 아닌 면(cotton)만을 사용했다.

하지만 앙드레 김의 트레이드 마크가 전적으로 가와바타 야스나리의 영향력에서 비롯되었다고 보기는 어렵다. 왜냐하면, 앙드레 김의 트레이드 마크에는 '하얀색 의상'뿐만 아니라 '검정색 머리 칠'도 포함되어 있기 때문이다.

앙드레 김의 젊은 시절 모습과 트레이드 마크 복장[403]

그가 머리에 발랐던 검은색 칠은 크림식 증모제와 스스로 만든 검정색 라이너액을 섞어 제작한 메이크업 제품이었다.[404] 그는 탈모를 가리는 동시에 이마선을 만드는 데 이 검정색 칠을 사용했다. 비록 탈모 문제가 그의 트레이드 마크를 형성하는 데 어느 정도 계기가 되었다고는 하나 가부키 인상을 줄 정도의 특이한 화장이 단순히 탈모 문제를 보완하기 위한 것이라고 설명하기는 어렵다. 이런 점에서 앙드레 김의 트레이드 마크, '블랙 앤 화이트의 전설'을 이해하기 위해서는 심리학적인 분석이 필요해 보인다.

◇◇◇

앙드레 김이 흰옷을 사랑했던 이유

한 기자가 앙드레 김의 집을 취재차 방문했을 때의 목격담이다. 앙드레의 집에서는 “벽지와 천장, 방문, 침대커버, 애완견, 조명, 식탁이 모두 흰색이었다.”[405] 그는 흰색 붙박이장에 질서정연하게 진열된 30벌의 흰색 옷을 “옷이 후레쉬(fresh)하게 느껴지지 않을 때, 기분이 저조할 때, 옷에 헤어스프레이나 화장품이 묻었을 때”[406]면 수시로 갈아입었다.

그는 자서전에서 자신의 독특한 옷 취향에 대해 이렇게 설명했다. “가정부 아주머니께서 세탁하시느라 참 힘이 드시죠. 흰색이니까 세탁이 제대로 안되면 금방 표가 나거든요? 또 매번 풀을 먹여야 하니까. 풀을 먹여야 입을 때 가볍고 산뜻한 느낌이 나죠.”[407]

특히 그는 한 인터뷰에서 이렇게 강조했다. “저는 절대로 실크(silk)나 울(wool)을 입지 않아요.”[408] 앙드레 김이 이처럼 독특한 취향을 갖게 된 것는 유년 시절의 경험과 관계가 있는 것으로 보인다.

앙드레 김은 세 살 때부터 계모의 슬하에서 자라났다. 비록 그 자신도 계모를 친어머니처럼 따랐고 계모도 그를 친아들처럼 아껴주었지만, 과거에는 계모 슬하에서 자란 사람에 대해서 사회적인 편견이 무척 심했다.[409] 예를 들면, ‘홀아비 자식은 어느 동네에나 있다’는 속담을 떠올려 보라. 그 속담에서 홀아비 자식은 바로 버릇없는 자식을 뜻한다.

젊은 시절 앙드레 김은 자신의 외모에 대해 심한 열등감을 가지고 있었다. 그는 자신의 얼굴이 “정말로 포토제닉(photogenic)하지 않다.”고 믿었다. 하지만 실제로 그는 영화감독의 권유로 『비오는 날의 오후 3시』라는 영화에 배우로 출연할 정도로 외모가 준수하였다. 그의 말에서 포토제닉하지 않다는 의미는 "미소년"이 아니라는 의미로 해석해야 한다.

그가 외모에 대해 심한 콤플렉스를 경험하게 된 이유는 친어머니와 함께 살지 않는 것에 대한 사회적 열등감이 외모에 대한 신체적 부적절감으로 전환되었기 때문이었다. 이처럼 무의식적으로 문제의 대상을 바꾸는 것을 '전위'라고 한다. 신경증적인 기제로서 전위는 한 대상에 대한 감정이 무의식적으로 또 다른 대상으로 옮겨 가는 것을 말한다.

그가 이렇게 하게 된 이유는 자신이 사회 속에서 경험하는 부적절감(홀아비 자식)에 대해 차마 어머니 탓을 할 수는 없었기 때문으로 보인다. 그의 어머니는 그를 극진하게 보살펴 주었고 그 역시 그러한 계모를 진심으로 사랑했기 때문이다. 어떤 의미에서 그의 외모는 그가 유일하게 미워할 수 있는 대상이기도 했다. 왜냐하면 그와 계모는 피 한 방울조차 섞이지 않아서 그의 외모는 유일하게 그의 계모와 완벽하게 무관한 것이었기 때문이다.

젊은 시절 미운 오리 새끼처럼 외톨이 생활을 하던 그는 자신의 운명을 열어 주게 될 『퍼니 페이스(재미난 얼굴; Funny Face)』라는 영화와 조우하게 된다.[410] 오드리 헵번(Audrey Hepburn) 주연의 이 영화에서는 미운 오리 새끼 신세였던 그녀가 패션모델이 되어 지방시(Hubert de Givenchy) 의상을 입고 파리의 명소를 다니며 사진을 찍는 환상적인 장면이 나온다. 이 영화를 보면서 앙드레 김은 사회 속에서 미운 오리 새끼 같았던 그 자신도 패션 활동을 통해 언젠가는 백조가 될 수 있다는 희망을 품게 되었던 것으로 보인다.[411]

외롭고 고독한 사람이 의상 일을 하는 것은 심리적으로 커다란 보상 효과를 선사해 줄 수 있다. 의상은 물리적으로 인간의 체온을 높여주기도 하지만 '심리적인 추위', 즉 고독감을 경험하는 사람들에게 심리적인 온기를 선사해 주기도 한다. 외롭고 고독한 생활을 하는 사람들은 보통 사람들에 비해 같은 방 안에 머물러 있으면서도 방안의 온도를 낮게 추정하는 경향이 있는데 이것은 고독한 사람들이 물리적인 온도와는 구분되는, 심리적인 추위를 경험하기 때문이다. 이처럼 앙드레 김이 디자이너가 된 데는 외톨이 생활이 영향을 주었다. 반면에 그의 트레이드마크인 흰 옷은 그의 어머니와 밀접한 관계가 있다.

앙드레 김의 어머니는 결벽증이 있다는 말을 들을 정도로 깨끗하고 정갈한 것을 좋아했다.[412] 또 그의 어머니는 매일 아침마다 그에게 다소 강박적으로 양잿물에 새하얗게 빨아낸 후 솥뚜껑 위에서 말린 옷을 입혔다.[413] 그 덕분에 넉넉지 못한 살림살이에도 불구하고 언제나 그의 옷과 양말은 마치 새 것처럼 보송보송한 느낌을 주었다. 그의 어머니가 심장마비로 돌아가셨을 때, 그는 밤마다 베개가 온통 젖을 정도로 울었다.

자신에 대해 무한한 애정을 베풀어 주었던 어머니가 돌아가신 후부터 그는 순진무구하고 완벽한 백색을 구현하는 데 지나칠 정도로 집착하기 시작하였다. 심리학적인 상징의 측면에서 본다면, 그가 어머니를 뜻하는 순백의 의상에 남다른 집착을 보였던 것 역시 '전위'에 해당된다.

◇◇◇

어두운 내면의 그림자

앙드레 김이 '순백의 미학'에 과도하게 집착하게 된 것은 역설적으로 그의 내면에 있는 어둠이 깃들어 있었던 점과 밀접한 관계가 있다. 앙드레 김은 3세 때 그 누구도 원치 않을 심리적인 사건을 경험했다. 바로 어머니가 생모에서 계모로 바뀐 것이다. 비록 그가 어린 시절에 대해 잘 기억하지 못했다 할지라도 아마도 아버지의 이혼으로 어머니가 바뀌게 된 경험은 그의 삶에서 중요한 영향을 주었던 것으로 보인다.414

앙드레 김이 충격적인 사건을 경험한 시기는 정신분석적인 관점에서 본다면, 남근기(phallic stage)에 해당된다. 이 시기의 주요한 발달과제는 오이디푸스 콤플렉스(Oedipus complex) 문제를 해결하는 것이다. 오이디푸스 콤플렉스는 무의식적으로 남아가 어머니에게는 애정을, 그리고 아버지에게는 적대감을 가지게 되는 현상을 말한다. 여아의 경우에는 일렉트라 콤플렉스(Electra complex)를 겪게 되는데, 여아 역시 이성의 부모인 아버지에게는 애정을, 동성의 부모인 어머니에게는 적개심을 갖게 된다. 앙드레 김이 평생 독신으로 생활했던 점은 그가 오이디푸스 콤플렉스를 해결하는 데 어려움을 겪었던 점을 반영하는 것으로 보인다.

남근기에 고착된 남성은 여성에게, 그리고 여성은 남성에게 자신이 매력적으로 보이도록 하는 데 과도하게 집착하게 된다. 이때 이성 파트너에게 매력적으로 보이고자 하는 히스테리적인(hysteric) 성격은 다음의 두 가지 형태로 나타날 수 있다. 첫째, 외현적(explicit) 히스테리로서 남성의 경우에는 남성다움을 과시하고(마초맨 스타일) 여성의 경우에는 여성스러움을 강조(공주처럼 행동)하는 것이다. 둘째, 내현적(implicit) 히스테리로서, 남성의 경우에는 여성성을 강조하고(여성스러운 꽃미남 스타일) 여성의 경우에는 남성성을 부각시키는 것(여성 호위무사 스타일)이다.

앙드레 김은 바로 내현적 히스테리 유형에 해당된다. 외현적 히스테리인지 아니면 내현적 히스테리인지 여부와는 무관하게 모든 히스테리 역동의 핵심동기는 이성 파트너로부터 매력을 인정받는 것이다. 앙드레 김이 평생 여성 모델들에 둘러싸인 채 생활했던 점은 히스테리 역동이 추구하는 세계와 상징적으로 잘 부합된다.

젊은 시절에 앙드레 김은 반항적으로 행동하기도 했다. 일종의 소독약인 과산화수소수로 머리 전체를 노랗게 물들인 것이다.[415] 그는 서양 사람처럼 머리카락이 변하는 것에 신기해했지만 아버지로부터는 불호령을 들었다. 그의 아버지는 "까만 머리가 자랑스럽지 그게 뭐냐"[416]라고 하면서 그를 질책했다.

앙드레 김은 백발의 나이가 되어서도 평생 검은 머리를 유지했다. 젊은 시절 노랑머리를 사랑했던 앙드레 김이 평생 검정 머리만을 좋아하게 된 것이다. 이것은 적응기제의 측면에서는 '반동형성'에 해당된다. 신경증적인 기제로서 반동형성에서는 대상에 대한 심리적 가치가 정반대로 바뀌게 된다. 그 결과, 그토록 싫어하던 것이 정말 좋아하는 것이 되고 진짜 좋아하는 것은 죽도록 싫어하는 것이 된다.

앙드레 김이 검은색으로 머리를 칠했던 것이 예술적 취향에 속하는 문제가 아니라 반동형성에 해당되는 이유는 그러한 취향이 그에게 심리적인 편안함을 제공해 주기보다는 심리적으로 고통을 심어주었기 때문이다.

한 인터뷰에서 앙드레 김은 메이크업 스타일에 대한 질문을 한 기자에게 역정을 내기도 했다. 인터뷰가 비교적 순조롭게 이루어지고 있던 때에, 기자가 불쑥 "특유의 화장은 어떤 계기로 시작되었나?"라고 물었다. 그러자 그는 "세계적 디자이너를 인터뷰한 기사 어디에도 그렇게 세련되지 않은 질문은 나와 있지 않다."며 날카롭게 쏘아붙였다.[417]

심리학적인 관점에서 본다면, 이러한 일화는 기자의 질문이 앙드레 김 내면의 '무의식적인 그림자'를 자극했기 때문으로 보인다. 무의식적인 그림자는 자신의 일부이지만 스스로 인정하기 싫어하는 특성으로서 일반적으로 과민반응을 유발하게 된다. 객관적으로 본다면, 기자의 질문이 무례한 것도 아니고 그가 마땅히 화를 낼 만한 내용이라고 보기도 어렵다. 따라서 그가 예민하게 반응하게 된 것은 기자의 질문 내용 자체에 문제가 있었다기보다는 기자의 질문이 앙드레 김이 억누르고 있었던 내면의 갈등을 자극했기 때문이라고 해석할 수 있다. 이것이 바로 반동형성이 신경증적인 고통을 유발하는 이유이기도 하다.

처음에 앙드레 김이 순백의 의상에 남다른 열정을 쏟았던 것은 그의 삶에 보탬이 되기보다는 그의 고통을 가중시킬 뿐이었다. 전위 역시 반동형성과 마찬가지로 신경증적인 고통을 유발하기 때문이다.

어머니에 대한 그리움으로 인해 소독제를 탄 물에 새하얗게 빤 흰색 면직물 옷을 입는 데 집착했던 그는 어머니가 자신에게 해주었던 것 이상으로 의상의 순백색을 보존하는 데 심혈을 기울여야 한다는 압박감에 시달려야 했다. 그는 자신이 입고 있는 옷에 땀이 조금이라도 배거나 이물질이 묻으면 곧바로 갈아입어야 했을 뿐만 아니라 최상의 순백 상태를 유지하기 위해 하루에도 여러 차례 옷을 갈아입어야 했다.

하지만 순진무구하고 완벽한 백색을 구현하려는 그의 노력은 마치 바닷물을 마신 사람이 겪는 것처럼 갈증을 해소시켜 주기보다는 더욱 더 목이 타들어가도록 만들었다. 그로 인해 그는 어머니를 잃은 상실감과 어미 없는 자식으로 세상을 살아가야 하는 두려움 때문에 시간이 흐를수록 더 큰 고통을 받아야 했다.

◇◇◇

앙드레 김이 꿈꿨던 하얀 세상

앙드레 김은 생애 대부분의 시간동안 고독하게 살았다. 그는 6·25전쟁 때 피난을 간 부산에서 연상의 여인을 만나 플라토닉한 사랑에 빠졌던 적이 있었다.[418] 그는 이때 '가슴'이 아닌 '머리'로 사랑을 나누었다고 할 수 있다. 따라서 적응기제의 측면에서 이러한 일화는 '이지화'에 해당된다. 신경증적인 기제로서 이지화는 감정을 빼고 주로 지적인 논리만을 앞세우는 것을 말한다.

그는 고독예찬론자이기도 했다. 그는 자신의 독창적인 세계를 지켜가기 위해서는 고독이 불가피한 것이라고 주장했다.[419] 또 그는 기자가 모임에서 돋보이는 여성이 되는 방법을 물었을 때도 "고독감이 필수적이죠."[420] 라고 대답했다. 그리고 책을 읽어야 하는 이유에 대해서도 "고독을 경험하게 하니까요."[421]라고 주장했다. 이처럼 앙드레 김의 독특한 고독예찬론 역시 적응기제의 관점에서는 이지화에 해당된다. 논리적으로는 그럴 듯하지만, 그러한 특이한 주장의 이면에는 고통스러운 감정이 깔려있기 때문이다.

그는 한 기자에게 자신의 외로운 생활에 대해 이렇게 고백한 적이 있다. "언제나, 고독해요. 전 룸살롱도 노래방도 가본 적이 없어요. 포커나 고스톱도 할 줄 몰라요. 결혼도 하지 못했어요. 한 여인의 남편이 되어 사랑을 나누지도 못했지요. 저에겐 자유롭고 소박한 삶이 없어요. 내가 동네 중국집에 가서 자장면 한 그릇만 먹어도 사람들 사이에서 이야깃거리가 되니까요."[422] 사실, 그가 고독예찬론자가 된 결정적인 이유는 그 자신이 평생 고독하게 살았기 때문이었다.

세월이 흘러감에 따라 그의 전위, 반동형성, 그리고 이지화는 점차 성숙한 형태로 발전해 나갔다. 그의 이러한 노력을 심리학적으로는 '승화'라고 부른다. 승화는 사회적으로 물의를 일으키거나 내적으로 고통 받는 일 없이, 보다 문화적인 형태로 내면의 본능적인 욕구를 표출하는 것을 말한다. 대단히 지혜롭게도 그의 자아(ego)는 자신의 욕구를 사회적으로 표출할 수 있는 접점을 발견하였다. 그중 하나는 패션디자이너로서 그가 창작해낸 화려한 의상이었다.

앙드레 김이 유난히 흰옷에 집착했던 것 역시 반동형성과도 관계가 있다고 할 수 있다. 그의 내면에는 수컷 공작새처럼 화려함을 추구하는 히스테리적인 역동이 들끓고 있었지만, 그는 이러한 속마음을 숨기고서 평생 흰옷을 입으면서 살았다. 그가 어머니를 지나치게 사랑했기 때문이었다. 그의 피 끓는 효심은 어린 시절 어머니가 입혀주던 흰옷을 죽을 때까지 포기할 수 없었던 것이다. 그 대신 앙드레 김은 수많은 모델들을 위해 화려한 의상을 제작하면서 히스테리적인 욕구를 마음껏 발산할 수 있었다.

앙드레 김의 자아가 내면의 욕구를 생산적으로 발산할 수 있었던 또 다른 통로는 바로 신랑과 신부의 드레스를 디자인하는 것이었다. 그가 자신에 대한 관심을 다른 사람들에게로 돌렸을 때 그는 어머니를 상징하는 순백의 의상에 새로운 생명력을 불어 넣을 수 있었다.

그에게 순백의 의상은 미운 오리 새끼 같은 존재(자기 자신 포함)조차도 백조로 만들어 줄 수 있는 심리학적인 연금술을 상징해 주는 것이기도 했다. 신랑과 신부의 드레스는 그들이 결혼식 이전에 어떤 존재였건 간에 그들을 모두 우아한 백조로 재탄생시켜주는 예복(禮服)이라고 할 수 있다. 이런 점에서 그는 세상의 그 어떤 디자이너보다 신랑과 신부를 더욱 순결한 순백색의 존재로 부각시켜 줄 수 있는 연금술사였다고 할 수 있다.

마침내 그의 어머니를 상징하는 순백의 의상은 그의 화이트 컬렉션 속에서 아름답게 부활하게 되었다. 이러한 상징적인 변용 과정을 통해 미운 오리 새끼 같았던 앙드레 김 자신도 마침내 상상 속에서가 아니라 실제 현실에서 백조로 부활할 수 있었다. 이것이 바로 승화의 힘이다!

마지막으로 인간 앙드레 김에 관해 한 가지 기억해야 할 사실이 있다. 그의 어머니가 계모였고 세상에서 그가 가장 사랑했던 아들 역시 입양아였다는 점이다. 그는 디자이너로서만 '하얀 세상'을 만들기 위해 노력했던 것이 아니라, 한 인간으로서도 '하얀 세상'을 위해 헌신하였다. 이것을 '이타주의'라고 한다. 성숙한 기제로서 이타주의는 다른 사람들이 자신에게 해 주었으면 하는 바로 그 행동을 역으로 그 자신이 다른 사람에게 베푸는 것을 말한다.[423]

놀랍게도 앙드레 김이 흰옷을 입는 것을 포기한 적이 있었다. 그는 손자들과 함께 잘 때는 흰옷을 입지 않았다. 한 방송에서 그는 "손자들이 흰옷보다는 동물무늬가 그려져 있는 옷을 좋아해서 동화 속에 나오는 것 같은 색깔이 다양한 옷을 입는다."[424]고 말해, 보는 이들의 마음을 뭉클하게 했다. 이처럼, 인생에서는 결국 이타주의가 전위나 반동형성을 이기기 마련이다!

XII

어둠의 성인: 마더 테레사의 이타주의

"만일 제가 성인이 된다면 분명 어둠의 성인일 것입니다.
세상의 어둠에 빛을 밝히기 위해 늘 지상으로 내려가 있을 테니,
천국에는 없을 것입니다."[425]

인간의 이타적 행동은 오랫동안 사람들에게 수수께끼였다. 인간이 이기적인 모습을 보이는 것은 굳이 설명할 필요조차 없는 자연스러운 행동이다. 하지만 외견상 자신에게 도움이 되지 않는데도 불구하고 다른 사람을 돕는 것은 상식적으로는 이해하기 어려운 행동이다.

오래 전에 정신분석가 조셉 샌들러(Joseph Sandler)는 지그문트 프로이트(Sigmund Freud)의 딸인 안나(Anna)와 인간의 이타성 문제에 대해 열띤 논쟁을 벌인 적이 있다. 그때 두 사람은 이타성의 근원에 대해 각각 다음과 같이 주장하였다.[426]

안나: 당신은 마치 인간에게는 이타적 본성이 없는 것처럼 말하는군요.

샌들러: 설혹 누군가가 이타주의자가 된다고 하더라도 그것은 마음속의 '선(善)'에 의해서 탄생하는 겁니다.

안나: 아니에요. 이타적 행동은 마음속의 '악(惡)'으로부터 탄생하는 것입니다.

샌들러와 안나의 대화는 이타적 행동이 어떻게 탄생하게 되는지에 대해 상반된 관점을 보여준다. 이타적 행동의 화신으로 손꼽힐 만한 마더 테레사(Mother Teresa)의 삶은 이타적 행동이 내면의 '악'에서 비롯된다는 안나의 주장이 더 타당하다는 점을 보여준다.

◇◇◇

가난한 사람들의 어머니, 마더 테레사

마더 테레사는 마케도니아 출신으로 본명은 공사(Gonxha Agnes Bojaxhill)였다. 마케도니아는 역사적으로 수많은 민족들의 각축장이었다. 발칸 전쟁 이후에 이 지역은 그리스, 세르비아, 불가리아로 분리되었다.

마더 테레사는 18살이 되던 해에 수녀가 되었고 로레토수녀회(Sisters of Loreto)에 입회하여 '테레사(Teresa)'라는 이름을 받았다. 1929년에 마더 테레사는 선교를 위해 인도의 콜카타(Kolkata: 옛지명은 캘커타)에 도착하였다. 거기에서 로레토수녀회에서 운영하는 세인트메리학교(St. Mary's School)에 부임해 교사생활을 시작했다.

27살 때 종신서원(終身誓願)을 한 마더 테레사는 34살 때 세인트메리학교의 교장이 되었다. 1946년에 마더 테레사는 콜카타에서 다르즐링(Darjeeling)으로 묵상과 기도를 위한 여행을 가던 중에 가난한 사람들을 위해 봉사하라는 소명(召命)을 받고 38살 때 '사랑의 선교 수녀회(Missionaries of Charity)'를 창설했다.

그 후 마더 테레사는 콜카타에서 평생 가난하고 병든 사람들을 위해 봉사했다. 그 공로를 인정받아 1979년에는 노벨평화상을 받았고 1980년에는 인도 최고 등급의 시민 훈장인 바라트 라트나(Bharat Ratna)를 받았다. 1997년 87세로 선종(善終)했을 때, 마더 테레사의 장례식은 인도에서 국장(國葬)으로 진행되었다.

2003년 마더 테레사는 교황 요한 바오로 2세(Pope John Paul II)에 의해 시복(諡福)되었다. 시복은 교황이 거룩한 삶을 살았거나 순교한 이에게 '복자'의 칭호를 공식적으로 허가하는 것을 말한다. 이때 받은 명칭은 '캘커타의 복녀 테레사'였다.

또 2016년에는 프란치스코 교황(Pope Francis)이 마더 테레사의 시성(諡聖)을 승인했다. 시성은 가톨릭에서 죽은 자의 탁월한 성덕을 교회가 공식적으로 인정하는 것을 말한다. 마더 테레사의 성인으로서의 명칭은 '캘커타의 성녀 테레사'이다.

마더 테레사는 평생 120개가 넘는 국가에서 가난과 질병의 고통 속에서 허덕이는 사람들에게 희망을 나눠주는 일에 헌신했다. 또 나병환자의 손에 입을 맞추고 죽어가는 에이즈 환자를 끌어안는 등 희망을 잃은 사람들에게 끊임없는 자기희생과 사랑을 베풀었다. 비록 마더 테레사가 질병으로 죽어가는 병자들의 목숨을 살리지는 못했지만 적어도 그들이 '사람대접'을 받으면서 눈을 감을 수 있도록 도울 수는 있었다.

그렇다면, 마더 테레사의 그칠 줄 모르는 이러한 인간애는 도대체 어디에서 나온 것일까? 어떻게 한 개인이 그토록 힘든 일을 평생 동안 실천할 수 있었던 것일까? 마더 테레사의 이타적 행동의 비밀은 무엇일까?

◇◇◇

아버지의 독살과 이타주의

마더 테레사가 한 인터뷰에서 소개한 바에 따르면, 유년 시절 그녀는 경제적으로 여유 있고 행복한 가정에서 자랐다.[427] 하지만 9살 때, 집안에 큰 변고가 생긴다.

아버지 니콜러 보야주(Nikollë Bojaxhiu)가 시의원으로서 한 정치 행사에 참석한 후 귀가했을 때 피를 흘리며 쓰러졌다. 아버지는 곧 병원으로 후송되었지만 끝내 응급실에서 사망하였다.[428] 독살된 것이다.[429]

게다가 아버지의 동업자가 전 재산을 가로채갔기 때문에 마더 테레사의 가족은 극심한 생활고에 시달리게 되었다. 결국 마더 테레사의 어머니는 가족부양을 위해 생활전선에 뛰어들어 자수 제품을 팔아야 했다.[430]

어린 시절 피 흘리면서 죽어가는 아버지를 위해서 아무 것도 할 수 없었던 마더 테레사는 수녀가 된 후에 병들어 죽어가는 사람들을 헌신적으로 돌보았다. 그리고 어린 시절 아버지가 사망한 후 가난의 고통을 뼈저리게 겪었던 마더 테레사는 평생 가난한 사람들의 어머니 역할을 해냈다. 적응기제로는 마더 테레사의 이러한 행동을 '이타주의(altruism)'라고 한다.

성숙한 기제인 이타주의는 다른 사람들이 자신에게 해 주었으면 하는 형태의 행동을 역으로 다른 사람에게 베푸는 것을 말한다.[431] 발달적으로 이타주의는 반동형성의 과정을 거친 후 비로소 나타나게 된다.[432] 일반적으로 반동형성에서는 사용자가 즐거움을 얻지 못하는 반면, 이타주의에서는 행위자에게 주어지는 보상이 이타적 활동으로 인한 수고와 고통을 능가한다. 일반적으로 이타주의자는 특별한 보상을 바라지 않고 선행을 베풀지만 결과적으로는 베푼 것 이상으로 되돌려 받게 된다. 반동형성은 행위자로 하여금 순교자가 된 것 같은 기분이 들게 하지만, 이타주의는 행위자가 자신의 이타적 행위의 결과로서 스스로 축복받은 것 같은 느낌을 받게 한다.

◇◇◇

마더 테레사의 반동형성

누구나 그러하듯이, 마더 테레사의 이타주의 역시 처음에는 반동형성으로 시작하였다. 마더 테레사는 수녀로서의 자신의 사명을 이렇게 밝혔다. "예수님이 원하신다면 저는 지옥이라도 갈 마음의 준비가 되어 있습니다. 단, 그것이 예수님을 진정으로 행복하게 해드린다면 말이에요."[433] 이런 맥락에서 마더 테레사는 "하나님이 요구하시는 것이라면 그 무엇이든 드리고 그분께는 그 어떤 것도 거절하지 않겠다."고 서약하였다.[434] 실제로 동료 수녀는 마더 테레사가 일하는 모습에 대해 다음과 같이 평가하였다. "테레사 수녀님은 무척 바쁜데도 좀처럼 쉴 틈을 두지를 않아요."[435]

1942년에 인도가 제2차 세계대전에 참전하자, 수도원과 학교의 운영이 위기에 처했다. 수녀의 수가 크게 줄어들었기 때문에 교사로서 학생을 가르치고 돌보는 업무가 그대로 유지되는 상태에서 기숙사 관련 업무의 대부분을 마더 테레사가 떠맡게 되었다. 하나님이 요구하시는 것은 무엇이든 거절하지 않고 막대한 업무를 고스란히 떠맡았던 마더 테레사는 결국 중병에 걸리고 말았다.[436] 함께 생활하던 동료의 평가에 따르면, 당시에 "마더 테레사는 살아날 가능성이 별로 없다고 느껴질 정도로 심각한 병"을 앓았다.[437]

다행히 시간이 지나면서 병은 호전되었다. 하지만 마더 테레사의 반동형성은 이번에는 스스로를 사지로 몰아넣었다. 1946년 8월에 콜카타에서는 힌두교도와 이슬람교도 사이에 심각한 분쟁이 일어나 피비린내 나는 폭력사건이 발생했다. 일명 '대량학살의 날', 거리에는 수천 구의 시신이 늘어서 있었고 5만 명 이상의 사상자가 발생했다.

이 위험천만한 날에 마더 테레사는 굶주리는 학생들을 위해 먹을 것을 구하러 수도원에서 밖으로 나갔다. 마더 테레사에게 그 위험한 작전을 수행하라고 지시한 사람은 아무도 없었다. 또 주변 사람들이 마더 테레사에게 그러한 기대를 가졌던 것도 아니었다.[438] 단지 마더 테레사 스스로가 피로 뒤덮인 거리로 나가지 않고서는 견딜 수 없었던 것이었다.

놀랍게도 마더 테레사의 반동형성은 굴욕조차도 달콤한 것으로 바꾸는 마법을 부리기도 했다. 마더 테레사는 이렇게 말했다. "굴욕은 저에게 이 세상에서 가장 달콤한 사탕이랍니다."[439]

◇◇◇

마더 테레사의 활동에 대한 논쟁

때때로 마더 테레사의 반동형성은 이지화와 함께 나타나기도 했다. 그 결과 마더 테레사의 봉사활동은 매우 복잡한 종교적 논쟁을 불러일으키기도 했다.

이지화는 문제 상황에서 감정을 도외시한 채 그럴듯한 논리만을 내세우는 것을 말한다. 이지화와 지혜로운 주장을 구분해 주는 주요 기준은 해당 주장이나 행동에 대해 다른 사람들이 얼마나 공감을 하는가 하는 점이다. 이것이 절대적인 기준이 될 수는 없겠지만, 그래도 그 둘을 구분해 주는 대략적인 기준은 될 수 있다. 반동형성과 이지화가 결합하게 될 경우, 그 결과는 주로 선한 의도가 반드시 좋은 결과를 낳는 것은 아니라는 격언을 떠올릴 만한 것이 된다.

한 인터뷰에서 마더 테레사는 "나는 가난한 사람들이 자신의 운명을 받아들이는 것은 매우 아름다운 일이라고 생각합니다. 자신의 고통스러운 운명을 받아들임으로써 그리스도의 수난과 공유하는 것 말입니다. 이런 점에서 나는 가난한 사람들의 고난이 세상에는 꽤 도움이 되고 있다고 생각합니다."[440]라고 말했다. 마더 테레사의 이러한 주장은 가난한 이들의 고통을 미화할 뿐만 아니라, 부자들의 이데올로기를 전파하게 될 위험성이 있다는 비판을 받기도 했다.

아마도 마더 테레사가 사회에서 버림 받은 채 질병으로 죽어가는 병자들이 '사람대접'을 받으면서 눈을 감을 수 있도록 도왔던 것을 문제제기할 사람은 거의 없을 것이다. 하지만 마더 테레사의 반동형성과 이지화는 그녀가 죽어가는 사람들에게 인간적인 온정을 베푸는 것에 지나치게 집착함으로써 병자가 필요로 하는 다른 도움들에 대해서는 눈을 감도록 만들었다.

1994년에 권위 있는 의학저널인 『랜싯(The Lancet)』에는 로빈 폭스(Robin Fox) 박사가 마더 테레사 시설을 방문한 후 남긴 보고서가 게재되었다. 로빈 폭스에 따르면, "의사들이 가끔씩 오기는 하지만 대부분의 경우에는 수녀와 자원봉사자들이 자신들의 능력 범위 내에서 결정을 내린다. 고열을 동반하고 위독한 상태에서 입원한 청년을 본 적이 있었는데 처방된 약은 고작 항생제와 해열진통제였다. 나중에 순회방문 의사가 말라리아 가능성을 진단하고 처방을 말라리아 치료제로 바꾸었다. 혈액세포 분류 검사를 진행하지 않았냐고 물으니, 검사는 거의 허용되지 않는다는 답변이 돌아왔다. … 수녀와 자원봉사자들이 치료를 맡을 수 있는 환자와 치료를 맡을 수 없는 환자를 구분해주는 간단한 기준과 절차를 만드는 것이 어떻냐고 물었더니 대답은 역시 '노'였다. 그러한 체계적인 접근은 이 집을 설립한 정신에 맞지 않는다는 것이다. 마더 테레사는 인간의 계획보다 신의 섭리를 더

선호하며, 그녀의 원칙은 사람들이 물질주의 때문에 방황하게 되는 것을 예방하는 것이다."[441]

폭스 박사가 묘사한 실상은 재해 발생 지역에서 흔히 관찰되는 빈약한 아마추어 진료소에서조차도 보기 어려운 수준이었다.[442] 오랫동안 마더 테레사는 많은 나라에서 엄청난 돈과 물자를 지원받았다. 그럼에도 불구하고 마더 테레사의 시설이 아마추어 진료소만큼도 시설과 의약품을 구비하지 못하게 된 것은 그녀가 온정적인 보살핌을 제외한, 다른 것들에 대해서는 관심을 기울이지 않았기 때문이었다.

예를 들면, 말기 암 환자가 극심한 고통을 호소하면, 마더 테레사는 미소 띤 얼굴로 이렇게 말했다. "당신은 십자가에 매달린 예수처럼 고통 받고 있습니다. 그러니 예수께서 당신에게 키스를 하고 있는 것이 분명합니다." 하지만 이러한 얘기를 들은 환자는 "그렇다면, 그 키스를 제발 좀 멈추라고 전해주세요."[443]라고 대꾸하기도 했다.

1994년에 영국의 한 방송사는 『지옥의 천사』라는 제목으로 마더 테레사에 대한 다큐멘터리를 제작한 적이 있다.[444] 그 방송에 따르면, 당시에 말기 환자들이 마더 테레사의 요양소로 가는 것을 거부하기도 했는데 그 주된 이유는 그 요양소에서는 따뜻한 인정 말고는 정작 환자들이 절실히 필요로 하는 치료 목적의 모르핀 등을 적절히 활용하지 않았기 때문이었다.

또 마더 테레사는 토마토가 풍작이 되었을 때, 흉작이 들 때를 대비해 토마토를 통조림 형태로 만들어 저장하는 것에 반대했다.[445] 신의 섭리에 어긋나는 일이라고 믿었기 때문이다.

한때 브롱크스 지역에서 마더 테레사가 시의 협조를 얻어 가난한 사람들을 위해 집을 새로 짓는 프로젝트가 추진된 적이 있었다.[446] 이를 위해 프로젝트 팀은 시에서 버려진 건물을 매입한 다음 개조하는 공사를 진행했다. 당시에 일정 층수 이상의 건물에는 행정 법규상 장애인을 위한 엘리베이터를 설치하는 것이 의무였다. 이때 시에서 엘리베이터 설치비용을 제공하겠다고 제안했지만 마더 테레사는 자신의 시설에 장애자용 엘리베이터를 둘 수 없다고 고집을 부렸다. 결국 이 프로젝트는 무산되었다.

당시 언론에서는 마더 테레사의 입장을 옹호해 주었다. 많은 언론에서는 관료주의 행정의 문제를 지적하면서 시 담당자가 장애인의 권리를 지나치게 고집해 선교사들의 숭고한 노력이 좌절되었다는 식으로 보도했다.[447]

하지만 가난하고 병든 사람들을 위한 시설에 신의 섭리에 어긋난다는 이유로 장애인용 엘리베이터를 설치할 수 없다는 주장과 행정 법규상 장애인을 위한 시설에는 엘리베이터를 반드시 설치해야 한다는 규정 중 어느 쪽이 공감을 받기 어려운지는 그다지 어렵지 않게 판단할 수 있을 것이다.

◇◇◇

마더 테레사가 심했던 것이다!

사실, 신의 섭리라는 종교적인 주제가 끼어들게 되면, 여러 주장들 중 어느 쪽이 지혜로운 것인지 판단하는 일이 매우 복잡해진다. 이런 맥락에서 베스트셀러 『모리와 함께한 화요일』에 나오는 모리(Morris S. Schwartz) 교수의 주장을 참고해 보기 바란다.

모리 교수는 제자와 『욥기』의 내용에 대해 대화를 나눈 적이 있다.[448] 『욥기』는 하나님에 대한 믿음을 시험받는 욥(Job)에 대한 이야기다.[449]

어느 날, 사탄이 하나님에게 내기를 건다. 욥이라는 믿음이 깊은 사람이 있었는데, 그에게 재앙이 닥치면, 그가 하나님을 욕하게 될 것인지 여부를 확인하는 내기였다. 사탄은 부유했던 욥이 전 재산을 잃게 되면, 하나님을 욕하게 될 것이라고 호언장담했다. 그러자 하나님은 사탄이 욥의 몸에 손대지 않는다는 조건 하에 내기를 승낙하였다.

사탄은 욥이 사고와 전염병으로 전 재산과 자식들을 잃게 만들었다. 하지만 욥은 이 모든 것이 하나님의 뜻이라고 믿고 하나님을 욕하지 않았다. 그러자 사탄은 승복하지 않고 하나님에게 만약 병들어 몸이 상하게 되면 욥이 이번에는 정말로 하나님을 원망하게 될 것이라고 큰소리쳤다. 그 후 사탄은 욥이 피부병에 걸려 심한 고통 속에서 질그릇 조각으로 몸을 긁어야 하는 신세가 되도록 만들었다. 하지만 끝내 욥은 믿음을 저버리지 않았고 하나님으로부터 복을 받게 된다.

모리교수에게 제자가 물었다. "선생님은 그것에 대해 어떻게 생각하세요?" 그러자 모리교수는 살며시 웃으면서 이렇게 답했다. "내 생각에는 하나님이 너무 심하셨네."[450]

모리 교수의 관점을 고려해 본다면, 마더 테레사가 가난한 사람들이 자신의 운명을 받아들이는 것은 매우 아름다운 일이라고 생각한 것, 그녀의 시설이 아마추어 진료소만큼도 의약품을 구비하지 못하게 된 것, 고통 받는 병자에게 예수께서 당신에게 입 맞추고 있는 게 분명하다고 주장한 것, 자신의 시설에 장애자용 엘리베이터를 둘 수 없다고 고집을 부려 결국 가난한 사람들을 위해 집을 새로 짓는 프로젝트가 무산된 것, 토마토를 통조림 형태로 만들어 저장하는 것에 반대한 것 등에 대해서 평가하는 것이 그다지 어렵지만은 않을 것이다. 한 마디로, 마더 테레사가 너무 심했던 것이다! 이것이 바로 반동형성과 이지화의 약점이다.

◇◇◇

마더 테레사가 태워버리기를 원했던 서신들

마더 테레사는 노이너(Joseph Neuner) 신부에게 다음과 같은 서신을 보낸 적이 있다. "만일 제가 성인이 된다면 분명 어둠의 성인일 것입니다. 세상의 어둠에 빛을 밝히기 위해 늘 지상으로 내려가 있을 테니, 천국에는 없을 것입니다."[451]

사실, 마더 테레사는 수많은 편지들을 남겼다. 그중에는 수신인에게 읽고 난 다음에는 반드시 폐기해 달라고 특별히 부탁할 정도로 은밀한 것들도 많았다. 하지만 그러한 편지들을 받았던 사람 중 하나인 노이너 신부의 생각은 마더 테레사와는 달랐다. 그는 이렇게 말했다. "마더 테레사는 편지를 읽은 다음 곧장 태워달라고 분명히 요청했지만 나는 수녀님의 삶의 한 측면, 누구도 알지 못하는 소명의 진정한 깊이를 드러내는 편지이므로 간직해야 한다고 생각했다."[452]

이러한 점은 페리에 대주교(Archbishop Perier)와 그의 뒤를 이은 콜카타 대주교들도 마찬가지였다. 그들 모두 마더 테레사의 서신을 없애면 안 된다고 생각했다.[453]

마더 테레사가 세상을 떠난 후에 공개된 서신들에 따르면, 마더 테레사가 가난한 사람들의 어머니 역할을 수행하는 동안 내내 그녀의 내면세계는 외로움, 무기력감, 두려움, 신의 섭리에 대한 의심 등 온갖 어둠으로 가득 들어차 있었던 것으로 보인다. 마더 테레사가 스스로 장담했던 것처럼, 실제로 그녀는 '어둠의 성인'이었던 것이다.

49년 2월에 마더 테레사는 이렇게 적었다. "빈곤한 사람들에게 가난은 너무나 견디기 힘든 것임이 분명하다. 나는 머물만한 집을 찾기 위해 돌아

다닐 때 팔다리에 통증이 느껴질 때까지 걷고 또 걸었다. 그러면서 집과 먹을 것, 그리고 도움을 구하는 가난한 사람들의 육신과 영혼이 얼마나 아플지에 대해 생각했다. 그러자 유혹이 점점 더 강하게 들었다. 마치 궁전 같은 로레토의 건물들이 내 마음을 사로잡았다. 그 아름다움과 안락함. 함께 어울려 지내는 사람들. 사실, 한마디면 충분했다. '딱 한마디면 너는 그 모든 것을 다시 누릴 수 있어.' 유혹의 속삭임이 계속되었다."[454]

마더 테레사가 보여준 '가난 예찬', 즉 가난한 사람들이 자신의 운명을 받아들이는 것은 매우 아름다운 일이라고 생각하는 것은 사실 가난이 주는 뼈아픈 고통에서 비롯된 것으로 보인다. 마더 테레사는 어려서 가난의 고통을 뼈저리게 경험한 적이 있을 뿐만 아니라, 평생 그 누구보다도 가난하게 살았다. 마더 테레사는 평생 "옷 두 벌, 샌들 한 켤레, 물통 하나, 접시 하나, 기본 식기 그리고 검소한 침구가 가진 것의 전부"[455]인 생활을 했다.

하지만 마더 테레사는 반동형성과 이지화를 통해 가난의 고통을 정반대로 표현했던 것으로 보인다. 가난이 주는 고통이 심하게 느껴지면 느껴질수록, 마더 테레사는 정반대로 가난이 고통스럽다는 사실을 인정하지 않기 위해 노력했다. 어떤 논리로 포장하든지 간에 가난이 아름다운 것이라면 고통스러워 할 이유가 없을 것이기 때문이다.

또 이제 그만 고통스러운 생활에서 벗어나라고 속삭이는 내적인 유혹에 흔들리면 흔들릴수록, 외적으로 마더 테레사는 자신의 봉사활동에 더 굳건한 모습을 보였다. 그 과정에서 마더 테레사의 반동형성은 자기 자신을 악마라고 부르는 데까지 나아가기도 했다. 마더 테레사는 대주교에게 이렇게 적었다. "로렌토회에서 저는 끔찍한 존재가 되었습니다. 이곳에서 저는 악마와 비교되기도 하며 제가 하는 일이 악마들이나 할 법한 일 같다는 평가를 받기도 합니다."[456] 마더 테레사의 고백은 실제로 그녀가 악마 같은 행동을 했다는 것을 뜻하는 것이 아니라, 사소한 잘못조차도 악한 행동으로 느껴질 정도로 천사처럼 살고 싶었던 욕망을 반영하는 것으로 해석할 수 있다.

◇◇◇

성녀의 숨겨진 비밀

마더 테레사의 삶은 이타적 행동이 내면의 '선'이 아니라, '악'에서 비롯되는 것이라는 점을 잘 보여준다. 마더 테레사는 평생 병들고 가난하며 세상으로부터 버려진 사람들의 삶에 희망의 빛이 드리워질 수 있도록 헌신했지만, 정작 세상 그 누구보다 빛을 필요로 했던 것은 그녀 자신이었다.

마더 테레사는 대주교에게 이렇게 썼다. "제 안에는 마치 모든 것이 죽어버린 것처럼 끔찍한 어둠이 있습니다. 제가 '저의 일'을 시작했을 때부터 계속 그래왔습니다."[457]

또 대주교에게 이런 내용의 편지를 보내기도 했다. "하나님에 대한 갈망이 너무나도 고통스러워 제 안의 어둠이 점점 더 커지고 있습니다. 제 영혼 안에는 심각한 모순이 존재하는 것 같습니다. 저의 내적인 고통이 너무나 크기 때문에 제가 유명해져서 사람들이 저에 대해 말하는 것에 대해서는 정말 아무런 느낌도 들지 않습니다."[458]

한편 마더 테레사는 트레버 피카키(Trevor Picachy) 신부에게 이렇게 고백하기도 했다. "어둠 속에서...주님, 저의 하나님. 제가 도대체 누구이기에 저를 버리려 하십니까? 당신의 사랑스러운 자녀인 제가 지금은 가장 미움받는 자녀, 당신께서 원하시지 않아 내버리시는 자녀, 사랑받지 못하는 자녀가 되고 있습니다. 애타게 원하고 목 놓아 부르며 매달려 보았지만, 그 누구도 저에게 대답하지 않습니다. 저에겐 이제 매달릴 사람조차 없습니다. 혼자입니다. 아무도 단, 한 사람도 없습니다. 오로지 혼자입니다. 제 안의 어둠이 너무 짙습니다. 저는 혼자이고 아무도 저를 원하지 않으며 저는 버림받았습니다. 사랑을 원하는 저로서는 마음속 외로움이 너무나도 견디기 힘듭니다. 도대체 저의 믿음은 어디에 있을까요?"[459]

그 후 마더 테레사는 노이너 신부에게, 자신의 마음속에는 더 이상 하나님이 존재하지 않는다는 고백을 하기에 이르렀다. "신부님, 49년 혹은 50년부터 이 끔찍한 상실감, 말할 수 없는 어둠, 외로움, 하나님을 향한 끊임없는 갈망이 시작되었습니다. 이 모든 것은 제 마음 깊은 곳에 고통을 심어놓았습니다. 제 안의 어둠이 너무나 심해서 저는 마음으로도 그리고 이성으로도 아무 것도 보지 못합니다. 제 영혼 속에서 하나님이 계셔야 할 자리는 비어 있습니다. 제 안에는 하나님이 안 계십니다. ... 천국, 영혼, 이것들은 단지 말일 뿐, 어찌하여 저에게는 아무런 의미도 없을까요? 정말이지 제 삶은 너무나도 모순된 것 같습니다."[460]

하지만 마더 테레사는 이 짙은 어둠속에서 마침내 진정한 이타주의로 나아가는 길을 발견할 수 있었다. 작가 조지 맥도날드(George Macdonald)는 "하나님의 아들(예수)은 인간의 고난을 면해주기 위해서가 아니라, 그들의 고난이 자신의 고난과 같은 것이 되게 하기 위해 죽기까지 고난을 받으셨습니다."[461]라고 주장한 바 있다. 이와 유사하게 마더 테레사는 내면의 어둠이 주는 고통을 치열하게 경험하면서 세상으로부터 버림받은 사람들이 겪는 고통을 더 잘 이해할 수 있게 되었다. 이러한 공감의 과정을 통해 마더 테레사는 그들과 하나가 되는 경험을 했던 것으로 보인다.[462]

마더 테레사는 이러한 깨달음을 얻은 후에, 자신이 그러한 길을 걸어갈 수 있도록 인도해 준 노이너 신부에게 이렇게 감사편지를 보냈다. "저에게 그토록 친절을 베풀어주신 신부님께 제가 얼마나 감사드리는지 도무지 말로는 표현할 길이 없습니다. 11년 만에 처음으로 저는 비로소 어둠을 사랑하게 되었습니다. ... 신부님의 표현을 빌리자면, 신부님께서는 제가 어둠을 '제가 실천하는 일'의 영적인 측면으로 받아들이는 법을 가르쳐주셨습니다. 오늘 저는 정말 커다란 기쁨을 느꼈습니다."[463]

그 후로 마더 테레사는 반동형성과 이지화에서 벗어나 본인의 삶이 고통스럽게 느껴지면 느껴질수록, 더욱 더 고통 받는 사람들을 돕는 데 열중할 수 있었다. 또 마더 테레사는 자신이 하나님으로부터 버림받은 것 같은 느낌이 들면 들수록, 세상으로부터 버림받은 것처럼 보이는 이들을 위해 헌신할 수 있었다. 그리고 스스로 내면의 세계가 외롭게 느껴지면 느껴질수록, 외롭게 죽어가는 이들에게 사랑을 베푸는 일에 매진할 수 있었다. 여기서 중요한 점은 반동형성과 이지화는 사용하면 할수록 삶을 더욱 더 고통스럽게 만들뿐이지만, 이타주의는 자기 자신과 자신이 도움을 주는 사람 모두에게 행복감을 준다는 점이다.

마더 테레사가 자기 내면의 어둠과 사투를 벌이는 것은 평생 계속되었다. 임종을 앞둔 시점에서도 마더 테레사는 건강이 안 좋아 힘겨운 나날을 보내야만 했다. 이때 마더 테레사는 자신을 돌봐주는 이에게 "예수님은 정말이지 너무 많은 것을 요구하시네요."[464]라고 넋두리처럼 말했다.

하지만 세상을 떠나기 며칠 전 한 수녀는 마더 테레사가 성화(聖畫)를 바라보면서 혼자서 이렇게 말하는 것을 지켜보았다. "예수님, 저는 당신께서 원하시는 것 그 어떤 것도 거절하지 않았습니다."[465] 이처럼 마더 테레사는 자기 내면의 어둠과 죽는 순간까지 사투를 벌였지만, 마침내 승리할 수 있었다.

이처럼 이타주의는 아름다운 것이다. 하지만 슬픈 것이기도 하다...

마더 테레사[466]

XIII

지옥을 천국으로 바꾸기: 마크 트웨인의 유머

"모든 인간의 삶은 가련하다.
유머의 비밀스러운 근원은 즐거움이 아니라 슬픔이다.
그래서 천국에는 유머가 존재하지 않는다."[467]

미국의 소설가 마크 트웨인(Mark Twain)의 본명은 사무엘 클레멘스(Samuel L. Clemens)이다. 그에 따르면, "흥미롭지 않은 인생은 존재한 적이 없다. 그러한 일은 불가능하다. 겉보기에 따분해 보이는 것의 이면에는 드라마, 코미디, 그리고 비극이 있다."[468] 그는 형에게 보낸 편지에 자신의 야망에 대해 이렇게 말한 적이 있다.

"난 인생에서 두 가지 뜨거운 야망이 있었어. 하나는 수로 안내원이 되는 것. 또 하나는 복음의 전도사가 되는 것. 하나는 이뤘지만 다른 하나는 실패했지. 왜냐하면 나 스스로 거래에 필요한 물품, 그러니까 신앙심을 계속 공급할 수 없었거든 ... 그렇지만 난 (좀 저급한) 문학을 향한, 그러니까 유머문학을 향한 '부름'을 받았어. 딱히 자랑스러워할 만한 건 아니지만, 나한테 가장 잘 어울리는 일 같아."[469]

그는 평생 자신의 야망에 충실한 삶을 살았다. "신의 피조물들에게 웃음을 주기 위해 진지하게 끄적거리는 일"[470]에 집중했던 것이다.

마크 트웨인에 따르면, "유머를 설명하는 것은 개구리를 해부하는 것과 비슷하다. 그 과정에 대해서는 많은 것을 알게 되지만, 결국 죽게 만든다."[471] 따라서 이 글에서도 마크 트웨인의 유머 자체에 대해 해설을 하기보다는 그의 자서전을 바탕으로 그의 유머가 빛을 발하던 순간을 포착해 전달하는 데 주력하고자 한다.

다만, 여기서 주의를 기울여야 할 부분은 서두에 인용된 마크 트웨인의 말처럼, 유머의 본질은 즐거움이 아니라 슬픔이라는 점이다. 그가 유머를 남겼던 곳은 결코 천국이 아니었다!

◇◇◇

어머니를 두렵게 한 악동(惡童)

마크 트웨인은 어린 시절 병약했다. 그는 늘 피곤해했고 사람들로부터 약해 보인다는 말을 들었다. 태어나서 처음 7년 동안 그는 약을 달고 살아야 했다.

자서전에 따르면 마크 트웨인은 어머니가 고령의 나이가 되었을 때, 유년 시절 자신이 병약했던 것에 대해 얘기를 나누었다. 그는 어머니에게 "그 당시에 저 때문에 늘 불안하셨죠?"라고 물었다. 그 말에 어머니는 늘 그랬다고 답했다. 그래서 마크 트웨인은 재차 질문했다. "제가 살지 못할까 봐 두려우셨나요?" 그러자 그의 어머니는 이렇게 대답했다. "아니, 네가 살아날까봐 그랬단다."[472]

마크 트웨인은 4살 반부터 학교에 다니기 시작했다. 그는 자그마한 통나무에서 수업이 진행되던 첫날부터 학교 규칙을 어겨 경고를 받았다.[473] 선생님은 그에게 만약 다음번에도 규칙을 어기면 벌로 회초리를 맞게 될 것이라고 주의를 주었다. 하지만 그는 재차 규칙을 어겼고 담임 선생님은 그에게 교실 밖으로 나가 회초리 감을 찾아오라고 지시했다. 마크 트웨인은 선생님이 자신에게 회초리를 골라오라고 한 것을 매우 기뻐했다. 자신에게 유리한 회초리를 직접 선택할 수 있을 것이라고 믿었기 때문이다.

그는 진흙 속에서 버려진 채 썩어가는 나뭇조각을 하나 건져서 가져갔다. 그러자 담임 선생님은 노기를 띤 목소리로 그의 이름을 힘주어 부른 뒤, 그의 행동은 수치스러운 것이라고 야단을 쳤다. 그런 다음, 선생님은 반에서 회초리를 고르는 데 탁월한 안목이 있는 또 다른 학생에게 그를 대신해서 회초리를 구해오도록 시켰다. 이처럼 등교한 첫날부터 그는 악동으로 이름을 떨쳤다.

마크 트웨인은 꾀부리고 학교를 빼먹는 데 선수였다. 그는 "학교에 가지 않을 수만 있다면, 언제라도 마치 다 죽어가는 사람처럼 아픈 척할 준비가 되어 있었다!"[474]

게다가 마크 트웨인은 기질적으로 청개구리였다. 자신이 좋아하는 것조차 누가 시키면 좀처럼 하려고 들지 않았다. 결국 그의 어머니는 마크 트웨인을 학교에 보낼 수 없었다. 그래서 차라리 일을 하라고 학교 대신 인쇄소에 다니게 했다. 그러자 마크 트웨인은 인쇄소에 가서 스스로 공부를 해, 일반 사람들이 학교에서 공부한 것 이상으로 많은 것을 깨우칠 수 있었다.[475]

마크 트웨인은 평상시에 사고뭉치였기 때문에 때로는 오해를 받기도 했다. 하루는 어머니가 안 계실 때, 그의 동생이 어머니가 무척 소중히 아끼는 고풍스러운 설탕통을 깨트렸다.[476] 그와는 달리, 그의 동생은 모범생이었고 언제나 형의 만행을 어머니에게 고자질하는 역할을 도맡아 했기 때문에, 마크 트웨인은 동생의 실수를 매우 반겼다.

어머니가 외출하고 되돌아 왔을 때, 그는 어머니가 사건의 현장을 보고서 "누가 그랬니?"라고 물어주기를 기다렸다. 하지만, 어머니는 아무 것도 묻지 않는 대신, 마크 트웨인의 머리를 골무로 강타했다. 오기가 발동한 그는 자신이 한 일이 아니라, 동생이 벌인 일이라고 어머니에게 항의했다. 그러자 어머니의 사과를 기대했던 그의 예상과는 달리, 어머니는 이렇게 냉정하게 대답했다. "괜찮아. 전혀 문제될 게 없지. 앞으로 네가 나 몰래 사고를 칠 것을 생각하면 말이다."[477]

1849년 마크 트웨인이 살던 지역에 콜레라가 유행한 시기가 있었다. 그의 익살스러운 표현에 따르면, 그 당시에 "콜레라 때문에 한 사람이 죽었다면 공포로는 세 사람이나 죽었다."[478]

그의 어머니는 자식들에게 진통제를 주었다. 다만, 어머니는 자신에 대해서는 그다지 걱정하지 않았기 때문에 특별히 예방약을 복용하지 않았다. 하지만 그에게는 진통제를 하루에 한 숟가락씩 먹도록 시켰다. 어머니는 동생을 신뢰했기 때문에 동생의 약병은 살피지 않았다. 하지만 어머니는 날마다 그의 약병에 연필로 표시를 한 다음, 정확하게 한 수저만큼씩 줄어드는지를 조사했다.

마크 트웨인은 약 먹는 것을 싫어했기 때문에, 바닥에 난 틈으로 매일 진통제를 부었다. 그에 따르면, "약효는 아주 좋았다. 그의 방아래 지하 세계에서는 콜레라가 전혀 창궐하지 않았기 때문이다."[479]

어느 날 집에서 키우던 고양이가 꼬리를 흔들면서 다가왔다. 그 모습이 마크 트웨인의 눈에는 마치 진통제를 달라고 애원하는 것처럼 보였다. 그래서 그는 진통제를 고양이에게 먹였다. 그러자 이내 고양이는 발작을 일으켜 방안 여기저기에 몸을 부딪치다가 창문으로 뛰쳐나가서 화분을 깨트리고 말았다.

이렇게 마크 트웨인이 사고를 쳤을 때 그의 어머니는 다양한 방법으로 그를 교화하려고 노력했다. 하지만 그는 "이처럼 사고를 쳤던 일들에 대해 후회해 본 적은 없다. 사고로 인해 발생한 손실이 얼마나 오래 지속되든지 간에 그처럼 일탈된 행동을 통해 얻는 쾌감이 항상 모든 손해를 보상하고도 남아돌았기 때문이다."[480]

적응기제의 관점에서 보면, 어린 시절 마크 트웨인은 '수동공격성'을 나타낸 것으로 보인다. 미성숙한 기제인 수동공격성은 내면의 분노감을 폭력적인 행동이 아니라, 반항적으로 행동함으로써 간접적으로 표현하는 것을 말한다.

마크 트웨인이 위기에 처했을 때, 그의 수동공격성은 '행동화'로 옮겨가기도 했다. 미성숙한 기제인 행동화는 사회적으로 물의를 일으키는 형태로 내면의 고통을 표현하는 것을 말한다.

그는 젊은 시절에 일확천금을 노리고 은광에 주식투자를 한 적이 있었다. 하지만 그의 투자는 실패로 끝났다.[481] 투자실패로 인해 경제적으로 궁핍하던 이 시기에 그는 기자로 일하면서 샌프란시스코에서 형과 함께 살았다. 그들은 이사를 자주 다녀야 했는데 한 집주인의 얘기는 마크 트웨인 형제의 생활 모습이 어떠했는지를 짐작할 수 있게 해준다.

"하나님 그들을 나가게 해주셔서 감사합니다. 그들을 다시 만나고 싶지 않습니다. 그들은 한밤중에 맥주상자를 들고 들어와 만취해서 소리치고 방안에서 총을 쏘아대곤 했지요. 그치들은 신이나 인간, 심지어 악마에게도 경의를 표하지 않는 사람입니다."[482] 실제로 마크 트웨인은 술에 취해 주정을 부린 죄목으로 감옥에 수감된 적도 있었다.[483]

◇◇◇

청개구리의 기묘한 청혼

마크 트웨인의 삶에 근원적인 변화가 생긴 것은 아내 올리비아(Olivia)를 만나면서부터였다. 그가 자서전에서 소개한 바에 따르면, 올리비아는 마른 체격에 아름다웠고 만년 소녀 같았다.[484] 그녀는 16살 때 빙판에서 넘어지는 바람에 몸에 부분 마비가 와서 2년 동안 침대에서 누워 지내야 했다. 또 침대에서도 등을 대고 눕는 것 이외에는 어떤 자세로도 누울 수 없었다. 그녀는 사고 이후 평생 동안 건강을 회복하지 못했다.

하지만 마크 트웨인은 올리비아를 평생 사랑했다. 그는 올리비아에 대해 이렇게 말했다. "내가 지금까지 만났던 사람들 중에서 가장 완벽한 인물이었다. 가장 위엄을 갖춘 인물이라고도 할 수 있을 것 같다."[485]

올리비아는 명랑한 성격의 소유자였고 애정표현에 능한 사람이었다. 대조적으로 마크 트웨인은 애정표현을 자제하는 가정 분위기 속에서 성장했다. 그는 "임종 때 키스하는 것을 제외하고는 한 번도 자신의 아버지 쪽 가족들이 다른 가족들에게 키스하는 것을 본 적이 없었다."[486]

누구라도 충분히 예상할 수 있듯이, 마크 트웨인이 올리비아에게 청혼하는 과정 역시 평범하지 않았다. 마크 트웨인은 저돌적으로 구애 작전을 펼쳤지만, 올리비아는 서너 번이나 퇴짜를 놓았다.[487] 하지만 그의 집요하고 기묘한 구애 활동은 계속되었다.

보통 사랑하는 이에게 청혼을 하는 경우, 좋은 인상을 주고자 노력하기 마련이다. 특별히 잘 보이려 노력하지는 않더라도 최소한 안 좋은 인상을 주지 않기 위해서라도 신경을 쓰게 된다. 하지만 청개구리 기질의 마크 트웨인은 청혼 과정에서도 거꾸로 했다.

마크 트웨인의 장인은 뉴욕의 부유한 석탄 상인이었다. 장인은 마크 트웨인에게 추천인을 내세울 수 있겠냐고 물었다. 마크 트웨인이 뉴욕 출신이 아니기 때문에 출신지역 사람만이 그의 사람 됨됨이에 대해서 잘 알 것이기 때문이었다.

장인은 마크 트웨인에게 추천해 줄 사람들에게 편지를 쓴 다음 답변을 얻을 때까지 조용히 기다려 달라고 요청했다. 마크 트웨인은 2명의 성직자를 포함해 모두 6명의 저명인사의 이름을 장인에게 알려 주었다. 마크 트웨인은 자서전에 이 일에 대해 다음과 같이 적었다.

"결과는 그다지 전도유망해 보이지 않았다. 그들 모두 나의 결점에 솔직했다. 나를 인정하지 않았을 뿐만 아니라 불필요하게 그리고 과장되게 내 결점을 열심히 들추어냈다."[488]

게다가 그중 한 명은 치명적인 독설로 추천서를 장식하기도 했다. 그 추천인은 마크 트웨인의 삶이 비관적이라고 확신했을 뿐만 아니라, 그가 술고래로 비참하게 죽음을 맞이할 것이라는 예언을 남겼다.[489]

추천서를 읽은 장인은 깜짝 놀라면서 마크 트웨인에게 물었다. "도대체 이 사람들은 어떤 사람들인가? 세상에 자네는 친구도 없는가?"[490]

그러자 마크 트웨인의 청개구리 기질이 또 다시 튀어 나왔다. 그는 장인에게 자신은 친구가 전혀 없다고 대답했다. 하지만 놀랍게도 장인은 마크 트웨인에게 이렇게 말했다. "내가 지금부터 자네의 친구가 되어 주겠네. 내 딸을 데려가게나. 그 사람들보다는 오히려 내가 자네를 더 잘 안다네."[491]

◇◇◇

청개구리를 철들게 해주는 묘약

사실 마크 트웨인에게는 좋은 내용의 추천서를 써줄 친구가 적어도 한 명은 있었다. 바로 조셉 굿맨(Joseph T. Goodman)이라는 친구였다. 나중에 그 사실을 깨닫게 된 장인은 마크 트웨인이 왜 그 친구에게 추천서를 부탁하지 않았는지 궁금해 했다. 훗날 마크 트웨인은 일부러 장인에게 자신에 대해 부정적인 추천사를 써줄 사람들의 명단을 넘겼던 이유를 다음과 같이 설명했다.

"왜냐하면 저의 반대파가 일방적으로 한쪽 면에 대해서만 얘기했던 것처럼 그 친구 역시 다른 한쪽 면에 대해서만 얘기했을 테니까요. 다른 사람들은 저에 대해 온갖 악담만 얘기했지만 굿맨은 아마도 저에 대해 온갖 미담만 얘기했을 겁니다. 물론 아버님께서는 편견이 없는 증언을 원하셨을 겁니다. 하지만 저는 그러한 증언을 굿맨에게서는 결코 얻을 수 없다는 점을 잘 알고 있었습니다. 저는 오히려 다른 사람에게서 편견 없는 증언을 얻으시리라 믿었습니다. 아마도 그러셨을 것이라고 믿습니다. 물론, 제가 예상했던 것보다는 확실히 칭찬이 적긴 했습니다."[492]

이처럼 마크 트웨인이 청개구리처럼 행동했던 것 역시 '수동공격성'에 해당된다. 수동공격성의 핵심은 삐딱하게 행동하는 형태로 내면의 분노감을 표현하는 것이다. 흥미로운 점은 마크 트웨인의 처녀작이자 전국적인 인기를 끌었던 작품의 제목이 『뛰어오르는 개구리』라는 점이다.

마크 트웨인은 "인류는 저주 받은 자들과 저주받아 마땅한 자들로 이루어져 있다."[493]고 믿었다. 물론 그 자신은 저주받은 쪽이었다. 하지만 다른 사람들은 젊은 시절까지 그가 저주받아 마땅한 자였다고 믿었다.

어쨌거나 마크 트웨인은 지긋지긋한 저주로부터 벗어날 수 있기를 갈망했다. 그리고 그가 세상에 대해 반항적으로 행동하면 할수록, 그의 심리적 세계는 더욱 더 간절하게 '안전기지'를 원했다. 마크 트웨인이란 필명은 내면의 이러한 역동에서 비롯된 것이기도 하다.

'마크 트웨인'은 그가 젊은 시절 증기선에서 일할 때 강을 지나는 배가 안전하게 항해할 수 있는 평균 물속 깊이인 2패덤(fathom; 약 3.66m)이라는 측정단위에서 유래한 것이다. 증기선 선원들은 물속 깊이가 안전선인 2패덤에 도달하면, "By the mark 'twain'."이라고 외쳤다. 여기서 'twain'은 숫자 'two'를 나타낸다.

마크 트웨인이 장인에게 안 좋은 추천서를 쓸 것이 뻔한 사람들을 추천했던 것은 자신이 결혼생활을 안전하게 항해해 나갈 수 있을지를 확인하기 위한 일종의 테스트였던 것으로 보인다. 마침내 마크 트웨인은 자신의 독특한 테스트를 통과하는 새로운 가족을 만나게 되었다. 그리고 그의 삶은 더욱 성숙해졌다.

마크 트웨인은 자신의 결혼생활을 이렇게 기술했다. "우리가 가난과 빚에 치여 힘들게 생활했던 9년 동안 아내는 항상 내가 절망에서 벗어나 삶의 밝은 면을 발견할 수 있도록 해주었다. ... 결혼으로 그녀와 나의 기질 및 성격이 하나로 엮인 것은 참으로 기이한 조합이었다. 아내는 자신의 넘쳐나는 사랑을 키스와 어루만져주는 행동, 그리고 사랑스러운 말로 나타냈는데 이런 풍부한 표현 방법이 나를 깜짝깜짝 놀라게 했다."[494]

마크 트웨인[495]

◇◇◇

인생은 슬픈 것!

마크 트웨인은 좋은 가장으로서 행복한 가정을 꾸리고 싶어 했지만, 인생이 그의 뜻대로 흘러가지는 않았다. 마크 트웨인이 사랑했던 딸, 수지(Susy)는 13살 때 아빠에 대해 이렇게 적었다.

"우리는 매우 행복한 가족이다. 우리 식구로는 아빠, 엄마, 진, 클라라 그리고 내가 있다. 이것은 아빠에 관한 글이다. 아마도 내가 아빠에 대해서 무슨 말을 해야 할지 알지 못해서 곤란해 하는 일은 없을 것이다. 아빠는 개성이 매우 강한 사람이기 때문이다. ... 아빠는 매우 좋고 재미있는 사람이다. ... 아빠는 내가 여태껏 만났거나 만나기를 기대하는 사람 중에서 가장 사랑스러운 사람이다. 그리고 정말 멍한 사람이기도 하다."[496]

수지가 마지막 부분에 언급한 의미심장한 말처럼, 마크 트웨인은 이따금씩 어리석은 잘못을 저지를 때가 있었다. 마크 트웨인의 첫아이 랭돈(Langdon)은 불과 22개월밖에 못 살았다. 마크 트웨인은 랭돈이 단명하게 된 것이 자신 때문이라고 믿었다.[497]

아내가 아이를 돌봐달라고 부탁했을 때 바깥 공기를 쏘여 주려고 마차에 태워 드라이브를 했는데 탈이 났던 것이다. 쌀쌀한 아침이었지만 모피로 잘 감싼 상태여서 방심했던 것이 화근이었다. 마차로 드라이브를 하던 중에 마크 트웨인은 습관대로 곧 자기 생각에 빠지게 되었다. 아이에 대해 까마득하게 잊고 있었는데 마부가 아이를 덮고 있던 모피가 떨어져 다리가 그대로 드러난 것을 발견했다. 마크 트웨인은 그 즉시 아이를 모피로 감싸주었지만 이미 늦은 일이 되었다. 아이가 추운 날씨에 거의 꽁꽁 얼어붙었던 것이다. 마크 트웨인은 평생 그 끔찍한 사건에 대한 죄책

감에 시달렸다.[498]

마크 트웨인은 자신의 인지적 특성에 대해 이렇게 적었다. "나는 수수께끼와 복잡한 문제를 만나게 되면 오늘날까지도 완전히 돌머리가 된다. 복잡한 것들은 나를 짜증나게 만든다. 그 다음에 짜증은 점점 더 커져서 마침내 분노가 된다."[499]

이러한 그의 특성 때문에 그는 많은 수입을 벌어들였음에도 불구하고 경제적으로 많은 어려움을 겪었다. 그는 자서전에서 자신의 어리석은 계약 및 투자 사례들을 이렇게 소개했다.

"1872년경 나는 또 다른 책을 썼다. ... 몇몇 좋은 출판사에서 출간 제의가 들어왔다. 그중에는 15%의 인세를 제안한 곳도 있었고 출판을 통해 기대할 수 있는 광고효과에 만족하기 때문에 이익금 전액을 주겠다고 제안한 곳도 있었다. ... 내가 출판시장에 대해서 지금만큼만 알고 있었더라면 아마 제작비용을 제외한 이익의 75~80%를 요구했을 것이다. 이 정도면 공정한 거래가 될 수 있었을 것이다. ... 나는 (출판사에) 제작비용을 제외한 순익의 50%를 가져가야겠다고 말했다. ... (하지만) 계약서에는 내가 '이익의 절반'이 아니라 7.5%의 인세를 가져가는 것으로 기록되어 있었다. ... 계산을 간단하게 만들기 위해서 인세로 처리한 것이라는 설명을 들었다. ... 하지만 사실 7.5%의 인세는 이익의 1/4도 안 되는 수준이었다. 하지만 내가 이 사실을 알게 된 것은 그 계약을 한 이후로 9~10년이 지난 다음이었다."[500]

또 마크 트웨인은 '고효율 증기기관 개발 사업'에 투자한 적도 있었다.[501] 한 지인이 석탄으로 차 주전자를 가열해 얻을 수 있는 증기량보다 99배 더 효율적인 엔진을 발명했다는 얘기를 듣고서 그는 기계제작비 5천 달러를 투자했다. 나중에 고효율 엔진기계가 완성되었지만 그 기계는 고작 차 주전자 수준의 증기만을 얻을 수 있을 뿐이었다. 결국 5천 달러를 주고 차 주전자를 개발한 셈이 되었다.

이처럼 어리석은 계약과 투자 때문에 마크 트웨인은 59세 때 '파산'이라는 사회적 불명예를 안게 되기도 했다. 그리고 이 빚을 청산하기 위해 무려 2년간이나 세계 각국을 돌면서 순회강연을 해야 했다. 순회강연을 위해 그가 집을 비웠던 이 시기에, 불과 24살밖에 안 된 딸 수지가 뇌수막염으로 세상을 떠났다.[502]

마크 트웨인이 그토록 사랑했던 아내 올리비아도 불과 58세의 나이로 세상을 떠났다. 그는 자서전에서 아내의 죽음에 대해 이렇게 기록했다. "결코 일어날 수 없는 일이 일어났다. 아니 이것은 아무런 의미도 없는 말이다! 하지만 나는 그 말들이 사실이라는 것을 안다. 애써 깨달을 필요도 없다. 그녀는 내 삶 자체였다. 그런 아내가 가버린 것이다. 아내는 내 삶의 풍요로움의 근원이었다. 이제 나는 삶에서 극빈자가 되었다."[503] 그는 아내가 사망한 6월 5일을 "삶이 재앙으로 각인된 날"[504]이라고 불렀다.

마크 트웨인이 세상을 떠나기 한 해 전인 1909년 겨울에 둘째 딸 클라라(Clara)가 결혼한 후 사위와 함께 유럽으로 떠났다. 그래도 마크 트웨인은 곁에 막내 딸 진(Jean)이 있다는 사실에서 위안을 받았다. 그런데 클라라가 떠난 지 2주밖에 안 되었을 때, 간질 환자였던 진이 화장실에서 발작을 일으켜 심장마비로 사망했다.

막내 딸 진의 죽음에 대해 마크 트웨인은 "전장에서 군인들이 적군의 탄환에 의해 자신의 심장이 관통할 때 어떤 느낌을 경험하게 되는지 이제는 알 것 같다."[505]고 적었다. 뒤이어 당시의 심경을 이렇게 남겼다.

"진이 죽었다! 당신은 사랑하는 이가 갑자기 예기치 않게 죽었을 때, 불과 24시간 전에 사랑하는 이와 관련해서 일어났던 소소한 일들을 전부 종이에 기록해 본 적이 있는가? 책 한 권이면 모두 담아낼 수 있겠는가? 혹시 두 권이면 가능하겠는가? 그렇지 않다. 아마도 예전이라면 그런 소소한 일들은 날마다 일어나고 항상 별로 중요하지 않은 것들이라서 쉽게 잊혀졌을 것이다. 하지만 지금은, 지금은 엄청나게 달라졌다! 그러한 일들이 얼마나 소중한지, 얼마나 귀한지, 얼마나 잊을 수 없는 것인지, 얼마나 가슴 아픈지, 얼마나 거룩한지, 얼마나 기품 있는지 모른다!"[506]

◇◇◇

지옥을 천국으로 바꾸기

마크 트웨인에 따르면, "유머의 비밀스러운 근원은 즐거움이 아니라 슬픔이다. 그래서 천국에는 유머가 존재하지 않는다."[507] 하지만 삶에서 유머는 지옥을 천국으로 바꿔주는 역할을 할 수 있다.

흔히 사람들은 화가 나거나 고통스러운 상황에서 마치 아무 일 없다는 듯이 무대응으로 일관하거나 감정을 숨기는 경향이 있다. 하지만 성숙한 적응기제로서 유머는 타인에게 불쾌감을 주지 않으면서도 자신의 감정을 있는 그대로 표현할 수 있도록 해 준다. 이런 점에서 유머는 사고와 감정을 위한 일종의 배출구 역할을 한다고 할 수 있다.[508]

하지만 유머는 단순히 사고와 감정을 배출하는 데 그치는 것이 아니라, 사람들이 견뎌내기 힘들어 하는 것을 효과적으로 견뎌낼 수 있도록 해준다. 유머는 도저히 웃을 수 없는 상황에서도 우리가 온전하게 웃을 수 있게 해준다. 이것이 바로 유머가 지옥을 천국으로 바꿔주는 비결이다.

마크 트웨인은 유머 작가답게 유머와 관련된 다양한 일화를 남겼다. 주식 투자 실패로 커다란 고통을 받았던 마크 트웨인은 주식 투자에 관해 다음과 같은 유머를 남겼다. "10월은 주식을 투자하는 데 특히 위험한 달 중 하나다. 다른 위험한 달로는 7월, 1월, 9월, 4월, 11월, 5월, 3월, 6월, 12월, 8월, 그리고 2월이 있다."[509]

또 마크 트웨인은 야구 경기를 보러 갔다가 우산을 도둑맞은 적이 있었다. 그 후 그는 지역 신문에 다음과 같은 글을 실었다.[510]

현상금 205달러

화요일에 있었던 멋진 야구 시합에서 본인이 응원에 열을 올리고 있는 동안, 어린 소년이 본인 소유의 영국제 갈색 실크 우산을 가지고 떠나 다시 돌아오지 않았음. 파밍턴가에 있는 본인 집으로 그 우산을 멀쩡한 상태로 가져오면 5달러를 내겠음. (그 소년을 생포해 온다면_ 원치 않으나, 그의 유골에 대해서는 200달러를 내겠음.)

1908년 가을에 마크 트웨인의 집에 도둑이 든 적이 있다. 그는 며칠 후 대문에 다음과 같은 공고문을 붙였다.[511]

다음에 찾아오는 도둑에게 알림

지금, 그리고 앞으로도 이 집에는 도금된 물건밖에 없습니다. 고양이 바구니 옆에 있는 모퉁이 너머의 응접실에 있는 놋쇠그릇 안에서 그 물건들을 찾을 수 있을 겁니다. 만약 고양이 바구니를 가져가고 싶으면, 고양이들은 놋쇠그릇 안에 집어넣으세요. 소란피우지 마시고-가족들에게 방해되니까요. 고무 제품들은 현관홀에, 우산 꽂이 옆에 있어요. 서랍장 같은 거 말이에요. 그런 걸 페르골라였나 뭐 그 비슷한 이름으로 부르는 것 같던데. 나갈 때 문 좀 닫고 가세요.

유년 시절에 마크 트웨인의 어머니가 그를 교화하기 위해 노력했던 방법 중 하나는 교회에 보내는 것이었다. 그는 어머니의 이러한 훈육방식에 대해 자서전에서 이렇게 적었다. "어머니는 나에게 즉각적으로 벌을 주는 방법이 적절하지 않다는 생각이 들 때마다, 나에 대한 처벌을 일요일까지 보류했다가 일요일 밤에 교회에 가도록 만들었다. 이 처벌은 가끔 참을 만하기도 했지만 대개는 참기 힘들었기 때문에 나는 성격상 회피하려고 안간힘을 썼다."[512]

마크 트웨인은 1902년 한 강연에서 과거에 교회를 다니던 시절과 관련된 유머를 남겼다.[513] "우리는 착한 소년, 착한 장로교도, 온전한 장로교도 소년이었어요. 정말 독실하고 착했습니다. 뭐 적어도 날씨가 끄무레할 때는 착한 장로교도 소년이었습니다. 날씨가 좋은 날엔—울타리를 빠져나와 좀 배회하긴 했어요."

마크 트웨인은 자신의 작품에 대해 커다란 자부심을 가지고 있었다. 하지만 그는 자서전에서 미국의 대학이 자기 작품의 가치를 충분히 인정해 주지 않는다는 점 때문에 오랫동안 상처를 받아왔다고 고백했다.[514] 그는 1882년에 젊은이들을 위한 연설에서 이렇게 말했다.[515]

"세상에는 수많은 종류의 책이 있습니다. 그러나 젊은이들은 그중에서 좋은 책을 골라 읽어야 합니다. 그런 책들은 위대하고 깊이를 잴 수 없고, 형언할 수 없이 훌륭한 발전의 수단입니다. 그러므로 신중하게 선택하세요. 젊은이 여러분—대단히 신중해야 합니다. 오로지 로버트슨의 『설교집』, 백스터의 『성자의 안식』, 『철부지의 해외여행기』 뭐 이런 종류에 국한하도록 하세요."

참고로 『철부지의 해외여행기』는 마크 트웨인이 젊은 시절에 쓴 책이다. 그는 연설 중에 자신의 책을 은근슬쩍 성직자들의 고귀한 책들과 동급으로 소개하였다.

끝으로, 마크 트웨인은 자서전에서 자신이 태어난 마을에 미친 영향력에 대해 이렇게 기술했다. "내가 태어남으로써 당시 100명 정도였던 마을의 인구가 1% 증가했다. 나는 역사적인 위인들이 자신의 고향 마을을 위해 할 수 있는 일 그 이상을 해냈다. 이 말이 다소 겸손하지 않은 인상을 주겠지만 그래도 엄연한 사실이다. 개인이 이만큼 의미 있는 일을 해낸 기록은 찾아보려고 해도 찾기 힘들 것이다. 심지어 셰익스피어조차도 이만큼은 해내지 못했다."[516]

XIV

마음속 피가 솟구쳐 흐를 때: 주광치앤의 억제

"인생은 한 편의 작품이다."[517]

그리고 "아름다움은 그것을 볼 수 있는 눈을 가졌을 때만 볼 수 있다."[518]

주광치앤(朱光潛)은 중국에서 흔히 '미학의 아버지'로 불린다.[519] 그는 중국에서 하 수상한 시절이었던 1930년대에 방황하는 젊은 청년들을 위해 15통의 편지를 썼다. 놀랍게도 문화적 격변기에 그가 후속세대들을 위해 남겼던 글은 '아름다움'에 대한 것이었다.

『아름다움이란 무엇인가』라는 책은 그가 이 책이 비상시국에 쓰기에는 너무나 한가한 인상을 줄 수 있다는 것을 몰랐기 때문에 집필된 저서는 아니었다. 그 자신도 1930년대에 중국 사회가 엉망진창이 되어 버렸다는 사실을 잘 알고 있었다.

하지만 주광치앤은 당시에 진심으로 아름다움에 대한 논의가 필요하다고 믿었다. 왜냐하면, 중국 사회가 혼란에 빠진 것이 단순히 제도만의 문제가 아니라고 보았기 때문이다. 주광치앤은 당시 중국 사회의 병리적인 문제가 사람들에게 지혜로운 안목이 부재하기 때문에 발생하는 것이며 사람들의 마음이 정화(淨化)되어야만 문제가 해결될 수 있다고 믿었다.

주광치앤에 따르면, 어리석게도 사람들은 기구한 사연을 겪고 나면 스스로 시인이나 예술가가 될 수 있다고 믿는 경향이 있다.[520] 하지만 단순히 불운을 겪거나 한 맺히는 경험을 한다고 해서 예술 작품이 탄생할 수 있는 것은 아니다. 마찬가지로 사회가 역사적으로 끔찍한 비극을 경험한다고 해서 자동적으로 진보할 수 있는 것도 아니다.

특별한 감정과 경험이 예술로 재탄생하기 위해서는 오랜 반성을 거치면서 자신의 특별한 감정을 객관적으로 바라볼 수 있어야 한다. 이러한 객관화를 위한 노력이 없다면, 제아무리 극심한 혼란을 경험하거나 특별한 경험을 하더라도 예술적인 삶을 사는 것은 불가능하다. 이런 점에서 주광치앤은 '예술적인 삶'을 위해서 어떤 노력이 필요한지를 잘 보여준다.

◇◇◇

폐지된 과거시험을 준비한 기대주

주광치앤은 안후이성(安徽省)의 작은 마을에서 출생했다. 그의 회고에 따르면, 그는 쇠퇴하는 전통 지주 집안에서 태어났다. 하지만 주광치앤의 할아버지와 아버지는 과거에 응시하지 않았을 뿐만 아니라, 대대로 전해져 내려오던 땅과 재산들을 모두 탕진해 버리고 말았다.[521] 이런 점 때문에 집안의 장남이었던 주광치앤은 두 세대 전까지만 해도 부유했던 그의 가세가 현저하게 기울어져 버린 것을 다시 일으켜 세울 기대주로 대우 받았다.

당시의 다른 집 아이들과 마찬가지로 주광치앤은 6살 때부터 14살 때까지 전통적인 가정교육 체계 속에서 교육을 받았다. 그의 아버지가 선생님 역할을 맡았는데 그의 아버지는 주광치앤에게 전통적인 교육방식을 매우 엄격하게 적용하였다.[522]

주광치앤은 중국의 고대 경전 내용을 잘 이해하지는 못했지만 암송을 하는 데 뛰어난 실력을 보였다. 그는 마치 노래를 부르듯이 암송을 했다. 이것은 나이 어린 그가 내용을 이해하기 어려운 유교 경전 공부를 즐겁게 할 수 있는 유일한 방법이기도 했다.

시간이 흐른 뒤, 그는 이러한 공부법이 자신의 지적인 삶에 커다란 선물을 주었다는 것을 깨닫게 되었다. 이러한 방법을 통해 책들의 세부사항들을 정확하게 기억할 수 있었을 뿐만 아니라 시간이 지나면서 점차 그 내용들도 더 잘 이해하게 되었기 때문이다.

어린 시절부터 주광치앤은 중국 경전을 중심으로 배우면서 과거시험 준비를 했다. 기본적으로 그는 틀에 박힌 형식적인 문체로 글을 쓰는 훈련을 받는 것을 무척 싫어했다. 이러한 형태의 글공부가 유년기의 상상력을 억눌렀기 때문이다.[523] 하지만 이러한 형태의 강제적 글쓰기 훈련은 그의 사고 패턴과 필력에 중요한 영향을 주었다. 그는 나중에 자신의 글쓰기 능력이 아버지에게 어려서부터 훈련 받았기 때문에 터득할 수 있었던 것이라고 말했다.

그의 아버지는 주광치앤이 유교 경전 이외에 소설과 같은 다른 책들을 읽지 못하게 금지하였다.[524] 그러한 책들은 과거시험에 도움이 안 될 뿐만 아니라 오히려 방해가 된다고 믿었기 때문이다.

하지만 중국에서 과거시험 제도는 이미 주광치앤이 8살이 되던 해인 1905년에 제도개혁의 일환으로 폐지되었다.[525] 그럼에도 불구하고 주광치앤이 살았던 곳은 세상으로부터 고립된 지역에 위치하고 있었기 때문에 그 지역의 주민들은 이러한 시대적 변화에 무지했다. 결과적으로 어린 시절 주광치앤은 관직에 진출하는 데 전혀 도움이 안 되는 공부에 전력을 기울이면서 유년 시절을 보낸 셈이다.

◇◇◇

아버지가 미워하는 사람들을 좋아하게 된 이유

어린 시절 주광치앤은 아버지의 엄격한 교육 방침에 반항적으로 행동하기도 했다. 아버지가 정해 놓은 '금서(禁書)들'에 매력을 느꼈고 아버지 몰래 자신이 읽고 싶은 책들을 여기저기서 구해 읽으면서 지냈다.[526]

특히 주광치앤은 아버지가 '한가한 사람들이나 읽는 책'이라고 부르는 책들에 큰 흥미를 느꼈다. 그리고 아버지가 한심한 사람들이라고 치부하는 사람들로부터 책을 빌려 읽는 데서 커다란 기쁨을 느꼈다. 물론 그는 자신에게 금서들을 빌려준 사람들에게 마음속 깊이 감사함을 느꼈다.[527]

적응기제의 측면에서 볼 때, 주광치앤의 이러한 행동은 '소극적 공격성'에 해당된다. 아버지에 대한 불만을 직접 표현하지 않는 대신 아버지가 미워하는 사람들을 좋아함으로써 간접적으로 표현한 것이다.

십대에 주광치앤은 소설과 드라마에 빠져들게 되었다. 특히 그는 홍루몽(紅樓夢)과 수호전(水滸傳)에 매료되었다. 오랫동안 과거시험 준비에 몰두해 왔던 소년에게 소설 속 인간 세상은 별천지와도 같았다. 이 시기에 그는 미녀와 사랑을 나누는 재능 있는 학자가 되는 '공상'을 즐겼다.[528]

◇◇◇

미학의 대가가 탄생하기까지의 여정

주광치앤은 북경대학교에 진학해 문학자가 되고 싶어 했지만, 가난한 집안사정 때문에 교원을 양성하는 우창(武昌) 고등사범학교에 장학생으로 진학하였다. 하지만 진학한 지 얼마 안 되어 고등사범학교에 입학한 것을 후회했다.[529] 학교에서 가르치는 중국 고전의 수준이 어려서부터 집에서 공부해 왔던 자신의 수준에도 미치지 못한다는 것을 깨달았기 때문이다.

자신의 소속 학교에 크게 실망한 주광치앤은 당시에 영국의 교육 체계로 운영되는 홍콩대학교에서 공부할 수 있는 기회를 주는 시험에 도전했다. 그리고 장학생으로 선발되어 홍콩대학교에서 영문학, 심리학, 그리고 철학 등을 공부했다.

오랫동안 중국의 전통적인 공부 방식에 길들여져 있던 주광치앤은 홍콩대학교에서 문화적인 충격을 받았다. 처음에 그는 중국의 전통사상을 배격하고 서구의 신문화를 수용할 것을 주장하는 지적인 풍조에 반감을 보였다. 그가 보기에 자신이 "마치 오랫동안 절약해서 모았던 수중의 돈이 하룻밤 사이에 쓸모없는 것으로 변해버리는 것을 지켜보게 된 상인"[530]이 된 것처럼 느껴졌기 때문이다. 하지만 결국 홍콩대학교에서 공부하는 동안 주광치앤도 시대가 변했다는 것을 인정할 수밖에 없었다.

졸업 후에 주광치앤은 잠시 교사로 일하다 유학을 떠나 영국 에딘버러대학교와 런던대학교에서 영문학, 심리학 및 철학을 전공해 석사학위를 받았다. 그 후 파리대학교에서 프랑스문학을 공부했고 나중에 스트라스부르대학교에서 문학박사 학위를 받았다.

주광치앤은 공부를 마친 후 1933년에 귀국해 북경대학교 서양문학과 교수가 되었다. 그는 주로 멍스(孟實)라는 필명으로 활동했는데, 동양과 서양의 미학을 융합하고자 시도한 공로를 인정받아 중국뿐만 아니라 국제적으로도 '미학의 대가'라는 평판을 얻었다.

주광치앤은 자신의 박사학위 논문에서 마치 자신의 운명을 직감하기라도 한 것처럼, 의미심장한 글을 적어 넣었다. 그의 글은 그가 미래에 자신에게 닥치게 될 비극을 어떻게 견뎌낼 수 있었는지를 설명해 주는 일종의 '전조(前兆)' 역할을 한다.

"위대한 비극에 대해 심사숙고하는 것은 거대한 폭풍을 바라보는 것과 같다. 우리는 그 위압적인 힘 앞에서 공포감에 몸서리치게 된다. 그런 다음 우리는 현실 생활에서는 좀처럼 경험할 수 없는, 공포로부터 촉발된 내적인 힘과 활력에 의해 고양감을 느끼게 된다. (...) 비극을 경험하는 과정에서 우리는 모멸감에 뒤이어 자아가 확장되는 느낌이 밀려들며 공포의 전율감에 뒤이어 경외감과 더불어 감탄을 하게 된다."[531]

◇◇◇

문화혁명이 초래한 비극

주광치앤은 중국의 격변기를 직접 목격하는 동시에 참여하기도 했던 세대의 일원이었다. 특히 주광치앤은 중국 근대사의 비극적 시간들에 맞설 수 있을 만큼의 정신력도 갖추고 있었다. 한때 그는 자신의 작품에서 "세계의 야비한 엄지손가락"[532]을 견뎌낼 수 있을 만큼 강인한 자아를 키워낼 수 있어야 한다고 강조한 적이 있다.

1966년부터 1976년까지 10년간 중국은 문화혁명(文化革命)이라는 태풍이 전 대륙을 잔인하게 휩쓸고 지나가는 아픔을 겪었다. 문화혁명은 당시에 중국의 최고지도자였던 마오쩌둥(毛澤東)이 추진한 극좌 성격의 사회주의운동이었다.[533] 이것은 전근대적인 인습과 자본주의를 타파하고 사회주의를 실현하기 위해 추진된 문화운동이었다.

이 문화운동을 계기로 중국에서 전통적인 유교문화는 처참하게 붕괴되었고 계급투쟁을 강조하는 사회주의적 대중운동만이 살아남게 되었다. 이러한 정치적인 문화운동은 마오쩌둥이 1950년대 말 대약진운동이 실패해 정치적으로 위기에 몰리게 되자 중국공산당 내부의 반대파들을 숙청하기 위해 고안해낸 고도의 정치 전략이었다.

문화혁명이 진행되는 10년 간 한마디로 중국은 온통 광기에 휩싸였다. 1966년 8월 천안문(天安門)광장에 모였던 홍위병(紅衛兵)들은 문화혁명을 위한 사자(使者)가 되어 중국의 주요 도시로 진출했다. 그들은 전근대적인 사상을 일소하고 마오쩌둥 사상을 찬양하기 위해 학교들을 폐쇄하고 모든 전통적인 가치와 그 옹호자들을 공격했다. 문화혁명의 소용돌이 속에서 약 300만 명이 숙청되었고 중국의 경제는 황폐해졌으며 사회 곳곳에서는 부정부패가 넘쳐나게 되었다. 이 문화적 피바람은 1976년에 마오쩌둥이 사망하고 그의 정치적 추종자들이 축출됨으로써 종결되었다.

문화혁명 때 중국은 학계 및 문화계의 수많은 원로들을 잃었다. 당시에 중국에서 가장 사랑받는 '인민의 예술가'이자 작가였으며, 중국의 작가로서는 드물게 미국에서도 베스트셀러 작가가 되었던 라오서(老舍)가 그 대표적인 예다.[534]

문화혁명 때 69살이었던 라오서는 우연히 길거리에서 홍위병들이 중국의 전통 예술인 경극(京劇)에 사용되는 무대의상을 소각하는 것을 목격하게 되었다.[535] 라오서는 철없는 소년들을 제지하려 하다가 흥분한 홍위병들에게 마구 구타당했다. 순식간에 몰려든 군중 앞에서 노인 라오서는 유혈이 낭자한 상태로 곤욕을 치르게 되었다.

그 후 라오서는 홍위병들이 주도하는 인민재판에 넘겨졌다. 라오서는 손자뻘이 되는 홍위병들의 집요한 심문에 침착하게 대답했다. 그러자 홍위병들은 죄인이 반성을 하지 않는다며 갖은 모욕을 가하였다. 그 후 노인 라오서에게 몰매가 쏟아졌다. 새벽녘까지 곤욕을 치른 후 부인의 간청으로 간신히 귀가할 수 있게 된 라오서는 인근의 호수로 가서 몸을 던졌다.

◇◇◇

외양간에서의 태극권

주광치앤 역시 문화혁명 때 가장 심한 곤욕을 치른 학자 중 하나였다. 하지만 주광치앤은 끔찍하고도 치욕적인 10년의 시간을 품위 있게 이겨냈다.

문화혁명 때 주광치앤을 포함한 수많은 원로학자들이 일종의 '외양간' 같은 곳에 수용되었다.[536] 이들은 연로한 몸을 이끌고 가혹한 노역에 종사해야 했다. 이데올로기의 광기에 사로잡혀 있던 홍위병(紅衛兵)들은 원로학자들을 집요하게 고문했다.

주광치앤의 제자였던 지시앤린(季羨林)은 문화혁명 때 주광치앤과 감방 동기가 되었다. 그에 따르면, 외양간 생활의 비참함은 인간으로서 도저히 말로 표현하기조차 어려운 수준이었다. 지시앤린은 주광치앤의 외양간 생활을 이렇게 소개했다.

"멍스는 체구가 아주 왜소해서 동작이 날렵하지 못했으며 몸도 뻣뻣했다. 하지만 그렇게 가혹한 환경 속에서도 그는 육체적인 단련과 정신수양을 게을리 하지 않았다. 나는 그의 이러한 모습을 보고서 엄청난 충격을 받았다. 심지어는 그가 무섭게 느껴지기까지 했다. 모든 불이 다 꺼진 밤에도 (미학자답게) 그는 잠자리에서 유명한 건축물을 연구하며 뒤척였다. 그리고 아침이면 한 쪽 구석으로 달려가 태극권을 연마했다."[537]

어느 날 노쇠한 주광치앤이 외양간의 폭압적인 규율을 제대로 지키지 못해 홍위병들에게 적발된 적이 있었다.[538] 홍위병들은 늘 하던 대로 주광치앤에게 몰매를 퍼부었다. 그럼에도 불구하고 주광치앤의 정신은 좀처럼 꺾이지 않았다. 주광치앤은 구차하게 목숨을 구걸하지도 않았고 유사한 일을 겪은 동료들처럼 모멸감에 사로잡힌 채 괴로워하지도 않았다. '세계의 야비한 엄지손가락'을 견뎌낸 것이다.

주광치앤이 외양간에서 보였던 행동은 적응기제의 측면에서 볼 때, 전형적인 '억제'에 해당된다. 성숙한 기제인 억제는 삶의 고난이나 내면의 부정적인 감정을 효과적으로 다루기 위해 스트레스를 관리하는 데 도움이 되는 특별한 활동을 꾸준히 실천하는 것을 말한다. 주광치앤이 외양간에서 태극권을 연마하는 동시에 홍위병 몰래 외양간의 창문으로 오래된 누각을 훔쳐보면서 미학자로서 생각의 깊이를 더하는 생활을 했던 것이 바로 그 좋은 예에 해당된다.

자신의 문제와 갈등에 대해 의식적으로 인지하지 못하는 억압, 이지화, 반동형성, 해리 등과는 달리, 억제를 활용하는 사람은 적어도 부분적으로는 자신의 문제와 갈등을 의식적으로 인식할 수 있다. 기본적으로 억제가 요구하는 섬세한 균형감각은 수의적인 동시에 불수의적이다.[539] 수의적이란 자기 뜻대로 할 수 있는 것을 말한다. 억제는 마치 곡예사가 외줄타기를 할 때처럼 이미 해당 실력을 갖고 있는 사람에게는 쉬운 과제처럼 보이지만, 그렇지 못한 사람들에게는 거의 불가능한 것 같은 인상을 줄 수 있다.

◇◇◇

마음속 피가 솟구쳐 흐르는 아픔을 극복한 삶

문화혁명의 광풍이 지나가고 나자, 어느덧 주광치앤은 팔순의 노인이 되었다. 그의 걸음걸이는 그가 모진 세월을 지나쳐 왔음을 선명하게 보여줄 정도로 힘겨워 보였다.[540] 그럼에도 불구하고 그는 여전히 원기 왕성한 사상가의 풍모를 간직하고 있었다. 특히 자신이 연구하는 미학 분야를 설명할 때면 "그의 눈은 커다란 홍분으로 반짝"[541]였다.

지시앤린은 주광치앤이 문화혁명의 광풍을 거치는 동안 삶이 매몰되지 않고 오히려 더욱 더 세련미를 갖추게 된 대표적인 인물이라고 평했다.[542] 주광치앤은 자신의 책에 "인생은 한 편의 작품이다."[543] 라고 쓴 적이 있다. 그리고 "아름다움은 그것을 볼 수 있는 눈을 가졌을 때만 볼 수 있다."[544]고 덧붙이기도 했다. 그 자신의 관점에서 보더라도 주광치앤의 삶은 한 편의 작품이라고 말하기에 조금도 부족함이 없었던 것으로 보인다.

인생을 살아가다 보면, 그 누구도 원하지 않지만 주광치앤처럼 '심혈래조(心血來潮)'의 아픔과 고통을 경험하게 될 때가 있다. 심혈래조는 마음속 피가 솟구쳐 흐르는 듯한 슬픔을 뜻한다. 도저히 마음속 평정심을 유지하기 힘든 순간일수록 우리에게는 지혜로운 대처가 필요하다.

다행스럽게도 행복한 삶을 향한 여정에서 우리에게는 어두운 밤길을 밝혀주고 위로와 격려를 전해주는 '비전(祕傳)'들이 있다. 주광치앤은 이것을 다음과 같은 비유를 활용해 멋들어지게 표현했다.

"지나간 날들은 그저 칠흑 같은 어둠일 뿐이다. 우리가 그나마 이 어둠을 알아챌 수 있는 건 사상가와 예술가들이 드문드문 하늘에 흩뿌려 놓은 별빛 덕분이다. 이 별빛을 소중히 여기자! 그리고 과거와 다를 바 없이 칠흑 같이 어둡기만 한 미래의 그 하늘 위로 별빛을 흩뿌려 보자."[545]

중국의 미학자 주광치앤[546]

XV

20세기 철강왕: 박태준의 승화

그에게 신앙은 '철'이었다.

세계적인 기업 포스코의 신화를 창조한 박태준은 군인과 기업인, 그리고 정치인으로서 파란만장한 삶을 살았다. 아마도 한국 사회에서 박태준이 경제개발 신화의 주역이라는 사실에 의문을 제기할 사람은 없을 것이다.

삼성그룹의 회장 이병철은 박태준과 각별한 사이였다.[547] 두 사람은 모두 일본 와세다대학에서 수학한 동문이었고 평생 서로를 존중하고 아꼈다. 두 사람은 아호도 닮은 데가 있었다. 이병철의 호는 호암(湖巖)이었고 박태준의 호는 청암(青巖)이었다. 선배인 호암은 사업보국(事業報國)을 그리고 후배인 청암은 제철보국(製鐵報國)을 평생의 신념으로 삼았다.[548]

1980년대 초에 삼성중공업이 적자에 허덕일 때, 이병철은 박태준에게 파격적인 제안을 한 적이 있다. 삼성중공업을 박태준의 회사로 넘겨줄 뿐만 아니라, 연간 300억 원씩 5년 간 지원도 해줄 테니 맡아서 경영을 해보라는 것이다. 하지만 박태준은 과분한 선물 제안에 감사해하면서도 국가의 일을 맡은 사람으로서 중간에 그만둘 수는 없다며 정중하게 거절했다. 이에 이병철은 '청암'다운 대답인 동시에 "아름다운 대답"[549]이라고 화답했다.

이병철은 임종을 앞두고 병상에서 구술로 박태준에게 마지막 선물을 남겼다. 그 선물은 다름 아닌 글이었다. 구술로 박태준의 회갑 문집에 들어갈 글을 선물한 것이다. 그 글에서 이병철은 박태준이 "군인의 기와 기업인의 혼을 가진 사람"[550]이라고 극찬하였다. 이병철에 따르면, 박태준에게 신앙이 무엇이냐고 물으면 조금도 망설임 없이 '철'이라고 대답했다고 한다.[551]

1990년 11월 프랑스의 프랑수아 미테랑 대통령은 그 옛날 나폴레옹(Napoleon)이 제정했던 레지옹 도뇌르(la Légion d'Honneur) 훈장을 박태준에게 수여하면서 다음과 같이 말했다. "당신은 국가가 필요로 할 때, 언제 어디서나 가장 앞에 서 있었다. 6·25 전쟁 때는 장교로 투신했고, 국가가 경제 현대화를 요구했을 때 당신은 기업인으로 나라 앞에 섰다. 국가가 미래를 위한 정치인을 필요로 할 때 당신은 또 정치인으로 그 부름에 응했다."[552]

박태준이 세상을 떠난 후 수많은 언론과 방송에서 그의 삶을 추모하는 기사와 보도 프로그램을 쏟아냈다. 그 덕에 사실상 박태준 회장의 삶 자체에 관해서는 더 이상 소개할 것이 남아있지 않을 정도다.

하지만 그러한 기사와 보도 프로그램에서는 그의 행적만을 다룰 뿐, 좀처럼 그의 삶을 '해석'하지는 않았다.[553] 따라서 우리는 그가 얼마나 훌륭한 일들을 많이 했는지에 대해서는 잘 알고 있지만 그가 어떻게 해서 그처럼 훌륭한 삶을 살게 되었는가에 관해서는 사실상 거의 알지 못한다. 이런 맥락에서 이 글에서는 그의 삶에 대한 심리학적인 분석을 통해 그가 인생이라는 학교에서 어떤 과정을 통해 '20세기 철강왕'으로 우뚝 서게 되었는지를 살펴보고자 한다.

심리학적인 관점에서 볼 때 그의 삶에서 두드러지게 관찰되는 두 가지 특징은 "항문기적인 성격의 승화"와 "신경증적인 반동형성의 화신(化身)에서 성숙한 이타주의로의 재탄생"이다.[554] 이 두 가지 특징을 순차적으로 살펴보자.

◇◇◇

항문기적 성격과 목욕론

심리학에서 말하는 항문기적인 성격은 유아기 배변통제 훈련기의 경험과 밀접한 관계가 있는 성격이다.[555] 일반적으로 유아의 배변통제 훈련기는 18개월에서 약 3세까지의 시기에 해당된다. 이 시기에는 항문과 연관된 활동이 유아가 추구하는 심리적 쾌감의 주요 원천이 된다.

이 시기의 아동은 주로 배변을 '배출'하거나 '보유'하는 활동을 통해 심리적인 만족감을 경험하게 된다. 이 단계에서 벌어지는 아동과 부모(혹은 양육자) 간 갈등은 주로 '배변훈련'과 관계가 있다.

만약 부모 혹은 양육자가 아동에게 지나치게 이른 시기에 혹은 과도하게 엄격한 배변훈련을 시키면 심리적으로 '고착'이 일어날 수 있다. 고착은 특정 행동에 집착하게 되는 것을 말한다. 항문기적 고착행동은 두 가지 방향으로 나타날 수 있다. 무언가를 '보유'하는 데 집착하거나 '배출'하는 데 집착하는 것이다. 무언가를 '보유'하는 방향으로 고착되는 대표적인 예는 금전적 저축 혹은 물건을 축적하는 것에 대한 욕구, 금욕주의, 검소함, 질서정연함, 고집, 청결 및 결벽증 등이다. 반면에 무언가를 '배출'하는 방향으로 고착되는 대표적인 예는 낭비와 사치, 무질서한 것, 지저분하고 비위생적인 것 등이다.

박태준이 제철사업에 뛰어 들어 역사상 전대미문의 기록을 계속 갈아치우면서 최고의 종합제철회사를 만들어낸 것은 항문기적인 성격과 승화의 적응기제가 결합된 것으로 해석할 수 있다. 성숙한 기제인 승화는 내적인 갈등을 해결하거나 본능적인 쾌락을 추구하는 과정에서 보다 생산적이고 문화적인 형태로 심리적인 만족을 추구하는 것을 말한다.

전통적으로 제철 과정에는 철광석과 유연탄이 사용된다. 유연탄은 동·식물의 유체(遺體)로 이루어진 유기물이 '밑거름'이 되어 형성되는 것이다. 또 철광석도 원시 박테리아인 남조세균의 광합성 작용을 통해 형성된 산화철이 침전 및 퇴적되어 형성된 것이다. 특히 유연탄은 연소할 때 화염과 연기를 내기 때문에 '유독성 및 유해성에 대한 관리'가 중요하다. 그리고 제철 과정에서는 불순물을 걸러내는 '정련(精練)의 공정'이 중요하다. 이런 점들을 종합해 볼 때, 제철업은 심리학적인 상징의 측면에서 항문기적인 성격이 승화되는 과정과 밀접한 관계가 있다.[556]

박태준 회장이 항문기적인 성격의 소유자라는 점을 보여주는 일화는 무척 많다. 1977년에 포항제철의 3기 설비가 공기지연으로 고전하고 있을 때의 일이다.[557] 당시에 포스코의 전신인 포항제철은 정상조업을 하면서도 3기 설비의 공사기간을 단축하는 동시에 4기 건설공사를 준비하는 세 가지 커다란 과제를 동시에 진행하고 있었다.

팽팽한 긴장감 속에서 하루하루의 일과를 마치 전투처럼 치러내던 시기에 박태준은 무더운 여름에 발전송풍설비 공사현장에서 부실 시공된 부분을 발견했다. 그는 공정이 80%나 진행된 상태였음에도 불구하고 부실공사를 절대 허용하지 않겠다며 다이너마이트를 사용해 깨끗이 폭파해버렸다. "포철의 사전에 부실공사는 없다."[558]는 모토는 이렇게 탄생하였다. 이러한 일화는 박태준의 무결점을 추구하는 항문기적 완벽주의를 잘 보여준다.

또 그의 목욕론도 항문기적인 특징을 보여주는 에피소드 중 하나이다. 박태준은 깨끗한 몸을 유지하는 사람은 정리, 정돈 및 청소의 습성이 생겨 안전 및 예방의식이 높아지기 때문에 최고의 제품을 생산할 수 있다는 신념을 갖고 있었다. 바로 이러한 이유 때문에 제철소 건설초기부터 현장에 반드시 샤워시설을 완비하도록 지시했다.

이병철은 박태준의 목욕론에 대해 이렇게 평한 적이 있다. "몸가짐이 단정해지면, 저절로 자기 주변을 청결히 하고 가지런히 정돈하기 마련이다. 반면에 자기 몸가짐이 불결하면 주변의 더러움에 둔감하게 된다. 이것은 공사현장에서도 마찬가지다. 작업자가 단정하면 공장이 청결해지고 공장이 청결하면 제품이 완전무결해진다. 불결한 작업자와 무질서한 공장에서 제대로 된 제품이 나오기를 바란다면, 그야말로 (나무에 올라 물고기를 구하려 하는) 연목구어가 아닐 수 없다. 과연 탁견이라 생각한다."[559]

◇◇◇

서류상의 양자와 마음의 부채의식

박태준의 삶에서 이러한 항문기적인 성격이 신경증적인 반동형성과 결합되었을 때는 그에게 뼈아픈 상처를 안겨다 주기도 했다. 반동형성은 행위자가 자기도 모르게 내부의 욕구와는 반대되는 방식으로 행동하는 것을 말한다. 이러한 점과 관련된 일화를 소개하기 위해서는 그의 일본 생활에서의 경험을 살펴볼 필요가 있다.

박태준은 1927년 현재의 부산시 기장군 지역에서 태어났다. 그리고 그가 여섯 살이 되던 1933년에 그의 가족은 경제적인 어려움 때문에 고향에서의 고단한 삶을 정리하고 일본으로 삶의 터전을 옮겼다. 그는 시대적으로 무척 어려웠던 상황 속에서도 비교적 순탄한 학창시절을 보낸 것으로 보인다. 하지만 태평양 전쟁이 발발하자 상황이 돌변했다. 학도병으로 강제징집될 위기에 처하게 된 것이다. 이때 그에게 구원자가 나타났다. 그는 바로 박태준의 아버지와 깊은 인연을 나누던 소메야라는 일본인이었다.

태평양 전쟁 당시에 일본에서는 학생이 강제징집 당하지 않으려면 이공계와 사범계 대학생이 되어야 했다. 하지만 이것은 너무나도 "좁은 문"이었기 때문에 사실상 조선인에게는 거의 기회가 주어지지 않았다. 이 절체절명의 위기 상황에서 소메야 사장은 박태준의 아버지에게 박태준이 와세다대학 공대에 진학할 수 있도록 자신에게 서류상 양자로 기재해 두자는 제안을 하였다.

이때 소메야 사장은 박태준의 아버지에게 다음과 같이 말했다. "서류에만 양자로 보내놨다가 적당한 시기에 도로 찾아 가는 겁니다. 혹시 그 전에라도 전쟁이 끝나서 조선으로 돌아가게 된다면, 그것으로 그만이고요. 지금 태준이를 와세다대학 공대로 보낼 수 있는 방법은 오직 이 길밖에 없어요. 그러니 번거롭더라도 잠시 내 밑으로 보내놓도록 합시다. 조선에서 하고 있는 창씨개명보다도 덜 번거로울 겁니다. 위장으로 양자를 보내는 거지요."[560]

박태준은 소메야의 제안에 감사해하며 따랐고 그 덕분에 징집의 위기를 모면할 수 있었다. 지금의 시각으로 본다면 이 일은 그에게 행운이 잠시 찾아왔던 것처럼 보일 수 있다. 하지만 전통적인 한국인의 시각으로 바라본다면 이 일은 그에게 심한 자괴감을 심어줄 수 있는 일이기도 했다.

특히 그가 완벽주의를 삶의 모토로 삼았던 항문기적인 성격의 소유자라는 점을 고려해 볼 때, "서류상의 양자"가 단순히 서류상의 의미로만 그치기는 어렵다. 이때의 경험은 그의 삶 전체에 지속적으로 중요한 영향을 주었던 것으로 보인다. 목숨을 구하기 위해 서류상으로 일본인의 양자가 되는 것은 상식적인 시각에서 본다면, 특별히 문제가 될 것이 없어 보일 수 있다.

하지만 가혹할 정도로 엄격한 기준을 적용하는 경향이 있는 항문기적인 성격을 기준으로 본다면, 그의 행동은 부끄러운 편법행위에 해당된다. 더구나 일본인의 양자가 된다는 것은 일본으로 귀화한다는 것을 의미한다. 이것은 적어도 일본의 공식적인 행정기록상으로는 그가 일본인이 되는 것을 의미한다. 당시의 판단기준으로 이것은 한국인이 따르기에는 대단히 꺼려지는 행동에 해당된다.

실제로 당시에 유사한 상황에 있었던 세 사람(윤동주, 문익환, 그리고 장준하) 중 그 누구도 일본인의 양자가 되어 목숨을 모면하는 길을 선택하지는 않았다.[561] 물론 이 글은 박태준이 과거에 한국인으로서 잘못된 선택을 했다는 점을 지적하기 위해 쓴 것은 아니다. 그보다는 항문기적인 성격의 소유자로서 완벽주의를 추구했던 박태준의 삶에서 일본인의 양자로 입적되었던 경험이 이후에 어떤 영향을 주었는지를 살펴보고자 할 따름이다.

박태준이 일본인의 양자로 입적된 이후에 경험하게 될 남모를 속사정을 헤아리기 위해서는 전설적인 야구 선수인 장훈의 예를 보면 쉽게 짐작할 수 있다. 장훈 선수의 경우, 도에이 플라이어스(현 니혼햄 파이터즈)의 구단주가 그를 자신의 팀 소속으로 만들기 위해 삼고초려의 노력을 기울였다. 그 구단주는 장훈 선수가 일본 프로야구 구단에서 선수로 등록될 수 있도록 하기 위해서 자신의 양자로 들어올 것을 간청했지만 장훈과 그의 부모님은 결코 그러한 제안을 수용하지 않았다. 결국 그 구단주는 장훈 선수를 위해 일본 프로야구단 운영 규정을 바꾸는 길을 선택해야 했다.

비록 장훈 선수의 경우 목숨이 경각에 달린 상황은 아니었다. 하지만 동시에 이 일은 박태준이 와세다대학에 진학할 때로부터 이미 십여 년이 지난 후의 일이기도 하다. 따라서 장훈의 사례는 태평양 전쟁 당시에 재일 한국인이 일본인의 양자가 되거나 일본인으로 귀화하는 것에 대해 갖는 거부감의 강도가 어느 정도였을지를 가늠해볼 수 있도록 해주는 좋은 지표가 될 수 있다. 아마도 태평양 전쟁 당시에는 장훈 선수 시절보다 일본인의 양자가 되는 것에 대한 거부감이 훨씬 더 심했을 것이다.

박태준은 해방 후 한국으로 귀국해서 군인이 되는 길을 선택했다. 해방 전에는 일본인의 양자가 되면서까지 군인이 되지 않으려 몸부림쳤던 그가 해방 후에는 스스로 군인이 되는 길을 선택한 것이다. 물론 의식적인 수준에서는 이러한 결정에 대해서 다양한 해명을 할 수 있겠지만, 적어도 이러한 의사결정 과정에 무의식적인 적응기제로서의 반동형성이 영향을 주었던 것은 분명해 보인다.

그가 해방 후에 보인 행적을 살펴보면, 과거 일본인의 양자가 되기로 했던 것에 대해서 상당한 죄책감을 경험했던 것으로 보인다. 왜냐하면 그는 반동형성이라는 적응기제를 지나치게 경직된 형태로 사용했기 때문이다.

그는 6·25 전쟁 때 육군 내에서 탁월한 작전참모로서의 재능을 인정받고 있었다. 하지만 박태준은 그가 재능을 살려 작전업무만을 전담해 주기를 원하는 사단장의 반대에도 무릅쓰고 최전방에 나가 전투에 참여하겠다고 고집부렸다.[562] 최전방에서 쓰러져 가는 전우들에 대한 죄책감을 도저히 견뎌낼 수 없었기 때문이다. 실제로 박태준은 사단장에게 "마음의 부채의식"[563]을 줄이고 싶다며 간청했고 결국 허가를 받아 냈다.

그의 이러한 의사결정은 마치 제갈공명이 창검을 들고 최전선에서 싸우는 것이나 마찬가지라는 점에서 그가 과도한 죄책감을 짊어지고 있었다는 점을 반영한다. 그리고 그 뿌리는 그가 징집을 피하기 위해 일본인의 양자가 되었던 일에 대해 마음속 깊은 곳에서 유감의 뜻을 품고 있었던 것과 관계있는 것으로 보인다. 그는 이러한 반동형성 덕분에 외견상 용맹한 군인으로 칭송받았지만 나중에는 커다란 희생을 치러야 했다.

◇◇◇

20세기 철강왕

박태준은 신혼생활 때부터 집안에 "짧은 인생을 영원 조국에"[564]라는 휘호를 붙이고 생활했다. 그 휘호의 내용은 의미심장한 것이었을지라도 신혼집보다는 군대 내무반에 더 잘 어울리는 것이기도 했다. 이처럼 그는 반동형성의 화신답게 공과 사를 구분하는 데 매우 엄격했다.

박태준은 자신의 첫아이가 새벽에 고열에 시달리는 상황에서 부인이 부대차를 이용해 병원 응급실에 데려다 달라고 요청하자, 사적인 일로 부대 차를 부를 수는 없다며 완강하게 거절했다.[565] 결국 그 아기는 생후 6개월 만에 급성 폐렴으로 세상을 떠났다. 이것은 그의 개인적인 삶에서 반동형성이 빚어낸 가장 뼈아픈 비극 중 하나였다.

이 사건 이후로 그의 반동형성은 조금씩 누그러지기 시작했다. 훗날 그의 둘째 아이가 고열에 시달릴 때의 일이다. 더 이상 도덕적 완벽주의를 추구했던 남편에게 둘째 아이의 생사를 믿고 맡겨 둘 수 없었던 그의 부인은 부대에 고춧가루를 납품하는 업자에게 개인적으로 호소해서 아이를 병원으로 후송하는 차편을 구하였다. 하지만 이전과는 달리 이번에는, 그는 부인의 일을 적극적으로 돕지는 않았어도 최소한 못하게 가로막지는 않았다. 그의 반동형성이 슬쩍 눈 감아 준 덕분에 둘째 아이는 무사히 살아남을 수 있었다.

그가 대령으로 재직할 때 그의 노모는 식사하는 자리에서 아들 들으라는 투로 슬그머니 아들에게 자신이 원하는 것을 흘린 적이 있었다. "농사일을 하다 보니 손톱 밑이 자꾸 갈라지는데 물질을 많이 해서 낫지도 않고....누가 그러는데 이런 데는 군대 반창고가 제격이라던데...."[566] 다음 날 박태준은 군용 반창고를 하나 구해 와서 노모의 손에 정성스럽게 감아드렸다. 그의 부인에 따르면, 이것이 그가 군 생활을 하면서 군용품을 사사롭게 쓴 최초이자 마지막 물품이었다.

이러한 경험들이 쌓여감에 따라 점차 그의 무자비했던 반동형성은 보다 '인간적인 이타주의'로 변해갔다. 이타주의는 자신이 받기를 원하는 것을 바로 다른 사람들에게 베풀어주는 것을 통해 기쁨을 느낄 수 있는 일들을 하는 것을 말한다.

그가 대한중석 대표를 맡고 있을 때, 그는 인사 청탁을 한 사람은 반드시 일벌백계하겠다고 선언하였다.[567] 하지만 이런 엄포에도 불구하고 청와대를 통해 인사 청탁을 시도한 젊은 직원이 발각되었다. 그러자 그는 가차없이 그를 해고하였다.

그 후 얼마 지나지 않아 자갈치 시장에서 생선을 파는 그 직원의 어머니가 서울로 와서 그를 만났다.[568] 이 어머니는 박태준 사장을 만나자마자 눈물을 쏟으면서 호소하였다. 3년 후 박태준이 포항제철 사장을 맡게 되었을 때 그는 이전에 눈물로 호소했던 그 어머니를 잊지 않고 해고했던 그 직원을 새로운 회사에 취직시켜 주었다. 그는 자신의 어머니를 위해서는 고작 반창고 하나를 드릴 수 있었을 뿐이지만 해고된 젊은 직원의 어머니를 위해서는 자식의 목숨을 살리는 것과도 같은 커다란 기쁨을 선사해 줄 수 있었다.

철강왕이라 칭송받는 미국의 카네기는 당시에 35년 동안 연산 조강 1,000만 톤을 이루었지만, 박태준은 당시 25년 만에 연산 조강 2,100만 톤을 달성했다.[569] 이런 점에서 박태준 회장은 진정한 철강왕이라 불릴 만하다.

영국금속학회는 제강과정에서 혁신적인 공법을 도입해 세계철강사에서 '무쇠의 시대'를 '철강의 시대'로 전환시킨 헨리 베서머(Henry Bessemer)의 공적을 기려 철강업계의 노벨상에 해당되는 '베서머 금상'을 시상한다. 앤드류 카네기(Andrew Carnegie)도 철강업계를 은퇴한 시점인 1904년에 이 상을 수상했다. 이 상은 전통적으로 은퇴 후 주어진다. 하지만 박태준은 유일하게 현직에 있는 동안 이 상을 수상했다.

박태준이 '20세기 철강왕'으로 등극하게 된 비결 중 하나는 항문기적인 성격을 승화로 발전시킨 것이다. 승화는 우리의 삶을 창조적인 예술로 변화시켜 줄 수 있다. 이러한 승화의 과정은 마치 연극배우가 자신의 과거 경험에 기초해 자신이 맡은 배역에 몰입하는 것과 유사하다. 그렇게 함으로써 배우는 독창적인 방식으로 자신의 배역을 소화해낼 수 있을 뿐만 아니라, 그러한 연기활동이 주는 카타르시스의 혜택을 받을 수도 있다.

이러한 점은 작가의 경우도 마찬가지다. 작가가 작품 속 주인공처럼 사는 것은 사실상 불가능하다. 하지만, 대신에 작가는 자신의 삶을 자기 작품의 인물 속에서 재창조해낼 수 있다.

비록 우리의 삶은 수많은 고통의 체험들로 얼룩질 수 있지만, 마음속에 숨겨진 승화의 힘은 삶을 창조적으로 살아갈 수 있는 힘을 선사해 줄 수 있다. 일례로 평생 마음의 부채의식 때문에 고통을 받았던 박태준은 '20세기 철강왕'으로 등극하는 과정에서 자연스럽게 자신의 마음도 강철처럼 단련할 수 있었다. 특히 어린 시절 가난 때문에 조국을 버리고 일본으로 떠나야 했던 그는 포스코의 주식을 단 한 주도 소유하지 않고 자신의 재산 전체를 사회에 환원함으로써 한국 재계에서 이타주의의 화신으로 영원히 남게 되었다.

철강왕 박태준[570]

XVI

깊은 비밀을 감춘 리더의 얼굴: 아이젠하워의 예상

2차 세계대전 때 아이젠하워는 노르망디 해변에서 다음과 같은 기록을 남겼다.
"우리의 상륙작전이 실패했습니다. 그리고 저는 철수 명령을 내렸습니다."[571]

세계적인 명장 드와이트 아이젠하워(Dwight D. Eisenhower)는 나치 독일이 무너지는 결정적인 계기가 되었던 노르망디 상륙작전의 연합군사령관이었다. 2차 세계대전 때 얻은 명성에 힘입어 그는 미국의 34대 대통령이 되었다.

아이젠하워는 텍사스의 데니슨시에서 7남매 중 셋째로 태어났다. 그의 어머니는 자녀들 중 아이젠하워가 '가장 말썽꾸러기'였다고 회고했다.[572] 그는 성격이 불같았을 뿐만 아니라 자신이 이길 수 없는 상황에서조차 형에게 싸움을 거는 습관이 있었다. 심지어 그는 화가 나면 벽돌을 던지는 위험한 행동을 하기도 했다.[573]

아이젠하워의 아버지는 전형적인 '엄부(嚴父)'였다. 아이젠하워는 자신의 아버지를 '대법원 판사이자 검찰총장인 가장'이라고 불렀다.[574] 아이젠하워의 아버지는 집안에서 마치 황제처럼 군림하면서 집안의 기강과 명령에 대한 복종을 강조하였다.

하지만 아이젠하워는 그러한 아버지에게도 대항할 때가 있었다. 어느 날 형이 수업을 빼먹어서 아버지에게 혹독하게 맞은 적이 있었다. 그때 아이젠하워는 "저는 그 누구도 그런 식으로 맞아서는 안 된다고 생각합니다. 강아지조차도요!"[575]라고 항의하면서 아버지에게 용감하게 대들었다.

아이젠하워가 군인이 되는 데는 이러한 용기가 중요한 역할을 한 것은 분명하다. 하지만 용기와 배짱만으로는 훌륭한 군인이 될 수 없다. 그가 세계적인 명장으로 성장하는 데는 어머니의 가르침도 중요한 역할을 했던 것으로 보인다.

◇◇◇

삶의 결정적 순간들

아이젠하워가 열 살 때의 일이었다. 아이젠하워는 형들이 할로윈 데이에 사탕과 과자를 얻으러 동네 여기저기를 돌아다닐 때 동참하고 싶어 했다. 하지만 부모님은 그가 위험한 밤길을 나다니기에는 너무 어리다고 생각해서 허락하지 않았다. 그러자 아이젠하워는 울면서 뛰쳐나가 분노 속에서 사과나무를 주먹으로 마구 쳐서 손이 터져나가고 피범벅이 되는 사고를 쳤다.[576]

이 일로 아이젠하워는 아버지로에게 회초리로 맞았다. 하지만 어머니는 아들의 분노가 가라앉을 때까지 기다렸다가 조용히 타일렀다.[577] 침울해하는 아이젠하워에게 어머니는 증오는 무익한 것이라고 가르쳤다.

그러면서 어머니는 아이젠하워에게 자신의 마음을 다스리는 사람은 성을 빼앗는 사람보다 더 낫다는 성경 구절을 들려주었다.

아이젠하워는 훗날 이날 어머니와 함께 했던 시간이 자신의 삶에서 "가장 중요한 순간 중 하나"[578]라고 말했다. 왜냐하면 어머니의 다독임 덕분에 자신의 잘못을 뉘우칠 수 있었기 때문이다.

훗날 아이젠하워는 이렇게 회고했다. "지금까지 나는 누군가를 미워하지 않으려고 노력했다. 만약 누군가가 나에게 비열한 잘못을 저질렀다 하더라도 나는 그것을 잊으려 애쓴다. 나를 몹시 화나게 만들었던 행동이나 말을 한 사람들의 이름을 공개적으로 언급하지 않는 습관도 바로 어머니의 가르침 때문에 생겨난 것이다."[579]

아이젠하워가 용기와 배짱만으로는 '충분하지 않다'는 점을 깨닫게 된 또 다른 계기가 있었다. 열한 살 때, 아이젠하워는 세 살짜리 동생을 돌보는 역할을 맡았다. 그런데 주머니칼을 닫지 않은 채 창틀에 둔 적이 있었는데 동생이 의자에 올라가 그 칼을 잡으려고 하다가 놓치는 바람에 눈에 손상을 입었다.[580] 이 사고로 아이젠하워는 평생 죄책감에 시달렸다.

동네에서 아이젠하워 형제는 최고의 싸움꾼이라는 명성을 갖고 있었다.[581] 이처럼 타고난 전사였던 아이젠하워는 고등학교를 졸업한 후 군인이 되고 싶었다. 원래는 해군사관학교에 진학하고 싶어 했으나 입학이 여의치 않게 되자 결국 육군사관학교에 진학하는 것으로 방향을 전환했다.[582] 아이젠하워는 고등학교도 남들보다 1년 늦게 졸업했을 뿐만 아니라 사관학교에 진학하는 것도 늦어졌기 때문에 동기보다 3살 더 많은 나이로 사관학교에 입학했다.

1912년 아이젠하워는 짜증이 난 상태에서 신입생 중 하나에게 웨스트포인트 입교 전에 보았던 하찮은 이발사 같아 보인다고 다그친 적이 있었다. 그러자 신입생은 자신이 실제로 이발사였다고 대답했다. 이 일을 겪은 후 아이젠하워는 다른 사람들에게 굴욕감을 주지 않기 위해 신중하게 행동해야 한다는 것을 깨닫게 되었다.[583]

◇◇◇

인생의 보이지 않는 손

아이젠하워는 웨스트포인트 사관학교에서 미식축구에 열광하는 모습을 보였다.[584] 하지만 1912년에 그는 무릎 인대가 손상되어 더 이상 미식축구를 할 수 없게 되었다. 이 시기에 그는 사관학교에서 '음울한 얼굴'을 한

생도로 소문이 날 정도로 심하게 낙담했다.[585]

어려서부터 반항적인 기질이 남달랐던 데다가 불행한 일이 겹쳤던 아이젠하워는 사관학교에서 문제아처럼 행동하였다.[586] 그는 도박, 흡연, 그리고 상관에 대한 태도불량으로 벌점을 받기 일쑤였다. 졸업을 할 때 그가 기록한 규율준수 점수는 하위 25% 미만 수준이었다. 심지어 행사 때 물의를 일으켜서 계급이 강등된 일이 있을 정도였다.

적응기제로 평가한다면, 아이젠하워의 이러한 행동은 '소극적 공격성'과 '행동화'가 결합된 것으로 보인다. 군대의 강압적인 규율에 반기를 드는 것은 소극적인 공격성에 해당되는 반면, 미식축구와 관련된 개인적 좌절감이 사회적으로 물의를 일으키는 행동으로 표출된 것은 행동화에 해당된다.

인생에서 흥미로운 점 중 하나는 변화의 계기가 마치 '보이지 않는 손'이 작동하기라도 하는 것처럼 기묘한 방식으로 찾아오기도 한다는 점이다. 반항적 생도였던 아이젠하워는 사관학교를 졸업한 후 자신이 결코 원한 적이 없었던 보직을 맡게 된다. 싸움꾼으로 명성이 자자했던 아이젠하워가 사관학교를 졸업한 후 첫 번째로 부여받은 임무는 상비군을 관리하는 헌병 대장 역할이었다.[587]

당시에 그가 관리하던 상비군들은 술집과 매춘부가 모여 있는 시내 유흥가에서 술에 취한 채로 툭하면 싸움판을 벌였다. 그는 여기에서 일종의 평화유지군 역할을 수행했다. 아이젠하워에게 헌병감으로서의 업무는 그가 내면의 감정을 지혜롭게 다스려야 할 필요성을 생생하게 느끼는 데 도움이 되었던 것으로 보인다.

이 무렵 아이젠하워는 메이미(Mamie)를 만나 결혼하게 되었다.[588] 메이미와의 데이트 과정이 순탄한 것은 아니었지만 아이젠하워는 평화유지군 활동 경험을 바탕으로 남녀가 처음 만났을 때 자연스럽게 발생할 수 있는 초기의 '신경전(예컨대, 밀당 경험 등)'을 성공적으로 극복해낼 수 있었다. 메이미와의 만남은 싸움꾼 아이젠하워가 보다 성숙해지는 데 중요한 모멘텀(momentum) 중 하나가 되었다.

◇◇◇

성미가 고약했던 불행한 군인

하지만 두 사람에게는 이내 불행이 찾아왔다. 첫아이가 3살 때 성홍열에 걸렸는데 이것이 수막염으로 악화되어 결국 사망하는 아픔을 겪게 된 것이다.[589] 이 고통스러운 시기에 그는 아들의 죽음에 대해 스스로를 자책하며 보냈다.[590] 하지만 다행히 2년 후 둘째 아들이 태어나면서 그의 자책감은 어느 정도 완화되었다.

아이젠하워는 멕시코와의 국경분쟁 및 1차 세계대전 등 실제 전투에 참전할 수 있기를 희망했지만, 그에게는 계속 훈련 담당 장교로 복무하라는 명령만 내려졌다. 이러한 명령에 크게 낙담한 아이젠하워는 상관에게 항의를 하기도 했다.[591]

비록 훈련 담당 업무가 자신이 원했던 일이 아니었음에도 불구하고, 아이젠하워는 분노를 속으로 삭이고서 자신에게 주어진 과업이 '예측 가능한 미래의 일들에 한 걸음 앞서 심리적으로 준비하는 예상'을 훈련하는 계기가 될 수 있도록 노력했다. 그는 훈련장에 참호를 파고 모의 전장을 만드는 등 가능한 한 실제 전장에 가깝게 만들었다. 이러한 훈련장과 더불어 실전을 방불케 하는 모의훈련을 통해 그는 미래의 전투에 잘 준비된 병사들을 양성해냈다.

나이가 들어갈수록 성숙해졌지만 그래도 아이젠하워의 불같은 성격은 오랫동안 지속되었다. 2차 세계대전 참전 중에 아이젠하워는 다혈질로 유명했다. 아이젠하워가 한번 감정적으로 폭발하면 마치 용광로 같은 인상을 줄 정도였다. 욕설과 함께 폭발적으로 분노를 표출하는 경향이 있어 신문 기자들로부터 "성미 고약한 미스터 뱅(Mr. Bang)"[592]이라는 별명을 얻었다.

대통령 재직 시절에도 기자회견 때 기자가 화를 돋우면 그는 이마의 혈관이 눈에 띄게 부풀어 오를 정도로 격분했다.[593] 백악관에서 그를 보좌했던 한 참모는 아이젠하워의 "성질이 끔찍했다."[594]고 말하기도 했다. 한번은 가족들과 브리지 게임을 하던 중에 아내 메이미가 실수를 하자, 불같이 화를 내면서 카드를 내팽개치고 자리를 박차고 일어나 가버리기도 했다.[595]

◇◇◇

부정적인 감정과 욕구를 다스리는 비결

하지만 아이젠하워는 자신의 불같은 성격을 다스리기 위해 다각적인 노력을 기울였다. 제아무리 미운 사람이 있더라도 자신이 감정의 노예가 되지 않기 위해 애썼다. 어느 날 그는 일기에 이렇게 적었다. "분노로 승리할 수 있는 방법은 존재하지 않는다. 화가 났을 때는 생각조차도 명료하게 하기 힘들다."[596] 또 회고록에는 이렇게 적었다. "화가 났을 때 개인적으로 화를 누그러뜨린 다음에 주어진 과업을 수행하는 것보다 더 좋은 약은 없다는 것을 깨달았다."[597]

아이젠하워가 감정을 통제하기 위해 시도했던 대표적인 활동은 억제적인 노력을 기울이는 것이었다. 성숙한 기제인 억제는 내면의 부정적인 감정을 효과적으로 다루기 위해 스트레스를 관리하는 데 도움이 되는 특별한 활동을 실천하는 것을 말한다.

아이젠하워는 억제적인 노력의 일환으로서 자신을 화나게 만든 사람의 이름을 종이에 적어서 그것을 책상 서랍에 있는 상자 속에 넣었다. 그는 전쟁 중에 쓴 일기에서 이렇게 고백하였다. "어제 나는 너무나 화가 치밀어 올라서 욕설로 한 페이지를 채워 넣었다. 하지만 오늘 아침에는 그것을 삭제했다."[598]

또 그는 어느 상원의원에 대해서는 이렇게 적었다. "그로 말하자면, '도대체 당신은 어떻게 그렇게 멍청할 수 있지?'라고 면전에서 묻더라도 절대 답할 수 없을 정도로 어리석다."[599] 이처럼 아이젠하워는 자신을 화나게 만든 사람들의 이름을 일기장에 적어 넣음으로써 그들을 향한 분노감을 상징적으로 봉인하는 일을 실천했다.

흥미롭게도 대통령 재직 시절 아이젠하워는 기분이 안 좋은 위험한 날에는 갈색 양복을 입었다.[600] 이러한 습관은 그 자신뿐만 아니라 함께 일하는 사람들에게 일종의 신호등 같은 역할을 해주었다. 실제로 아이젠하워의 비서는 그가 갈색 양복을 입으면 사무실의 직원들에게 경고 사인이 떴으니 조심하라는 신호를 보냈다.

훗날 아이젠하워의 억제 능력은 놀라운 수준으로까지 발전하였다. 사관학교 시절에 실내에서 습관적으로 담배를 피워 문다고 문책을 받기도 했고 2차 세계대전 때는 하루에 무려 4갑을 피워대는 수준의 골초였지만, 그는 결심을 하는 즉시 곧바로 담배를 성공적으로 끊을 수 있었다. 그 비결을 묻자, 그는 "그저 저한테 명령을 내렸지요."[601]라고 간단히 설명했다. 아마도 이것은 가장 군인답게 담배를 끊는 비결이라고 할 수 있을 것이다.

◇◇◇

끓는 주전자 위에 앉아 버텨야 할 때 필요한 것

2차 세계대전에 참전했을 때, 아이젠하워는 아내에게 보내는 편지에서 전장에서의 어려운 상황을 이렇게 표현했다. "우리는 펄펄 끓는 주전자 위에 앉아 있다오."[602] 전장에서 아이젠하워는 자신과 병사들의 불안을 효과적으로 통제하기 위해 전선으로 향하는 군인들을 방문해 공감을 나누는 일을 꾸준히 실천했다.[603]

예를 들면, 독일을 상대로 한 미국의 공습이 진행될 때 폭격기 승무원들을 직접 만나는 것이다. 그리고 그들이 귀환할 때는 또다시 한 명, 또 한 명을 따뜻하게 맞이했다.[604] 이처럼 아이젠하워는 전투지휘관이 필연적으로 경험하게 되는 중압감에서 벗어나고 싶을 때는 직접 병사들을 찾아가 그들과 공감함으로써 힘을 얻었다.[605]

이러한 이유로 그는 공격이 시작되기 전에 가능한 한 많은 병사들을 만나려고 애썼다. 그는 보통 지휘관들이 부대 단위로 병사들을 정렬시킨 상태에서 전체를 대상으로 연설하는 것보다는 비공식적으로 찾아가 몇 명과 대화를 나누는 것을 더 좋아했다.[606]

아이젠하워는 병사들이 자신을 '아이크 삼촌' 또는 그냥 '아이크'라고 편안하게 부르는 것을 모든 일이 잘 진행되고 있다는 신호로 받아들였다.[607] 그가 병사들에게 "지금 기분이 어떤가?"라고 물으면 일부는 "무지하게 두렵습니다."라고 대답하고는 했다. 그러면 아이젠하워는 이렇게 대답했다.

"그렇군. 그렇다면, 자네와 나는 좋은 파트너야. 왜냐하면 나도 많이 두렵거든. 하지만 우리는 이 작전을 오랫동안 계획했고, 독일군을 쳐부수는 데 투입할 수 있는 많은 비행기와 대포 그리고 공수부대를 가지고 있다네. 어쩌면 우리가 강가를 따라서 함께 걷는다면, 서로에게 큰 도움이 될 수 있을 걸세."[608]

이러한 일화는 아이젠하워의 '예상(anticipation)' 능력을 잘 보여준다. 성숙한 적응기제로서 예상은 실제 사건이 일어나기보다 한 걸음 앞서 그 사건에 대해 정서적으로 미리 마음의 준비를 해둠으로써 미래의 불안감과 우울감을 줄이는 책략을 쓰는 것이다. 이러한 예상은 마치 옛날 폰투스 제국의 왕 미쓰리데이츠(Mithridates)가 독을 조금씩 미리 맛봐둠으로써 자연스럽게 독에 대한 면역을 획득하게 된 과정과 유사하다.

예상이라는 적응기제는 사고상의 예측력과는 다른 것이다. 예상은 마치 제갈공명처럼 앞날을 내다보는 예지능력을 갖추는 것을 뜻하지 않는다. 예상에서 결정적인 요인은 누구나 다 쉽게 아는 것이지만 대부분의 사람들은 미래의 일들을 실감나게 느끼지 못하기 때문에 그저 무방비 상태로 지내는 일들을 미리 대비해 두는 것을 말한다.

보통 사람들은 충분히 예측 가능한 미래의 부정적인 사건들에 대해서 거의 대비를 하지 않은 채로 지내다가 막상 문제가 발생하게 되면, 당황해서 실제로 자신이 해낼 수 있는 것보다 훨씬 못한 결과를 얻게 된다. 그런 다음 아쉬운 마음에 그저 '더 잘 할 수 있었는데'라는 넋두리를 늘어놓는다. 이런 점에서 예상은 누구나 충분히 해낼 수 있는 것이지만, 실제로는 제대로 실천하는 사람이 매우 적은 적응기제라고 할 수 있다.

◇◇◇

연합군사령관이 남모르게 작성했던 메시지

아마도 아이젠하워의 예상 능력을 가장 잘 보여주는 것은 노르망디 상륙작전과 관련된 일화일 것이다. 연합군의 노르망디 상륙작전은 3,500대의 중폭격기, 5,000대의 전투기, 그리고 4,000척 이상의 함정을 포함해 무려 15만 명이 넘는 병력이 참여하는 역사적인 작전 중 하나였다.[609]

영국의 수상, 처칠은 노르망디 상륙작전이 실패할 경우 발생할 수 있는 유혈사태에 대해 심각하게 걱정했다. "미국과 영국의 꽃다운 젊은이들로 매워진 노르망디 해안에 대해 생각할 때면, 내 마음의 눈에는 그들의 피로 붉게 물드는 파도가 보인다네. 나는 회의적이야. ... 회의적이야."[610]

노르망디 상륙작전을 앞두고 아이젠하워는 불안감 때문에 하루에 무려 4갑씩이나 담배를 피워댔다. 특히 이 시기에 아이젠하워는 크고 작은 신체적인 질병으로 심한 고통을 받았다.[611] 그는 전신이 쑤셔서 아파했으며 밤마다 불면증과 불안 때문에 고통을 받았다. 날마다 술을 달고 살다시피 했으며 후두염과 고혈압 때문에도 심한 고초를 겪었다.

그는 노르망디 상륙작전을 며칠 앞둔 시점에 일기에 이렇게 적었다. "아마도 무엇을 할 것인지를 최종적으로 결정해야 하는 것처럼 구체적이고 직접적인 책임을 짊어져 본 적이 없는 사람은 그 누구도 이처럼 엄청난 부담감을 절대로 이해하지 못할 것이다."[612]

또 그는 이렇게 적기도 했다. "날씨의 불확실성 때문에 우리는 밀물과 썰물의 적절한 조건과 일치하는 날씨를 완벽하게 예측할 수 없었다. 실제로 기상 상태가 심각하게 악화되지만 않는다면 우리는 반드시 가야만 한다."[613] 이 무렵 그는 참모에게 이렇게 말하기도 했다. "내가 지금 어떤 일을 하고 있는 것인지를 스스로 잘 알고 있기를 신께 빌고 있다네."[614]

아이젠하워는 사관학교에서 권투 코치에게 케이오를 당한 후 코치에게서 감정을 지혜롭게 통제하는 일의 중요성에 대해서 다음과 같이 배웠다. "케이오를 당했을 때 일어나면서 미소를 지을 줄 모르면, 절대로 적을 제압할 수 없어."[615]

그리고 훗날 아이젠하워는 '포커페이스(poker face)'를 잘 유지하는 것으로 유명한 사람이 되었다. 아이젠하워 전기의 작가이자 저널리스트인 에반 토마스(Evan Thomas)는 이렇게 썼다. "캔사스의 맑은 하늘만큼이나 환한 미소를 띤 그의 얼굴 속에는 깊은 비밀이 감춰져 있었다. 그는 존경받을 만했지만 때때로 속을 알 수 없었고 겉으로는 상냥할 때도 속으로는 부글부글 끓고 있을 때가 많았다."[616] 하지만 이처럼 그가 억제적인 노력을 통해 감정을 겉으로는 잘 드러내지 않았다 하더라도, 속으로는 다른 사람들과 마찬가지로 감정을 경험할 수밖에 없었다. 다만, 그는 남모르게 그리고 남다르게 미래의 정서적 어려움에 대처하려 노력했다.

아이젠하워는 노르망디 상륙작전을 앞두고 역사적으로 유명한 메시지를 남겼다. 노르망디 상륙작전이 실패할 경우 언론에 보내려 했던 메시지다. 물론, 결과적으로는 보낼 필요는 없었던 메시지다. 그 내용은 다음과 같다.

"우리의 상륙작전이 실패했습니다. 그리고 저는 철수 명령을 내렸습니다. 이번 작전에서의 공격 시점과 지역에 대한 제 결정은 이용 가능한 최상의 정보들에 기초한 것이었습니다. 육군, 해군, 공군 모두 이번 작전에 최선의 용기와 헌신을 바쳤습니다. 이번 작전에 어떤 오류나 실수가 있었다면 그 책임은 전적으로 제가 져야 할 문제입니다."[617]

이러한 메시지는 예상의 중요성을 뼈저리게 느껴본 적이 있는 사람들만 남길 수 있는 것이다. 중요한 결전을 앞두고 병사가 패배를 머릿속으로 떠올리는 것은 치명적인 일이 될 수 있다. 하지만 장군이 만에 하나 작전이 실패했을 때 어떻게 해야 하는지를 미리 준비해 두지 않는 것은 더욱더 치명적인 결과를 낳을 수 있다. 병사는 병사다워야 하고 장군은 장군다워야 하는 법이기 때문이다.

남모르는 고충 속에서도 예상을 통해 마음의 준비를 어느 정도 끝낸 아이젠하워는 마침내 역사적인 명령을 내렸다. "자, 자, 우리는 갑니다."[618] 이 말로 지상 최대의 작전이 개시되었다.

◇◇◇

아무 것도 할 수 없을 때 반드시 우리가 해야 할 일

일단 결정이 내려지자 그 다음부터는 사실상 상륙작전이 진행되는 동안 내내 사령관이 실질적으로 할 수 있는 일이 없었다. 기다리는 것 외에는 아무 것도 할 수 없었다. 이 어려운 시기에도 그는 늘 하던 대로 억제적인 노력을 기울였다. 바로 보좌관과 함께 치열하게 사냥개와 여우라는 게임을 한 것이다.[619] 접전 끝에 게임의 결과는 무승부였다.

이처럼 적응기제로서의 억제는 문제 상황에서 자신이 할 수 있는 일이 아무 것도 없는 무기력한 순간을 지혜롭게 넘기는 데 중요한 역할을 할 수 있다. 무기력은 그 자체로 인간의 영혼을 잠식하는 중병이기 때문이다.

대통령 재직시절에도 아이젠하워는 이런 형태의 억제적인 노력을 지속적으로 기울였다. 그는 대만해협 문제로 정치적으로 어려움에 처한 적이 있다.[620] 1958년 8월에 중국은 대만해협의 금문도(金門島)에 3만여 발의 포탄을 발사했다. 이때의 포격으로 대만군 600여 명이 사망했다. 이에 아이젠하워 정부는 6척의 항공모함을 대만해협에 파견했다. 이때 미군의 강성 지휘관들은 중국에 대해 핵무기를 사용해야 한다는 주장까지 나오기도 했다.

이 시기에 보좌관이 기자 회견을 앞두고 걱정을 하자, 아이젠하워는 미소를 지으면서 걱정 말라고 했다. 기자 회견 때 아이젠하워는 대만해협 문제에 대해서 질문을 받자, 부드러운 표정으로 다음과 같이 말했다. "저는 그냥 기다려야만 한다고 생각합니다. 대통령도 가끔은 오직 기도하는 마음으로 기다리는 수밖에 없는 경우들도 있지요."[621]

◇◇◇

세계적 명장 탄생의 심리학적 비결

예상과 억제 외에도 아이젠하워는 유머를 사용하는 것을 즐겼다. 노르망디 상륙작전을 앞두고 전체 지휘관 회의를 진행하던 그는 유머러스하게 다음과 같이 말했다. "지금부터 몇 분 후면 히틀러는 정확하게 투하된 폭탄 한 방으로 이번 작전을 지휘하는 연합군의 지휘관 전체를 싹 쓸어버릴 마지막 기회를 잃어버리게 될 겁니다!"[622] 아이젠하워의 유머는 연합군사령부를 감돌던 긴장된 분위기를 한순간에 날려버릴 수 있었다.

아이젠하워의 동생 밀튼(Milton)은 펜실베니아주립대의 총장이었다. 졸업식 연사로 형을 초청했다. 야외에서 진행되는 졸업식 행사를 앞두고 있을 때 폭풍우가 몰려오는 것처럼 날씨가 급변했다. 불안해진 동생은 형에게 행사를 어떻게 해야 할지 물어보았다. 그러자 아이젠하워는 유머러스하게 이렇게 대답했다. "밀튼, 나는 1944년 D데이 이후로는 날씨 걱정은 안 해."[623] D데이는 노르망디 상륙작전일이다.

1961년 아이젠하워는 대통령직에서 물러나면서 마지막 말을 남겼다. 이 때 그는 "쉽고 편하다는 점 때문에 내일의 소중한 자원을 빼앗아 오늘만을 생각하면서 살아가려는 충동을 피해 달라."[624]고 국민들에게 당부했다. 대통령으로서 그가 마지막으로 남긴 메시지 역시 적응기제의 측면에서는 '예상'과 밀접한 관계가 있었다.

2차 세계대전 전까지 아이젠하워의 삶은 비교적 평범했다. 예를 들면, 그는 소령에서 중령으로 진급하는 데 무려 16년이나 걸렸다.[625] 하지만 1941년에 중령이었던 그는 불과 4년 만에 오성장군이 되는 영예를 안을 수 있었다.

아이젠하워가 이처럼 자신의 삶을 반전시킬 수 있었던 계기는 무척 다양하다. 그가 때마침 2차 세계대전 때 영관급 장교로 복무 중이었던 점도 그가 세계적인 명장이 되는 데 영향을 주었던 요인 중 하나로 보인다. 실제로 아이젠하워가 사관학교를 졸업했던 1915년은 "별들이 쏟아진 기수"[626]였다. 하지만 싸움꾼이자 반항적인 군인이었던 아이젠하워가 자신의 삶을 지혜롭게 반전시킬 수 있었던 비결에서 빼놓을 수 없는 요인 중 하나는 바로 그가 '예상'의 대가였다는 사실이다.

아이젠하워[627]

XVII

맺음말: 인생이라는 학교에서 배우는 삶의 기술

좋은 사람의 향기는 절대 사라지지 않는다!

지금까지 심리학을 기반으로 한 인생공부법을 소개하기 위해 적응기제를 중심으로 역사적 인물들의 다양한 삶의 여정에 대해 살펴보았다. 이 책은 독자들에게 인생의 정답을 알려주기 위해 쓰여진 것은 아니다. 왜냐하면, 행복에 이르는 길은 무척 다양할 수 있기 때문이다.

예컨대, 등산을 하는 경우를 생각해보자! 산의 정상에 이르는 길은 여러 개일 수 있다. 하지만 그렇다고 해서 사람들이 선택하는 모든 길이 정상으로 통하는 것은 아니다. 때때로 일부 등산객들은 등산로와 하산로를 혼동하기도 한다. 또 어떤 길은, 등산객을 정상이 아니라 계곡이나 둘레길로 인도하기도 한다. 그리고 정상에 이르는 등산로들 중에는 지름길도 있고 우회로도 존재할 수 있다.

행복한 삶을 위해 노력해 온 사람이라면, 아마도 자신만의 노하우를 가지고 있을 것이다. 이 책의 목적은 사람들이 저마다 가지고 있는 노하우를 이 책에서 소개하는 삶의 기술로서의 적응기제와 비교해봄으로써 스스로 행복한 삶을 살아가는 데 더 나은 길을 선택할 수 있도록 돕는 것이다. 여기서 행복한 삶을 위해 노력한다는 것은 '과거의 나'보다는 '지금의 나'가, 그리고 '지금의 나'보다는 '미래의 나'가 조금 더 행복해질 수 있는 방향으로 나아가는 것을 말한다.

◇◇◇

좋아하는 것과 사랑하는 것의 차이

좋아하는 것과 사랑하는 것은 다르다. 우리는 본능적으로 아름다운 꽃을 좋아한다. 이처럼 우리는 특별히 노력하지 않고도 꽃을 좋아할 수는 있다. 하지만 누군가가 꽃을 좋아하더라도 꽃을 사랑하는 것은 아닐 수 있다. 꽃을 좋아하는 사람은 꽃을 곁에 두기 위해 꽃을 꺾는 반면에, 꽃을 사랑하는 사람은 그 꽃에 물을 주는 법이기 때문이다.[628] 꽃을 해치거나 꽃을 위해 아무 것도 안하는 사람이 꽃을 사랑한다고 말한다면, 그때의 사랑은 위선적이거나 공허한 것이 될 수밖에 없다.

우리가 나 자신의 삶을 좋아할 때 경험할 수 있는 만족감과 자신의 삶을 사랑할 때 느낄 수 있는 기쁨은 겉보기에는 비슷해 보인다. 하지만 그 둘은 본질적으로 차이가 있다. 기본적으로 전자(前者)는 사실상 인간이 선천적으로 가지고 태어나는 것이고 후자(後者)는 러시아의 대문호 레오 톨스토이(Leo Tolstoi)가 말한 '인생이라는 학교'[629]에서 반드시 배워야만 향유(享有)할 수 있는 것이다. 이 책에서 소개한 성숙한 적응기제가 바로 그 대표적인 예에 해당된다.

아리스토텔레스(Aristoteles)에 따르면, 행복은 그 자체로 사람들이 가장 좋아하는 것이다.[630] 그렇기에 우리는 행복을 위해 노력할수록 불행보다는 행복을 훨씬 더 좋아하게 된다.[631] 하지만 세상 사람들이 모두 다 행복을 좋아하는 것은 아니다. 사람들은 행복에 대해 어떤 태도를 갖는가에 따라 네 가지 유형으로 나눌 수 있다. 행복에 무관심한 사람, 행복을 싫어하는 사람, 행복을 좋아하는 사람, 행복을 사랑하는 사람이 바로 그것이다.

행복의 문제와 관련해서 정말 놀라운 점 중 하나는 세상에는 행복에 무관심해 하거나 행복을 싫어하는 사람들이 제법 많다는 점이다. 행복에 관해 얘기할 때, 냉소적인 사람들은 "인생 뭐 있나?"라며 시큰둥해 한다. 이들은 행복에 별다른 관심을 보이지 않는다.

그런가 하면, 행복을 싫어하는 사람들도 많다. 비판적인 사람들은 인생에는 행복 말고도 중요한 것들이 많다며 행복을 멀리하려 애쓴다. 그리고 걱정 많은 사람들은 '행복강박증'에 빠지게 될까봐 오히려 행복을 두려워한다. 행복강박증은 행복에 대해 과도하게 집착하는 것을 말한다.

물론 세상에는 행복을 좋아하는 사람들도 많다. 이들은 행복에 관심을 기울이는 동시에 나름대로 행복감을 경험하기 위해 노력한다. 이처럼 행복을 좋아하는 사람들이 실천하는 대표적인 활동이 바로 '소확행(小確幸)'이다.

소확행은 일본의 소설가 무라카미 하루키(村上春樹)가 제안한 것으로서 일상생활에서 누구나 경험할 수 있는, 소소하지만 확실한 행복을 말한다. 무라카미 하루키 자신은 "냇가에 누워 푸른 하늘을 바라볼 때,"[632] "바다가 보이는 레스토랑에서 스테이크를 먹고"[633] 있을 때, "막 새로 산 정결한 면 냄새가 퐁퐁 풍기는 하얀 셔츠를 머리에서 뒤집어 쓸 때,"[634] 소확행을 경험한다고 적었다.

마지막으로, 세상에는 행복을 사랑하는 이들도 많다. 이러한 행복 애호가(愛好家)들은 행복을 '좋아하는(好)' 것에 그치지 않고, '사랑하는(愛)' 데까지 나아가는 사람들이다. 소확행과 행복을 사랑하는 사람들이 선택하는 성숙한 활동은 외견상 유사해 보일 수 있다. 마치 장미를 대하는 어린왕자의 태도가 겉보기에는 지구를 방문하기 전과 후에 차이가 없어 보이는 것처럼 말이다. 하지만 자세히 들여다보면, 그 둘 사이에는 미묘하지만 중요한 차이가 있다. 바로 그렇기에 생텍쥐페리는 『어린왕자』에서 "정말 중요한 것은 눈에 보이지 않는 거야..."[635]라는 말을 여러 차례 되뇌었던 것이다.

좋아하는 것과 사랑하는 것의 결정적인 차이는 바로 '심리적인 동화(psychological assimilation)에 있다. 심리적인 동화는 사랑하는 사람을 마음속으로 담아내는 과정을 뜻한다.[636] 심리적인 동화는 사랑하는 관계에서의 핵심요소에 해당된다.

심리적 동화는 적응기제와도 밀접한 관계가 있다. 미성숙하거나 신경증적인 기제를 사용하던 사람이 성숙한 기제를 사용하는 것으로 변화하기 위해서는 심리적 동화의 경험이 필수적이다. 성숙한 적응기제의 특징은 스트레스 상황에서 나도 행복해지고 다른 사람들도 행복해질 수 있는 형태로 행동하는 것이다. 자신이 고통 받는 상황에서 다른 사람에게 도움이 되는 행동을 선택하기 위해서는 사랑받는 경험이 필수적이다. 사랑은 적어도 한 번은 제대로 받아 본 적이 있는 사람만이 다른 사람에게도 사랑을 나눠주는 것이 가능한 법이기 때문이다.

◇◇◇

소확행 실천가와 행복 애호가의 차이

기본적으로 소확행은 행복한 삶을 사는 데 도움이 된다. 하지만 소확행이 주는 '욕구충족의 만족감'은 본능적으로 주어지는 것에 가깝다. 냇가에 누워 푸른 하늘을 바라볼 때의 '기분 좋은 느낌'을 맛보기 위해 우리는 직접 냇가를 찾아가는 품을 들여야 한다. 하지만 냇가가 주는 긍정경험 자체는 누구든지 특별히 배우지 않고도 자연스럽게 느낄 수 있는 것이다. 새 옷을 입거나 스테이크를 먹을 때 경험하는 만족감도 마찬가지다.

하지만 인생에서 수동적인 만족감이 아니라 즐거움을 주는 성숙한 문화적 활동들은 자연적으로 주어지는 것이 아니라, 배우기 위해 시간을 투자하는 등 특별히 공을 들여야만 경험할 수 있는 것이다. 성숙한 적응기제인 승화, 유머, 억제, 예상, 이타주의가 바로 그 예들이다.

문제는 흔히 사람들이 그러한 문화적 활동들에 대해 굳이 힘들게 배우지 않고도 충분히 즐길 수 있다고 착각을 하는 데 있다. 예를 들면, 미술관을 방문하는 경우 특별히 미술공부를 하지 않더라도 작품을 관람하는 것은 얼마든지 가능하다. 하지만 시간을 투자해 작품에 관한 정보를 수집하거나 작품해설을 듣지 않는 사람이 '작품의 묘(妙)'를 깨닫고 즐거움을 경험하기는 어렵다. 나아가 그러한 사람이 작품 속에 담긴 정수(精髓)를 이해하는 것은 더 더욱 어려울 수밖에 없다.

조선 정조 때 문인 유한준이 김광국의 화첩 ＜석농화원(石農畵苑)＞에 부친 발문에는 다음과 같은 유명한 구절이 나온다. "알게 되면 진정으로 사랑하게 되고, 사랑하게 되면 진정으로 보게 되며 볼 줄 알게 되면 모으게 되니, 이것은 단순히 모으기만 하는 것과는 다르다."[637] 이 글이 보여주는 것처럼, 행복한 삶을 위해서는 반드시 배워야만 진정으로 사랑할 수 있게 되는 세계에 눈을 뜨는 것이 중요하다.

만약 누군가가 소확행으로 선택했던 활동이 애호가들처럼, 좋아하는 감정이 아니라 진정한 앎을 통한 사랑 그리고 그에 따른 향유(享有)의 즐거움을 제공해 주는 것이라면, 그것을 굳이 소확행이라고 부를 필요는 없을 것이다. 왜냐하면 '사랑'과 관계된 것은 그것이 무엇이든지 간에 소소한 것으로 치부해 버릴 수는 없기 때문이다. 일찍이 시인 칼릴 지브란(Kahlil Gibran)이 일깨워 준 것처럼, 사랑의 이면에는 보이지 않는 위대함이 숨겨져 있기 마련이다.[638]

지금까지 살펴본 것처럼, 세상 사람들은 행복에 대해 다양한 태도를 갖고 있다. 특히 행복에 무관심해 하거나 행복을 싫어하는 사람들도 존재하기 때문에, 행복의 문제를 다룰 때 우리는 제일 먼저 다음과 같은 물음에서부터 출발할 필요가 있다. "혹시 불행해지기를 원하는가?"

물론 삶을 행복과 불행으로 양분할 수는 없다. 하지만 분명한 것은 세상에 진심으로 불행해지기를 원하는 사람은 없다는 점이다. 어떤 이유에서든지 한때 행복에 관심 없어 하거나 행복을 싫어하던 사람들도 단 한 번만이라도 진정한 행복을 체험하게 되면, 불행보다는 행복을 더 좋아하게 될 수밖에 없기 때문이다. 이러한 점은 마치 물이 때로는 역류할 때가 있을지라도 결국에는 위에서 아래로 흐르는 식으로 순리(順理)를 따라가기 마련인 것과 마찬가지다.

◇◇◇

좋은 것은 절대 사라지지 않는다!

그렇다면, 불행해지지 않는 최선의 방법은 무엇일까? 그것은 바로 행복을 좋아하는 동시에 사랑하는, 행복 애호가가 되는 것이다! 그리고 행복 애호가가 되는 대표적인 방법이 바로 미성숙한 적응기제나 신경증적인 적응기제를 사용하기보다는 성숙한 적응기제를 더 많이 사용하는 것이다!

만약 행복에 관심이 없거나 행복을 싫어하는 사람이라면, 사실상 이 책에서 얻어갈 만한 것이 별로 없을 것이다. 하지만 적어도 행복을 좋아하는 사람이라면, 다시 말해, 적어도 소확행의 가치를 믿는 사람이라면, 아마도 이 책은 행복을 더욱 더 좋아하고 사랑할 수 있도록 돕는 동시에 소확행의 한계에 대해서도 생각해 볼 기회를 제공해 줄 것이다.

비록 소확행이 행복한 삶에 도움이 될지라도 우리는 소확행만으로는 행복해질 수 없다. 양념이 음식의 맛을 돋우는 데 도움이 된다고 해서 양념만으로 요리를 만들 수는 없는 노릇이기 때문이다. 만약 누군가가 맛집을 찾아 여행 다니는 소확행을 실천하고 있다고 가정해 보자. 과연 그 사람이 평생 그러한 소확행만을 실천하면서 살 경우, 과연 '의미 있고 가치 있는 삶으로서의 행복'을 경험할 수 있을 것인가? 아마도 이 질문에 답하는 것이 그다지 어렵지는 않을 것이다.

나아가 만약 행복을 사랑하는 애호가라면, 이 책은 틀림없이 행복을 더욱 더 사랑할 수 있도록 도울 수 있을 것이다. 프랑스의 작가 볼테르(Voltaire)는 철학 콩트인 『캉디드(Candide)』라는 작품을 "우리는 우리의 정원을 가꿔야 한다."[639]는 멋진 말로 끝맺었다. 이런 점에서 이 책은 '행복의 정원'을 현재 가꾸고 있거나 앞으로 가꾸게 될 미래의 정원사들을 위한 것이라고 할 수 있다. 여기에서 중요한 점은 정원을 가꾸는 데는 승화, 억제, 예상, 유머, 이타주의라는 성숙한 적응기제가 제격이라는 것이다.

영국의 철학자 버틀란트 러셀(Bertrand Russell)은 자신의 마지막 에세이에서 다음과 같이 말했다. "우리들은 모두 내면에 이 세상을 보다 아름답게 만들 수 있는 예술가를 담아 두고 있다. 부디, 우리가 사는 모든 곳에서 그 예술가가 마음껏 삶의 기쁨을 전파할 수 있도록, 그를 기꺼이 해방시켜주기를!"[640]

팝가수 신디 로퍼(Cyndi Lauper)도 '트루 컬러스(True Colors)'라는 곡에 그와 유사한 메시지를 담았다. "슬픈 눈을 가진 당신, 낙담하지 말아요. 용기를 낸다는 것은 어렵죠. 사람들로 가득 찬 이 세상에서 눈앞이 캄캄해질 때도 있죠. 또 당신 안의 어둠이 당신을 움츠리게 만들 수도 있지요. 하지만 난 당신의 반짝이는 진짜 색깔을 알아요. 그게 내가 당신을 사랑하는 이유죠. 당신의 진짜 색깔을 사람들에게 내보이는 것을 두려워 말아요."

영화 『쇼생크 탈출』의 마지막 장면에서 주인공은 동료에게 다음과 같은 편지를 남긴다. "좋은 것은 절대 사라지지 않는다(No good thing ever dies)!" 저자로서 마지막으로 남기고 싶은 말은 '좋은 사람의 향기' 역시 마찬가지라는 점이다.

◇◇◇

감사의 글

전통적으로 심리학은 인문학 분야에서 소외되어 왔다. 오랫동안 인문학은 '문사철(文史哲)', 즉 문학, 역사, 철학의 무대였다. 애석하게도 인문학의 계보에 심리학은 등장하지 않는다. 심리학은 비교적 후대에 탄생한 학문이기 때문이다.

역사적으로 심리학은 19세기 후반에 탄생하였다. 흥미롭게도 심리학에는 생년(生年)이 존재한다. 바로 1879년이다. 독일의 생리학자 분트(Wilhelm M. Wundt)가 라이프치히(Leipzig) 대학에 심리학 연구실을 만든 것이 심리학의 첫 걸음이었다.[641]

심리학이 19세기에 출현했다고 해서 그 이전에는 아예 심리학적 관점조차 없었던 것은 아니다. 서양의학의 선구자인 히포크라테스(Hippocrates)가 기원전 5~4세기경에 주장했던 성격유형론이 그 좋은 예다. 이처럼 심리학으로 인정받을 만한 다양한 관점들을 고려한다면, 심리학의 역사는 '문사철'만큼이나 오랜 역사를 가지고 있다.

현재 인류 사회는 4차 산업혁명이 진행 중이다. 이러한 문명사적 전환기에 심리학은 우리가 조금 더 인간적인 사회를 건설해 나가는 데 중요한 역할을 할 수 있을 것으로 기대된다. 이 책의 집필 동기 역시 마찬가지다. 인간의 삶에서 '영원히 사라지지 않을 좋은 것'이 무엇인지를 심리학적으로 규명하는 것이다!

이 지면을 빌어 저자로서 이 책이 세상의 빛을 보는 데 도움을 주신 모든 분들께 고개 숙여 감사드린다. 본 저서는 '2014 박준구기금 인문교양저서 지원사업(과제번호: K1427531)'의 지원에 힘입어 저술된 것이다. 박준구 회장님의 인문학 진흥을 위한 남다른 노력에 감사를 표한다. 더불어 본 저서가 완성되기까지 오랜 시간을 기다려준 고려대학교 문과대학 학술위원회에도 감사의 뜻을 전하고 싶다. 그리고 이 책의 전작에 해당되는『삶에 단비가 필요하다면: 인디언 기우제 이야기』에 이어 후속작인『사람의 향기: 좋은 것은 사라지지 않는다!』의 출판을 맡아준 박영스토리의 모든 임직원께도 감사의 마음을 전하고자 한다.

XVIII

미주

◆ I. 들어가는 글: 좋은 사람의 향기

1 중앙일보 (2016년 2월 1일). 정운찬 칼럼: 인향만리, 신영복 선배를 추모하며.

2 Kierkegaard, S. (2000). *The diary of Soren Kierkegaard.* New York: Citadel Press Books. p. 111.

3 TED (2009). *The difference between winning and succeeding*: John Wooden.
https://www.youtube.com/watch?v=0MM-psvqiG8&t=44s&app=desktop

4 톨스토이 (1989). 인생독본(이상길 역). 서울: 지성문화사. p. 40.

5 인문학 및 인문정신문화의 진흥에 관한 법률(2016년 2월 3일 제정)

6 Emerson, R. W. (2006). *The complete works of Ralph Waldo Emerson: Essays.* 1st series [Vol. 2]. Ann Arbor, Michigan: University of Michigan Library. p. 10.

7 Marx, C. (1852). *The eighteenth Brumaire of Louis Bonaparte*. New York: Die Revolution. p. 9.

8 데이비드 브룩스 (2015). 인간의 품격(김희정 역). 서울: 부키. p. 16.

9 Vaillant, G. E. (2017). *Heaven on my mind: Using the Harvard Grant study of adult development to explore the value of the prospection of life after death*. New York: Nova Science Publishers.

10 Vaillant, G. E. (2017). *Heaven on my mind: Using the Harvard Grant study of adult development to explore the value of the prospection of life after death*. New York: Nova Science Publishers.

11 톨스토이 (2015). 인생에서 공부가 필요한 순간(이경아 역). 파주: 위즈덤하우스. p. 29.

12 Whites, R. (1952). *Lives in progress*. New York: Holt, Rinehart and Winston. p.4.

13 폴 투르니에 (2013). 인간이란 무엇인가(강주헌 역). 서울: 포이에마. p. 103.

14 무라카미 하루키 (2017). 기사단장 죽이기(홍은주 역). 파주: 문학동네. p. 27.

15 Vaillant, G. E. (1977). *Adaptation to life*. Cambridge, MA: Harvard University Press. pp. 75-90.

16 Vaillant, G. E. (1993). *The wisdom of the ego*. Cambridge, MA: Harvard University Press. p. 128.

17 Vaillant, G. E. (1993). *The wisdom of the ego*. Cambridge, MA: Harvard University Press. pp. 128-129.

18 신영복 (2007). 처음처럼. 서울: 랜덤하우스코리아. p. 53.

19 경향신문 (2001년 4월 10일) 서정주의 시, 아름다운 것은 슬픈 것이니라.

20 Vaillant, G. E. (2008). *Spiritual evolution: A scientific defense of faith*. New York, NY, US:

Broadway Books. p. 112.
21 Vaillant, G. E. (2008). *Spiritual evolution: A scientific defense of faith*. New York, NY, US: Broadway Books. p. 104.
22 Seligman, M. E. P. (2016). Prospection gone awry: depression. In Seligman, M. E. P., Railton, P., Baumeister, R. F., & Sripada, C. (Eds.) *Homo Prospectus*. pp. 281-304. Oxford: Oxford University Press.
23 Vaillant, G. E. (1993). *The wisdom of the ego*. Cambridge, MA: Harvard University Press. p. 100.
24 1964년 미국의 대법원에서는 외설금지법에 관한 세기의 재판이 열렸다. 이때 대법관 포터 스튜워트(Potter Stewart)는 "보면 안다"는 명언을 남겼다.
Oyez Project, U.S. Supreme Court media on Potter Stewart.
https://www.oyez.org/justices/potter_stewart

◆ II. 현대의 요정(妖精): 오드리 헵번의 투사

25 Walker, A. (1994). *Audrey: Her real story*. London: Weidenfeld & Nicholson. p. 280.
26 연합뉴스 (2017년 9월 2일). 오드리 헵번 아들 "인간애와 열정이 어머니의 우아함 만들어"
27 연합뉴스 (2017년 9월 2일). 오드리 헵번 아들 "인간애와 열정이 어머니의 우아함 만들어"
28 Walker, A. (1994). *Audrey: Her real story*. London: Weidenfeld & Nicholson. p. 4.
29 Walker, A. (1994). *Audrey: Her real story*. London: Weidenfeld & Nicholson. p. 10.
30 Walker, A. (1994). *Audrey: Her real story*. London: Weidenfeld & Nicholson. p. 13.
31 Walker, A. (1994). *Audrey: Her real story*. London: Weidenfeld & Nicholson. p. 18.
32 Walker, A. (1994). *Audrey: Her real story*. London: Weidenfeld & Nicholson. p. 4.
33 Walker, A. (1994). *Audrey: Her real story*. London: Weidenfeld & Nicholson. p. 4.
34 Walker, A. (1994). *Audrey: Her real story*. London: Weidenfeld & Nicholson. p. 5.
35 Walker, A. (1994). *Audrey: Her real story*. London: Weidenfeld & Nicholson. p. 5.
36 Walker, A. (1994). *Audrey: Her real story*. London: Weidenfeld & Nicholson. p. 8.
37 Walker, A. (1994). *Audrey: Her real story*. London: Weidenfeld & Nicholson. p. 10.
38 Walker, A. (1994). *Audrey: Her real story*. London: Weidenfeld & Nicholson. p. 10.
39 Walker, A. (1994). *Audrey: Her real story*. London: Weidenfeld & Nicholson. p. 14.
40 Walker, A. (1994). *Audrey: Her real story*. London: Weidenfeld & Nicholson. p. 14.
41 Walker, A. (1994). *Audrey: Her real story*. London: Weidenfeld & Nicholson. p. 16.
42 Walker, A. (1994). *Audrey: Her real story*. London: Weidenfeld & Nicholson. p. 27.
43 Walker, A. (1994). *Audrey: Her real story*. London: Weidenfeld & Nicholson. pp. 31-32.
44 Walker, A. (1994). *Audrey: Her real story*. London: Weidenfeld & Nicholson. p. 64.
45 Walker, A. (1994). *Audrey: Her real story*. London: Weidenfeld & Nicholson. p. 67.
46 Walker, A. (1994). *Audrey: Her real story*. London: Weidenfeld & Nicholson. p. 50.
47 Walker, A. (1994). *Audrey: Her real story*. London: Weidenfeld & Nicholson. p. 75.
48 Walker, A. (1994). *Audrey: Her real story*. London: Weidenfeld & Nicholson. p. 90.

49 Walker, A. (1994). *Audrey: Her real story*. London: Weidenfeld & Nicholson. p. 98.
50 Walker, A. (1994). *Audrey: Her real story*. London: Weidenfeld & Nicholson. p. 249.
51 Walker, A. (1994). *Audrey: Her real story*. London: Weidenfeld & Nicholson. p. 252.
52 Vaillant, G. E. (2012). *Triumphs of experience: The men of the Harvard Grant Study*. Cambridge, MA: Belknap Press of Harvard University Press. p. 196
53 Walker, A. (1994). Audrey: *Her real story*. London: Weidenfeld & Nicholson. pp. 263-264.
54 Walker, A. (1994). Audrey: *Her real story*. London: Weidenfeld & Nicholson. p. 265.
55 Walker, A. (1994). Audrey: *Her real story*. London: Weidenfeld & Nicholson. p. 1.
56 Vaillant, G. E. (1993). *The wisdom of the ego*. Cambridge, MA: Harvard University Press. p. 68.
57 Walker, A. (1994). Audrey: *Her real story*. London: Weidenfeld & Nicholson. p. 280.
58 Walker, A. (1994). Audrey: *Her real story*. London: Weidenfeld & Nicholson. p. 280.
59 Walker, A. (1994). Audrey: *Her real story*. London: Weidenfeld & Nicholson. p. 286.
60 **https://en.wikipedia.org/wiki/Audrey_Hepburn**

◆ III. 어느 사회개혁가의 재미있는 인생: 버나드 쇼의 공상

61 Shaw, G. B. (1921). *Back to Methuselah*, Pt. V. As far as thought can reach: A.D. 31,920/§v. The She-Ancient.
62 Pearson, H. (2014). *Bernard Shaw: His life and personality*. Cornwall: House of Stratus. p. 1.
63 Pearson, H. (2014). *Bernard Shaw: His life and personality*. Cornwall: House of Stratus. p. 3.
64 Pearson, H. (2014). *Bernard Shaw: His life and personality*. Cornwall: House of Stratus. p. 3.
65 Pearson, H. (2014). *Bernard Shaw: His life and personality*. Cornwall: House of Stratus. p. 31.
66 Pearson, H. (2014). *Bernard Shaw: His life and personality*. Cornwall: House of Stratus. p. 14.
67 Pearson, H. (2014). *Bernard Shaw: His life and personality*. Cornwall: House of Stratus. p. 4.
68 Pearson, H. (2014). *Bernard Shaw: His life and personality*. Cornwall: House of Stratus. p. 22.
69 Pearson, H. (2014). *Bernard Shaw: His life and personality*. Cornwall: House of Stratus. p. 22.
70 Pearson, H. (2014). *Bernard Shaw: His life and personality*. Cornwall: House of Stratus. p. 11.
71 Pearson, H. (2014). *Bernard Shaw: His life and personality*. Cornwall: House of Stratus. pp. 14-15.
72 Pearson, H. (2014). *Bernard Shaw: His life and personality*. Cornwall: House of Stratus. p. 35.
73 Pearson, H. (2014). *Bernard Shaw: His life and personality*. Cornwall: House of Stratus. p. 38.
74 Pearson, H. (2014). *Bernard Shaw: His life and personality*. Cornwall: House of Stratus. p. 38.
75 Pearson, H. (2014). *Bernard Shaw: His life and personality*. Cornwall: House of Stratus. p. 42.
76 Pearson, H. (2014). *Bernard Shaw: His life and personality*. Cornwall: House of Stratus. p. 45.
77 Pearson, H. (2014). *Bernard Shaw: His life and personality*. Cornwall: House of Stratus. p. 42.
78 Pearson, H. (2014). *Bernard Shaw: His life and personality*. Cornwall: House of Stratus. p. 40.
79 Pearson, H. (2014). *Bernard Shaw: His life and personality*. Cornwall: House of Stratus. p. 37.
80 Pearson, H. (2014). *Bernard Shaw: His life and personality*. Cornwall: House of Stratus. p. 40.
81 Pearson, H. (2014). *Bernard Shaw: His life and personality*. Cornwall: House of Stratus. p. 37.
82 Pearson, H. (2014). *Bernard Shaw: His life and personality*. Cornwall: House of Stratus. p. 42.

83 Pearson, H. (2014). *Bernard Shaw: His life and personality*. Cornwall: House of Stratus. p. 42.
84 Pearson, H. (2014). *Bernard Shaw: His life and personality*. Cornwall: House of Stratus. p. 47.
85 Pearson, H. (2014). *Bernard Shaw: His life and personality*. Cornwall: House of Stratus. p. 48.
86 Pearson, H. (2014). *Bernard Shaw: His life and personality*. Cornwall: House of Stratus. p. 53.
87 Pearson, H. (2014). *Bernard Shaw: His life and personality*. Cornwall: House of Stratus. p. 62.
88 Pearson, H. (2014). *Bernard Shaw: His life and personality*. Cornwall: House of Stratus. p. 155.
89 Pearson, H. (2014). *Bernard Shaw: His life and personality*. Cornwall: House of Stratus. p. 52.
90 Pearson, H. (2014). *Bernard Shaw: His life and personality*. Cornwall: House of Stratus. p. 62.
91 Pearson, H. (2014). *Bernard Shaw: His life and personality*. Cornwall: House of Stratus. p. 88.
92 Pearson, H. (2014). *Bernard Shaw: His life and personality*. Cornwall: House of Stratus. p. 90.
93 Pearson, H. (2014). *Bernard Shaw: His life and personality*. Cornwall: House of Stratus. p. 29.
94 Pearson, H. (2014). *Bernard Shaw: His life and personality*. Cornwall: House of Stratus. p. 51.
95 Pearson, H. (2014). *Bernard Shaw: His life and personality*. Cornwall: House of Stratus. p. 49.
96 Pearson, H. (2014). *Bernard Shaw: His life and personality*. Cornwall: House of Stratus. p. 50.
97 Pearson, H. (2014). *Bernard Shaw: His life and personality*. Cornwall: House of Stratus. p. 64.
98 Pearson, H. (2014). *Bernard Shaw: His life and personality*. Cornwall: House of Stratus. p. 66.
99 Pearson, H. (2014). *Bernard Shaw: His life and personality*. Cornwall: House of Stratus. p. 65.
100 Pearson, H. (2014). *Bernard Shaw: His life and personality*. Cornwall: House of Stratus. p. 65.
101 Pearson, H. (2014). *Bernard Shaw: His life and personality*. Cornwall: House of Stratus. p. 69.
102 Pearson, H. (2014). *Bernard Shaw: His life and personality*. Cornwall: House of Stratus. p. 69.
103 Pearson, H. (2014). *Bernard Shaw: His life and personality*. Cornwall: House of Stratus. p. 67.
104 Pearson, H. (2014). *Bernard Shaw: His life and personality*. Cornwall: House of Stratus. p. 69.
105 Pearson, H. (2014). *Bernard Shaw: His life and personality*. Cornwall: House of Stratus. p. 92.
106 Pearson, H. (2014). *Bernard Shaw: His life and personality*. Cornwall: House of Stratus. p. 92.
107 Pearson, H. (2014). *Bernard Shaw: His life and personality*. Cornwall: House of Stratus. p. 92.
108 Pearson, H. (2014). *Bernard Shaw: His life and personality*. Cornwall: House of Stratus. p. 181.
109 Pearson, H. (2014). *Bernard Shaw: His life and personality*. Cornwall: House of Stratus. p. 44.
110 Pearson, H. (2014). *Bernard Shaw: His life and personality*. Cornwall: House of Stratus. p. 62.
111 Pearson, H. (2014). *Bernard Shaw: His life and personality*. Cornwall: House of Stratus. p. 51.
112 Pearson, H. (2014). *Bernard Shaw: His life and personality*. Cornwall: House of Stratus. p. 66.
113 Pearson, H. (2014). *Bernard Shaw: His life and personality*. Cornwall: House of Stratus. p. 67.
114 Pearson, H. (2014). *Bernard Shaw: His life and personality*. Cornwall: House of Stratus. p. 67.
115 Pearson, H. (2014). *Bernard Shaw: His life and personality*. Cornwall: House of Stratus. p. 184.
116 *The Project Gutenberg EBook of Pygmalion,* by George Bernard Shaw.
www.gutenberg.net
117 Shaw, G. B. (1921). *Back to Methuselah,* Pt. V. As far as thought can reach: A.D. 31,920/§v. The She-Ancient.
118 **https://en.wikipedia.org/wiki/George_Bernard_Shaw**

◆ Ⅳ. 마음속 독풍(毒風) 다스리기: 추사 김정희의 신체화

119 유홍준 (2006). 김정희: 알기쉽게 간추린 완당평전. 서울: 학고재. p. 424.
120 유홍준 (2006). 김정희: 알기쉽게 간추린 완당평전. 서울: 학고재. p. 59.
121 유홍준 (2006). 김정희: 알기쉽게 간추린 완당평전. 서울: 학고재. p. 14.
122 유홍준 (2006). 김정희: 알기쉽게 간추린 완당평전. 서울: 학고재. p. 15.
123 유홍준 (2006). 김정희: 알기쉽게 간추린 완당평전. 서울: 학고재. p. 430.
124 유홍준 (2006). 김정희: 알기쉽게 간추린 완당평전. 서울: 학고재. p. 271.
125 유홍준 (2006). 김정희: 알기쉽게 간추린 완당평전. 서울: 학고재. p. 272.
126 유홍준 (2006). 김정희: 알기쉽게 간추린 완당평전. 서울: 학고재. p. 341.
127 유홍준 (2006). 김정희: 알기쉽게 간추린 완당평전. 서울: 학고재. p. 341.
128 유홍준 (2006). 김정희: 알기쉽게 간추린 완당평전. 서울: 학고재. p. 414.
129 유홍준 (2006). 김정희: 알기쉽게 간추린 완당평전. 서울: 학고재. p. 415.
130 유홍준 (2006). 김정희: 알기쉽게 간추린 완당평전. 서울: 학고재. p. 192.
131 유홍준 (2006). 김정희: 알기쉽게 간추린 완당평전. 서울: 학고재. p. 193.
132 유홍준 (2006). 김정희: 알기쉽게 간추린 완당평전. 서울: 학고재. p. 194.
133 유홍준 (2006). 김정희: 알기쉽게 간추린 완당평전. 서울: 학고재. p. 94.
134 유홍준 (2006). 김정희: 알기쉽게 간추린 완당평전. 서울: 학고재. p. 195.
135 박철상 (2010). 세한도: 천년의 믿음, 그림으로 태어나다. 서울: 문학동네. p. 66.
136 박철상 (2010). 세한도: 천년의 믿음, 그림으로 태어나다. 서울: 문학동네. p. 66.
137 유홍준 (2006). 김정희: 알기쉽게 간추린 완당평전. 서울: 학고재. p. 189.
138 박철상 (2010). 세한도: 천년의 믿음, 그림으로 태어나다. 서울: 문학동네. p. 73.
139 유홍준 (2006). 김정희: 알기쉽게 간추린 완당평전. 서울: 학고재. p. 195.
140 유홍준 (2006). 김정희: 알기쉽게 간추린 완당평전. 서울: 학고재. p. 383.
141 매일경제 (2013년 10월 4일). 21세기 人文學 리포트: 추사의 모진 유배생활…毒風 어찌 다스렸나.
142 유홍준 (2006). 김정희: 알기쉽게 간추린 완당평전. 서울: 학고재. p. 207.
143 유홍준 (2006). 김정희: 알기쉽게 간추린 완당평전. 서울: 학고재. p. 207.
144 유홍준 (2006). 김정희: 알기쉽게 간추린 완당평전. 서울: 학고재. p. 207.
145 Vaillant, G. E. (1993). *The wisdom of the ego*. Cambridge, MA: Harvard University Press. pp. 48-50.
146 매일경제 (2013년 10월 4일). 21세기 人文學 리포트: 추사의 모진 유배생활…毒風 어찌 다스렸나.
147 논어(論語), 자한(子罕).
148 매일경제 (2013년 10월 4일). 21세기 人文學 리포트: 추사의 모진 유배생활…毒風 어찌 다스렸나.
149 **https://ko.wikipedia.org/wiki/%EA%B9%80%EC%A0%95%ED%9D%AC%ED%95%84_%EC%84%B8%ED%95%9C%EB%8F%84**
150 박철상 (2010). 세한도: 천년의 믿음, 그림으로 태어나다. 서울: 문학동네. p. 183.

151 매일경제 (2013년 10월 4일). 21세기 人文學 리포트: 추사의 모진 유배생활…毒風 어찌 다스렸나.
152 유홍준 (2006). 김정희: 알기쉽게 간추린 완당평전. 서울: 학고재. p. 417.

◆ V. 세상에서 가장 좋은 사람이 된 말썽꾸러기: 혼다의 행동화

153 매일경제 (2012년 4월 27일, 5월 18일). 세계 최고 모터사이클을 만든 혼다 소이치로. (上), (下)
154 매일경제 (2012년 4월 27일, 5월 18일). 세계 최고 모터사이클을 만든 혼다 소이치로. (上), (下)
155 매일경제 (2018년 6월 5일). 혼다코리아 '2018 슈퍼 커브' 출시.
156 혼다 소이치로 (2006). 혼다, 꿈의 이력서: 좋아하는 일에 미쳐라(이수진 역). 서울: 부표. p. 7.
157 뉴스 투데이 (2018년 10월 17일). 지금 일본에선: 도요타를 제치고 가장 일하기 좋은 자동차회사 1위 오른 혼다.
158 혼다 소이치로 (2006). 혼다, 꿈의 이력서: 좋아하는 일에 미쳐라(이수진 역). 서울: 부표. p. 196.
159 혼다 소이치로 (2006). 혼다, 꿈의 이력서: 좋아하는 일에 미쳐라(이수진 역). 서울: 부표. p. 196.
160 혼다 소이치로 (2006). 혼다, 꿈의 이력서: 좋아하는 일에 미쳐라(이수진 역). 서울: 부표. p. 95.
161 혼다 소이치로 (2006). 혼다, 꿈의 이력서: 좋아하는 일에 미쳐라(이수진 역). 서울: 부표. p. 210.
162 혼다 소이치로 (2006). 혼다, 꿈의 이력서: 좋아하는 일에 미쳐라(이수진 역). 서울: 부표. p. 5.
163 혼다 소이치로 (2006). 혼다, 꿈의 이력서: 좋아하는 일에 미쳐라(이수진 역). 서울: 부표. p. 18.
164 혼다 소이치로 (2006). 혼다, 꿈의 이력서: 좋아하는 일에 미쳐라(이수진 역). 서울: 부표. p. 22.
165 혼다 소이치로 (2006). 혼다, 꿈의 이력서: 좋아하는 일에 미쳐라(이수진 역). 서울: 부표. p. 22.
166 혼다 소이치로 (2006). 혼다, 꿈의 이력서: 좋아하는 일에 미쳐라(이수진 역). 서울: 부표. p. 38.
167 혼다 소이치로 (2006). 혼다, 꿈의 이력서: 좋아하는 일에 미쳐라(이수진 역). 서울: 부표. p. 41.
168 혼다 소이치로 (2006). 혼다, 꿈의 이력서: 좋아하는 일에 미쳐라(이수진 역). 서울: 부표. p. 20.
169 혼다 소이치로 (2006). 혼다, 꿈의 이력서: 좋아하는 일에 미쳐라(이수진 역). 서울: 부표. pp. 42-43.
170 매일경제 (2012년 4월 27일, 5월 18일). 세계 최고 모터사이클을 만든 혼다 소이치로. (上), (下)
171 매일경제 (2012년 4월 27일, 5월 18일). 세계 최고 모터사이클을 만든 혼다 소이치로. (上), (下)
172 혼다 소이치로 (2006). 혼다, 꿈의 이력서: 좋아하는 일에 미쳐라(이수진 역). 서울: 부표. p. 161.
173 매일경제 (2012년 4월 27일, 5월 18일). 세계 최고 모터사이클을 만든 혼다 소이치로. (上), (下)
174 **https://en.wikipedia.org/wiki/Soichiro_Honda**

◆ VI. 과학계의 잔 다르크: 마리 퀴리의 수동공격성

175 Goldsmith, B. (2005). *Obsessive genius: The inner world of Marie Curie*. London: Weidenfeld & Nicolson. p. 96.
176 Goldsmith, B. (2005). *Obsessive genius: The inner world of Marie Curie*. London: Weidenfeld & Nicolson. p. 88.
177 Goldsmith, B. (2005). *Obsessive genius: The inner world of Marie Curie*. London: Weidenfeld & Nicolson. p. 45.

178 Goldsmith, B. (2005). *Obsessive genius: The inner world of Marie Curie.* London: Weidenfeld & Nicolson. ch. 1.
179 Goldsmith, B. (2005). *Obsessive genius: The inner world of Marie Curie.* London: Weidenfeld & Nicolson. p. 25.
180 Goldsmith, B. (2005). *Obsessive genius: The inner world of Marie Curie.* London: Weidenfeld & Nicolson. p. 29.
181 Goldsmith, B. (2005). *Obsessive genius: The inner world of Marie Curie.* London: Weidenfeld & Nicolson. p. 29.
182 Goldsmith, B. (2005). *Obsessive genius: The inner world of Marie Curie.* London: Weidenfeld & Nicolson. p. 30.
183 Curie, Eve (1937). *Madame Curie: A Biography.* New York: Garden City Publishing Co. p. 42.
184 Curie, Eve (1937). *Madame Curie: A Biography.* New York: Garden City Publishing Co. pp. 73-74.
185 Curie, Eve (1937). *Madame Curie: A Biography.* New York: Garden City Publishing Co. p. 77.
186 Goldsmith, B. (2005). *Obsessive genius: The inner world of Marie Curie.* London: Weidenfeld & Nicolson. p. 43.
187 Curie, Eve (1937). *Madame Curie: A Biography.* New York: Garden City Publishing Co. p. 75.
188 Curie, Eve (1937). *Madame Curie: A Biography.* New York: Garden City Publishing Co. p. 80.
189 Curie, Eve (1937). *Madame Curie: A Biography.* New York: Garden City Publishing Co. p. 78.
190 Curie, Eve (1937). *Madame Curie: A Biography.* New York: Garden City Publishing Co. p. 84.
191 Goldsmith, B. (2005). *Obsessive genius: The inner world of Marie Curie.* London: Weidenfeld & Nicolson. p. 146.
192 Goldsmith, B. (2005). *Obsessive genius: The inner world of Marie Curie.* London: Weidenfeld & Nicolson. p. 148.
193 Goldsmith, B. (2005). *Obsessive genius: The inner world of Marie Curie.* London: Weidenfeld & Nicolson. p. 148.
194 Goldsmith, B. (2005). *Obsessive genius: The inner world of Marie Curie.* London: Weidenfeld & Nicolson. p. 148.
195 Curie, Eve (1937). *Madame Curie: A Biography.* New York: Garden City Publishing Co. p. 272.
196 Goldsmith, B. (2005). *Obsessive genius: The inner world of Marie Curie.* London: Weidenfeld & Nicolson. p. 149.
197 Curie, Eve (1937). *Madame Curie: A Biography.* New York: Garden City Publishing Co. p. 272.
198 Goldsmith, B. (2005). *Obsessive genius: The inner world of Marie Curie.* London: Weidenfeld & Nicolson. p. 146.
199 Goldsmith, B. (2005). *Obsessive genius: The inner world of Marie Curie.* London: Weidenfeld & Nicolson. p. 54.
200 Goldsmith, B. (2005). *Obsessive genius: The inner world of Marie Curie.* London: Weidenfeld & Nicolson. p. 56.
201 Curie, Eve (1937). *Madame Curie: A Biography.* New York: Garden City Publishing Co. p. 163.
202 Curie, Eve (1937). *Madame Curie: A Biography.* New York: Garden City Publishing Co. pp. 150-151.
203 Curie, Eve (1937). *Madame Curie: A Biography.* New York: Garden City Publishing Co. pp. 150-151.

204 Goldsmith, B. (2005). *Obsessive genius: The inner world of Marie Curie*. London: Weidenfeld & Nicolson. p. 96.
205 Goldsmith, B. (2005). *Obsessive genius: The inner world of Marie Curie*. London: Weidenfeld & Nicolson. pp. 93-94.
206 Curie, Eve (1937). *Madame Curie: A Biography*. New York: Garden City Publishing Co. p. 161.
207 Goldsmith, B. (2005). *Obsessive genius: The inner world of Marie Curie*. London: Weidenfeld & Nicolson. p. 118.
208 Curie, Eve (1937). *Madame Curie: A Biography*. New York: Garden City Publishing Co. p. 204.
209 Curie, Eve (1937). *Madame Curie: A Biography*. New York: Garden City Publishing Co. p. 252.
210 Curie, Eve (1937). *Madame Curie: A Biography*. New York: Garden City Publishing Co. p. 252.
211 Goldsmith, B. (2005). *Obsessive genius: The inner world of Marie Curie*. London: Weidenfeld & Nicolson. pp. 165-176.
212 Goldsmith, B. (2005). *Obsessive genius: The inner world of Marie Curie*. London: Weidenfeld & Nicolson. p. 169.
213 Goldsmith, B. (2005). *Obsessive genius: The inner world of Marie Curie*. London: Weidenfeld & Nicolson. pp. 167-168.
214 Goldsmith, B. (2005). *Obsessive genius: The inner world of Marie Curie*. London: Weidenfeld & Nicolson. p. 173.
215 Goldsmith, B. (2005). *Obsessive genius: The inner world of Marie Curie*. London: Weidenfeld & Nicolson. pp. 178-179.
216 Goldsmith, B. (2005). *Obsessive genius: The inner world of Marie Curie*. London: Weidenfeld & Nicolson. p. 179.
217 Goldsmith, B. (2005). *Obsessive genius: The inner world of Marie Curie*. London: Weidenfeld & Nicolson. p. 179.
218 Goldsmith, B. (2005). *Obsessive genius: The inner world of Marie Curie*. London: Weidenfeld & Nicolson. p. 186.
219 Goldsmith, B. (2005). *Obsessive genius: The inner world of Marie Curie*. London: Weidenfeld & Nicolson. p. 190.
220 Goldsmith, B. (2005). *Obsessive genius: The inner world of Marie Curie*. London: Weidenfeld & Nicolson. p. 134.
221 Goldsmith, B. (2005). *Obsessive genius: The inner world of Marie Curie*. London: Weidenfeld & Nicolson. p. 214.
222 Goldsmith, B. (2005). *Obsessive genius: The inner world of Marie Curie*. London: Weidenfeld & Nicolson. p. 15.
223 Goldsmith, B. (2005). *Obsessive genius: The inner world of Marie Curie*. London: Weidenfeld & Nicolson. p. 14.
224 Goldsmith, B. (2005). *Obsessive genius: The inner world of Marie Curie*. London: Weidenfeld & Nicolson. p. 17.
225 **https://en.wikipedia.org/wiki/Marie_Curie**

◆ VII. 천재 코미디언의 어두운 코미디 같은 삶: 로빈 윌리엄스의 해리

226 The Sun (2014. 8. 12). 'Genie, you're free': Stars' tributes pour in for Robin Williams (by Ellie Ross). **https://www.thesun.co.uk/archives/news/1030758/genie-youre-free-stars-tributes-pour-in-for-robin-williams/**

227 The Huffington Post (December 6, 2017). *5 facts you didn't know about Robin Williams.*

228 Biographics (November 21, 2017). *Robin Williams biography: His life was a dark comedy.*

229 연합뉴스 (2014년 8월 15일). 로빈 윌리엄스, 꼬마 병정 좋아하던 진지한 소년.

230 연합뉴스 (2014년 8월 15일). 로빈 윌리엄스, 꼬마 병정 좋아하던 진지한 소년.

231 연합뉴스 (2014년 8월 15일). 로빈 윌리엄스, 꼬마 병정 좋아하던 진지한 소년.

232 연합뉴스 (2014년 8월 15일). 로빈 윌리엄스, 꼬마 병정 좋아하던 진지한 소년.

233 Biographics (November 21, 2017). *Robin Williams biography: His life was a dark comedy.*

234 Biographics (November 21, 2017). *Robin Williams biography: His life was a dark comedy.*

235 Biographics (November 21, 2017). *Robin Williams biography: His life was a dark comedy.*

236 Biographics (November 21, 2017). *Robin Williams biography: His life was a dark comedy.*

237 The Huffington Post (December 6, 2017). *5 facts you didn't know about Robin Williams.*

238 The Huffington Post (December 6, 2017). *5 facts you didn't know about Robin Williams.*

239 Reeve, C. (2004). *Nothing is impossibl.* New York: Random House.

240 Reeve, C. (2004). *Nothing is impossibl.* New York: Random House.

241 Reeve, C. (2004). *Nothing is impossibl.* New York: Random House.

242 Reeve, C. (2004). *Nothing is impossibl.* New York: Random House.

243 Reeve, C. (2004). *Nothing is impossibl.* New York: Random House.

244 Reeve, C. (2004). *Nothing is impossibl.* New York: Random House.

245 Reeve, C. (2004). *Nothing is impossibl.* New York: Random House.

246 Vaillant, G. E. (1993). *The wisdom of the ego.* Cambridge, MA: Harvard University Press. p. 56.

247 Reeve, C. (2004). *Nothing is impossibl.* New York: Random House.

248 일요신문 (2016년 6월 2일). 빅스타 엑스파일: 유모와 재혼 후 전성기 누렸던 '로빈 윌리엄스' 그녀와 함께할 때마다 인생작 탄생.

249 ABC News (August 13, 2014). Robin Williams told friend "'Cycling saved my life' post-cocaine days".

250 MBC (2014년 8월 17일). 신비한 TV 서프라이즈. 626회

251 Reeve, C. (2004). *Nothing is impossibl.* New York: Random House.

252 CNN (August 13, 2014). Robin Williams: The man beyond the screen.

253 Biographics (November 21, 2017). *Robin Williams biography: His life was a dark comedy.*

254 Microsoft ICE (2015년 7월 21일). 배우 로빈 윌리엄스를 기리며, 친구들이 기억하는 로빈 윌리엄스.

255 Reeve, C. (2004). *Nothing is impossibl.* New York: Random House.

256 Reeve, C. (2004). *Nothing is impossibl.* New York: Random House.

257 Reeve, C. (2004). *Nothing is impossibl.* New York: Random House.

258 News.com.au (August 13, 2014). *The truth about the incredible friendship of Robin Williams and Christopher Reeve.*

259 MBC (2014년 8월 17일). 신비한 TV 서프라이즈. 626회.

260 Today.com (August 13, 2014). *Christopher Reeve's family remembers 'Dad's dearest friend' Robin Williams.*

261 Biographics (November 21, 2017). *Robin Williams biography: His life was a dark comedy.*

262 Biographics (November 21, 2017). *Robin Williams biography: His life was a dark comedy.*

263 The White House (August 11, 2014). Statement by the president on the passing of Robin Williams.

264 The Sun (2014. 8. 12). 'Genie, you're free': Stars' tributes pour in for Robin Williams (by Ellie Ross). **https://www.thesun.co.uk/archives/news/1030758/genie-youre-free-stars-tributes-pour-in-for-robin-williams/**

265 **https://en.wikipedia.org/wiki/Robin_Williams**

◆ VIII. 어린왕자의 슬픈 사랑: 생텍쥐페리의 반동형성

266 Prochnow, H. (1955). *Speaker's handbook of epigrams and witticisms*. New York: Harper & Brothers. p. 190.

267 Vaillant, G. E. (1993). *The wisdom of the ego*. Cambridge, MA: Harvard University Press. pp. 344-353.

268 Saint-Exupéry, C. (2000). *The tale of the rose: The love story behind the little prince*(trans. Allen, E.). New York: Random House. p. 24.

269 알랭 비르콩들레 (2006). 생텍쥐페리의 전설적인 사랑(이희정 역). 서울: 이미지. p. 28.

270 콩쉬엘로 드 생텍쥐페리 (2000). 장미의 기억(김선겸 역). 서울: 창해. p. 18.

271 Saint-Exupéry, C. (2000). *The tale of the rose: The love story behind the little prince*(trans. Allen, E.). New York: Random House. p. 158.

272 알랭 비르콩들레 (2006). 생텍쥐페리의 전설적인 사랑(이희정 역). 서울: 이미지. p. 39.

273 알랭 비르콩들레 (2006). 생텍쥐페리의 전설적인 사랑(이희정 역). 서울: 이미지. p. 48.

274 Saint-Exupéry, C. (2000). *The tale of the rose: The love story behind the little prince*(trans. Allen, E.). New York: Random House. p. 67.

275 Saint-Exupéry, C. (2000). *The tale of the rose: The love story behind the little prince*(trans. Allen, E.). New York: Random House. pp. 66-67.

276 알랭 비르콩들레 (2006). 생텍쥐페리의 전설적인 사랑(이희정 역). 서울: 이미지. p. 40.

277 Saint-Exupéry, C. (2000). *The tale of the rose: The love story behind The little prince*(trans. Allen, E.). New York: Random House. p. 303.

278 Saint-Exupéry, A. (2010). *The little prince*(Trans. Howard, R.). Orlando: Mariner Books. p. 19.

279 Saint-Exupéry, A. (2010). *The little prince*(Trans. Howard, R.). Orlando: Mariner Books. p. 20.

280 Saint-Exupéry, A. (2010). *The little prince*(Trans. Howard, R.). Orlando: Mariner Books. p. 23.

281 Saint-Exupéry, A. (2010). *The little prince*(Trans. Howard, R.). Orlando: Mariner Books. p. 24.

282 Saint-Exupéry, A. (2010). *The little prince*(Trans. Howard, R.). Orlando: Mariner Books. p. 24.
283 Saint-Exupéry, A. (2010). *The little prince*(Trans. Howard, R.). Orlando: Mariner Books. p. 54.
284 Saint-Exupéry, C. (2000). *The tale of the rose: The love story behind The little prince*(trans. Allen, E.). New York: Random House. p. 129.
285 알랭 비르콩들레 (2006). 생텍쥐페리의 전설적인 사랑(이희정 역). 서울: 이미지. p. 70.
286 콩쉬엘로 드 생텍쥐페리 (2000). 장미의 기억(김선겸 역). 서울: 창해. p. 18.
287 알랭 비르콩들레 (2006). 생텍쥐페리의 전설적인 사랑(이희정 역). 서울: 이미지. p. 102.
288 알랭 비르콩들레 (2006). 생텍쥐페리의 전설적인 사랑(이희정 역). 서울: 이미지. p. 66.
289 알랭 비르콩들레 (2006). 생텍쥐페리의 전설적인 사랑(이희정 역). 서울: 이미지. pp. 102-104.
290 Saint-Exupéry, C. (2000). *The tale of the rose: The love story behind The little prince*(trans. Allen, E.). New York: Random House. p. 147.
291 Saint-Exupéry, C. (2000). *The tale of the rose: The love story behind The little prince*(trans. Allen, E.). New York: Random House. p. 222.
292 Saint-Exupéry, C. (2000). *The tale of the rose: The love story behind The little prince*(trans. Allen, E.). New York: Random House. p. 286.
293 Saint-Exupéry, C. (2000). *The tale of the rose: The love story behind The little prince*(trans. Allen, E.). New York: Random House. pp. 211-212.
294 알랭 비르콩들레 (2006). 생텍쥐페리의 전설적인 사랑(이희정 역). 서울: 이미지. p. 182.
295 알랭 비르콩들레 (2006). 생텍쥐페리의 전설적인 사랑(이희정 역). 서울: 이미지. p. 66.
296 콩쉬엘로 드 생텍쥐페리 (2000). 장미의 기억(김선겸 역). 서울: 창해. p. 337.
297 알랭 비르콩들레 (2006). 생텍쥐페리의 전설적인 사랑(이희정 역). 서울: 이미지. p. 122.
298 알랭 비르콩들레 (2006). 생텍쥐페리의 전설적인 사랑(이희정 역). 서울: 이미지. p. 14.
299 Saint-Exupéry, C. (2000). *The tale of the rose: The love story behind The little prince*(trans. Allen, E.). New York: Random House. pp. 39-40.
300 알랭 비르콩들레 (2006). 생텍쥐페리의 전설적인 사랑(이희정 역). 서울: 이미지. p. 122.
301 알랭 비르콩들레 (2006). 생텍쥐페리의 전설적인 사랑(이희정 역). 서울: 이미지. p. 138.
302 알랭 비르콩들레 (2006). 생텍쥐페리의 전설적인 사랑(이희정 역). 서울: 이미지. p. 172.
303 Saint-Exupéry, A. (2010). *The little prince*(Trans. Howard, R.). Orlando: Mariner Books. p. 24.
304 Saint-Exupéry, C. (2000). *The tale of the rose: The love story behind The little prince*(trans. Allen, E.). New York: Random House. p. 303.
305 Saint-Exupéry, A. (2010). *The little prince*(Trans. Howard, R.). Orlando: Mariner Books. p. 63.
306 알랭 비르콩들레 (2006). 생텍쥐페리의 전설적인 사랑(이희정 역). 서울: 이미지. p. 182.
307 알랭 비르콩들레 (2006). 생텍쥐페리의 전설적인 사랑(이희정 역). 서울: 이미지. p. 174.
308 Saint-Exupéry, C. (2000). *The tale of the rose: The love story behind The little prince*(trans. Allen, E.). New York: Random House. p. 77.
309 매일경제 (2014년 11월 27일). 21세기 人文學 리포트: 평범한 그녀가 특별한 이유, "나의 그녀니까"
310 **https://en.wikipedia.org/wiki/Antoine_de_Saint-Exup%C3%A9ry**

◆ IX. 기억해내지 못하는 것이 주는 고통: 찰스 다윈의 억압

311 Browne, J. (1995). *Charles Darwin: The power of place.* Princeton, NJ: Princeton University Press. p. 495.

312 Darwin C. (1859). *On the origin of species.* London: John Murray. p. 488.

313 Hrdy, S.B. (1999). *Mother nature: Maternal instincts and how they shape the human species.* New York: Ballantine. p. 384.

314 Hrdy, S.B. (1999). *Mother nature: Maternal instincts and how they shape the human species.* New York: Ballantine. p. 384.

315 Darwin, Charles (1887). Barlow, Nora (ed.) 1958. *The autobiography of Charles Darwin 1809-1882.* With the original omissions restored. Edited and with appendix and notes by his grand-daughter Nora Barlow. London: Collins. p. 114.

316 Bowlby, J. (1991). *Charles Darwin: A new life.* New York: Norton.

317 Hrdy, S.B. (1999). *Mother nature: Maternal instincts and how they shape the human species.* New York: Ballantine. p. 384.

318 Bowlby, J. (1988). *A secure base: Parent-child attachment and healthy human development.* London: Routledge.

319 Hrdy, S.B. (1999). *Mother nature: Maternal instincts and how they shape the human species.* New York: Ballantine. p. 384.

320 Darwin, Charles (1887). Barlow, Nora (ed.) 1958. *The autobiography of Charles Darwin 1809-1882.* With the original omissions restored. Edited and with appendix and notes by his grand-daughter Nora Barlow. London: Collins. p. 22.

321 Bowlby, J. (1991). *Charles Darwin: A new life.* New York: Norton. p. 78.

322 Raverat, G. (1953). *Period piece.* New York: W. W. Norton & Company. pp. 244-245.

323 Townshend, E. (2009). *Darwin's dogs: How Darwin's pets helped form a world-changing theory of evolution.* London: Frances Lincoln Limited. p. 20.

324 Vaillant, G. E. (1993). *The wisdom of the ego.* Cambridge, MA: Harvard University Press.

325 Townshend, E. (2009). *Darwin's dogs: How Darwin's pets helped form a world-changing theory of evolution.* London: Frances Lincoln Limited. p. 19.

326 Townshend, E. (2009). *Darwin's dogs: How Darwin's pets helped form a world-changing theory of evolution.* London: Frances Lincoln Limited. p. 20.

327 Townshend, E. (2009). *Darwin's dogs: How Darwin's pets helped form a world-changing theory of evolution.* London: Frances Lincoln Limited. p. 13.

328 Townshend, E. (2009). *Darwin's dogs: How Darwin's pets helped form a world-changing theory of evolution.* London: Frances Lincoln Limited. pp. 21-28.

329 Hrdy, S.B. (1999). *Mother nature: Maternal instincts and how they shape the human species.* New York: Ballantine. p. 386.

330 Heiligman, D. (2009). *Charles and Emma: The Darwins' leap of faith.* New York: Henry Holt and Company. pp. 29-35.

331 Darwin, C. R. *'This is the Question Marry Not Marry'* [Memorandum on marriage]. (7.1838) CUL-DAR210.8.2 (Darwin Online, **http://darwin-online.org.uk/**)

332 Darwin, C. (1887). Barlow, Nora (ed.) 1958. *The autobiography of Charles Darwin 1809-1882.* With the original omissions restored. Edited and with appendix and notes by his grand-daughter Nora Barlow. London: Collins. pp. 96-97.

333 Darwin, C. (1887). Barlow, Nora (ed.) 1958. *The autobiography of Charles Darwin 1809-1882.* With the original omissions restored. Edited and with appendix and notes by his grand-daughter Nora Barlow. London: Collins. pp. 96-97.

334 Bowlby, J. (1988). *A secure base: Parent-child attachment and healthy human development.* New York: Basic Books.

335 Darwin, C. (1887). Barlow, Nora (ed.) 1958. *The autobiography of Charles Darwin 1809-1882.* With the original omissions restored. Edited and with appendix and notes by his grand-daughter Nora Barlow. London: Collins. p. 115.

336 Hrdy, S. B. (1999). *Mother nature: Maternal instincts and how they shape the human species.* New York: Ballantine. p. 384.

337 Busch F. N., Shear, M.K., Cooper, A. M., Shapiro, T., & Leon, A. C. (1995). An empirical study of defense mechanisms in panic disorder. *The Journal of Nervous and Mental Disease,* 183(5), pp. 299-303.

338 Darwin, C. (1887). Barlow, Nora (ed.) 1958. *The autobiography of Charles Darwin 1809-1882.* With the original omissions restored. Edited and with appendix and notes by his grand-daughter Nora Barlow. London: Collins. p. 28.

339 Darwin, C. (1887). Barlow, Nora (ed.) 1958. *The autobiography of Charles Darwin 1809-1882.* With the original omissions restored. Edited and with appendix and notes by his grand-daughter Nora Barlow. London: Collins. p. 28.

340 Darwin, C. (1887). Barlow, Nora (ed.) 1958. *The autobiography of Charles Darwin 1809-1882.* With the original omissions restored. Edited and with appendix and notes by his grand-daughter Nora Barlow. London: Collins. p. 30.

341 Darwin, C. (1887). Barlow, Nora (ed.) 1958. *The autobiography of Charles Darwin 1809-1882.* With the original omissions restored. Edited and with appendix and notes by his grand-daughter Nora Barlow. London: Collins. p. 48.

342 Darwin, C. (1887). Barlow, Nora (ed.) 1958. *The autobiography of Charles Darwin 1809-1882.* With the original omissions restored. Edited and with appendix and notes by his grand-daughter Nora Barlow. London: Collins. p. 30.

343 Browne, J. (1995). *Charles Darwin: Voyaging.* Princeton, NJ: Princeton University Press. ch. 1.

344 Darwin, C. (1887). Barlow, Nora (ed.) 1958. *The autobiography of Charles Darwin 1809-1882.* With the original omissions restored. Edited and with appendix and notes by his grand-daughter Nora Barlow. London: Collins. p. 117.

345 Darwin, C. (1887). Barlow, Nora (ed.) 1958. *The autobiography of Charles Darwin 1809-1882.* With the original omissions restored. Edited and with appendix and notes by his grand-daughter Nora Barlow. London: Collins. p. 115.

346 Darwin, C. R. 1839. Narrative of the surveying voyages of His Majesty's Ships Adventure and Beagle between the years 1826 and 1836, describing their examination of the southern shores of South America, and the Beagle's circumnavigation of the globe. *Journal and remarks. 1832-1836. London: Henry Colburn.* p. 608.

347 Darwin, C. (1887). Barlow, Nora (ed.) 1958. *The autobiography of Charles Darwin 1809-1882.* With the original omissions restored. Edited and with appendix and notes by his grand-daughter Nora Barlow. London: Collins. p. 82.

348 Darwin, C. R. Notebook M: [Metaphysics on morals and speculations on expression (1838)]. CUL-DAR125.- Transcribed by Kees Rookmaaker, edited by Paul Barrett. (Darwin Online, **http://darwin-online.org.uk/**) M. 143-144.

349 Darwin, C. (2008). *On the origin of species* (Oxford World's Classics). New York: Oxford University Press. p. 360.

350 Browne, J. (1995). *Charles Darwin: The power of place.* Princeton, NJ: Princeton University Press. p. 495.

351 **https://en.wikipedia.org/wiki/Charles_Darwin**

◆ X. 열정적인 구두 제작자의 비밀: 페라가모의 전위

352 살바도르 페라가모 (2004). **꿈을 꾸는 구두장이**(안진환, 허형은 공역). 서울: 웅진닷컴. p. 80.

353 살바도르 페라가모 (2004). **꿈을 꾸는 구두장이**(안진환, 허형은 공역). 서울: 웅진닷컴. p. 80.

354 살바도르 페라가모 (2004). **꿈을 꾸는 구두장이**(안진환, 허형은 공역). 서울: 웅진닷컴. p. 67.

355 매일경제 (2012년 3월 30일, 4월 6일). CEO 심리학: 명품 구두의 전설, 페라가모 上, 下.

356 살바도르 페라가모 (2004). **꿈을 꾸는 구두장이**(안진환, 허형은 공역). 서울: 웅진닷컴. p. 20.

357 살바도르 페라가모 (2004). **꿈을 꾸는 구두장이**(안진환, 허형은 공역). 서울: 웅진닷컴. p. 21.

358 살바도르 페라가모 (2004). **꿈을 꾸는 구두장이**(안진환, 허형은 공역). 서울: 웅진닷컴. p. 21.

359 매일경제 (2012년 3월 30일, 4월 6일). CEO 심리학: 명품 구두의 전설, 페라가모 上, 下.

360 살바도르 페라가모 (2004). **꿈을 꾸는 구두장이**(안진환, 허형은 공역). 서울: 웅진닷컴. p. 83.

361 윌리엄 A. 로사 (2002). **에로틱한 발: 발과 신발의 풍속사**(이종인 역). 서울: 그린비. p. 104.

362 윌리엄 A. 로사 (2002). **에로틱한 발: 발과 신발의 풍속사**(이종인 역). 서울: 그린비. p. 125.

363 윌리엄 A. 로사 (2002). **에로틱한 발: 발과 신발의 풍속사**(이종인 역). 서울: 그린비. pp. 12-13.

364 윌리엄 A. 로사 (2002). **에로틱한 발: 발과 신발의 풍속사**(이종인 역). 서울: 그린비. pp. 12-13.

365 윌리엄 A. 로사 (2002). **에로틱한 발: 발과 신발의 풍속사**(이종인 역). 서울: 그린비. p. 27.

366 윌리엄 A. 로사 (2002). **에로틱한 발: 발과 신발의 풍속사**(이종인 역). 서울: 그린비. p. 253.

367 윌리엄 A. 로사 (2002). **에로틱한 발: 발과 신발의 풍속사**(이종인 역). 서울: 그린비. p. 254.

368 윌리엄 A. 로사 (2002). **에로틱한 발: 발과 신발의 풍속사**(이종인 역). 서울: 그린비. p. 261.

369 윌리엄 A. 로사 (2002). **에로틱한 발: 발과 신발의 풍속사**(이종인 역). 서울: 그린비. p. 261.

370 살바도르 페라가모 (2004). **꿈을 꾸는 구두장이**(안진환, 허형은 공역). 서울: 웅진닷컴. p. 83.

371 살바도르 페라가모 (2004). **꿈을 꾸는 구두장이**(안진환, 허형은 공역). 서울: 웅진닷컴. p. 82.

372 살바도르 페라가모 (2004). **꿈을 꾸는 구두장이**(안진환, 허형은 공역). 서울: 웅진닷컴. p. 91.

373 살바도르 페라가모 (2004). **꿈을 꾸는 구두장이**(안진환, 허형은 공역). 서울: 웅진닷컴. pp. 263-289.

374 살바도르 페라가모 (2004). **꿈을 꾸는 구두장이**(안진환, 허형은 공역). 서울: 웅진닷컴. p. 263.

375 살바도르 페라가모 (2004). **꿈을 꾸는 구두장이**(안진환, 허형은 공역). 서울: 웅진닷컴. p. 84.

376 살바도르 페라가모 (2004). 꿈을 꾸는 구두장이(안진환, 허형은 공역). 서울: 웅진닷컴. pp. 125-126.
377 살바도르 페라가모 (2004). 꿈을 꾸는 구두장이(안진환, 허형은 공역). 서울: 웅진닷컴. pp. 243-246.
378 살바도르 페라가모 (2004). 꿈을 꾸는 구두장이(안진환, 허형은 공역). 서울: 웅진닷컴. pp. 243-246.
379 윌리엄 A. 로사 (2002). 에로틱한 발: 발과 신발의 풍속사(이종인 역). 서울: 그린비. p. 253.
380 **https://www.fashionmodeldirectory.com/designers/salvatore-ferragamo/**
381 **https://www.heroine.com/the-editorial/master-class-ferragamo**
382 Vaillant, G. E. (1993). *The wisdom of the ego*. Cambridge, MA: Harvard University Press. p. 68.
383 매일경제 (2012년 3월 30일, 4월 6일). CEO 심리학: 명품 구두의 전설, 페라가모 上, 下.
384 살바도르 페라가모 (2004). 꿈을 꾸는 구두장이(안진환, 허형은 공역). 서울: 웅진닷컴. p. 235.
385 살바도르 페라가모 (2004). 꿈을 꾸는 구두장이(안진환, 허형은 공역). 서울: 웅진닷컴. p. 264.
386 논어(論語), 자한(子罕), 제구(第九), 제17장.

◆ XI. 백조(白鳥)왕자의 동화 같은 인생: 앙드레 김의 이지화

387 앙드레 김 (2010). 앙드레 김 My fantasy. 서울: 아침나라. p. 233.
388 앙드레 김 (2010). 앙드레 김 My fantasy. 서울: 아침나라. pp. 256-257.
389 앙드레 김 (2010). 앙드레 김 My fantasy. 서울: 아침나라. p. 258.
390 앙드레 김 (2010). 앙드레 김 My fantasy. 서울: 아침나라. pp. 269-270.
391 머니투데이 (2010년 8월 13일). 걸어다니는 패션기업 '앙드레김' 가치는 얼마.
392 앙드레 김 (2010). 앙드레 김 My fantasy. 서울: 아침나라. p. 6.
393 앙드레 김 (2010). 앙드레 김 My fantasy. 서울: 아침나라. p. 234.
394 중앙일보 (2011년 4월 27일). 남기고: 청춘은 맨발이다 ③ 앙드레 김의 추억.
395 앙드레 김 (2010). 앙드레 김 My fantasy. 서울: 아침나라. p. 8.
396 앙드레 김 (2010). 앙드레 김 My fantasy. 서울: 아침나라. p. 8.
397 앙드레 김 (2010). 앙드레 김 My fantasy. 서울: 아침나라. p. 261.
398 앙드레 김 (2010). 앙드레 김 My fantasy. 서울: 아침나라. p. 261.
399 **https://en.wikipedia.org/wiki/Neuschwanstein_Castle**
400 포브스 (2005년 9월 14일, 31호) 양재찬의 인간 순례: 정상에 선 사람들. 가장 한국적인, 세계적 디자이너 앙드레 김.
401 앙드레 김 (2010). 앙드레 김 My fantasy. 서울: 아침나라. p. 121.
402 포브스 (2005년 9월 14일, 31호) 양재찬의 인간 순례: 정상에 선 사람들. 가장 한국적인, 세계적 디자이너 앙드레 김.
403 **http://www.ezday.co.kr/bbs/view_board.html?q_sq_board=531708**
404 중앙일보 (2010년 8월 13일). 잘 알려지지 않은 故앙드레김의 이야기들.
405 앙드레 김 (2010). 앙드레 김 My fantasy. 서울: 아침나라. p. 168.
406 앙드레 김 (2010). 앙드레 김 My fantasy. 서울: 아침나라. p. 121.

407 앙드레 김 (2010). 앙드레 김 My fantasy. 서울: 아침나라. p. 121.
408 앙드레 김 (2010). 앙드레 김 My fantasy. 서울: 아침나라. p. 121.
409 매일경제 (2012년 2월 17일, 24일). CEO 심리학: 한국의 명품 브랜드, 앙드레 김. (上)과 (下).
410 앙드레 김 (2010). 앙드레 김 My fantasy. 서울: 아침나라. pp. 253-254.
411 매일경제 (2012년 2월 17일, 24일). CEO 심리학: 한국의 명품 브랜드, 앙드레 김. (上)과 (下).
412 매일경제 (2000년 10월 1일). 앙드레김 패션이야기: 그리운 나의 어머니.
413 SBS (2010년 8월 17일). 배기완 최영아 조형기의 좋은 아침.
414 매일경제 (2000년 10월 1일). 앙드레김 패션이야기: 그리운 나의 어머니.
415 앙드레 김 (2010). 앙드레 김 My fantasy. 서울: 아침나라. p. 256.
416 앙드레 김 (2010). 앙드레 김 My fantasy. 서울: 아침나라. p. 256.
417 시사저널 (2007년 3월 19일). 중학생 때부터 세계인이 되려고 준비했다.
418 앙드레 김 (2010). 앙드레 김 My fantasy. 서울: 아침나라. p. 10.
419 동아일보 (2010년 8월 13일). 디자이너 앙드레김 별세: '앙드레 김' 책 쓴 본보 이승재 기자… '그가 본 그'
420 앙드레 김 (2010). 앙드레 김 My fantasy. 서울: 아침나라. p. 26.
421 앙드레 김 (2010). 앙드레 김 My fantasy. 서울: 아침나라. p. 26.
422 동아일보 (2010년 8월 13일). 디자이너 앙드레김 별세: '앙드레 김' 책 쓴 본보 이승재 기자… '그가 본 그'
423 Vaillant, G. E. (1993). *The wisdom of the ego*. Cambridge, MA: Harvard University Press. p. 68.
424 SBS (2010년 8월 17일). 배기완 최영아 조형기의 좋은 아침.

◆ XII. 어둠의 성인: 마더 테레사의 이타주의

425 Kolodiejchuk, B. (2007). *Mother Teresa: Come be my light.* New York: Double Day. p. 230.
426 Sandler, J., & Freud, A. (1985). *The analysis of defense: The ego and the mechanisms of defense revisited.* Madison, CT: International Universities Press, p. 249.
427 맬컴 마그렛츠 (1980). 인도의 마더 테레사(함세웅 역). 서울: 성바오로출판사. p. 77.
428 경향잡지 (1981년 6월호). 그녀는 하늘에서 나지 않았다: 마더 데레사의 어린 시절. 1359호. p. 80.
429 Alpion, G. (2006). *Mother Teresa: Saint or celebrity?* London: Taylor & Francis. pp. 148-151, pp. 157-158.
430 신동아(2009년 4월 2일). 가난한 이들의 어머니 테레사 수녀. 피플: 세기의 철녀들10. 595호, pp. 562-573.
431 Vaillant, G. E. (1993). *The wisdom of the ego*. Cambridge, MA: Harvard University Press. p. 68.
432 Vaillant, G. E. (1993). *The wisdom of the ego*. Cambridge, MA: Harvard University Press. p. 35.
433 Kolodiejchuk, B. (2007). *Mother Teresa: Come be my light.* New York: Double Day. p. 20.
434 Kolodiejchuk, B. (2007). *Mother Teresa: Come be my light.* New York: Double Day. p. 32.
435 Kolodiejchuk, B. (2007). *Mother Teresa: Come be my light.* New York: Double Day. p. 26.
436 Kolodiejchuk, B. (2007). *Mother Teresa: Come be my light.* New York: Double Day. pp. 35-36.
437 Kolodiejchuk, B. (2007). *Mother Teresa: Come be my light.* New York: Double Day. p. 36.

438 Kolodiejchuk, B. (2007). *Mother Teresa: Come be my light.* New York: Double Day. p. 37.
439 Kolodiejchuk, B. (2007). *Mother Teresa: Come be my light.* New York: Double Day. p. 21.
440 Hitchens, C. (1995). *The missionary position: Mother Teresa in theory and practice.* New York: Verso. p. 11.
441 Hitchens, C. (1995). *The missionary position: Mother Teresa in theory and practice.* New York: Verso. pp. 38-39.
442 Hitchens, C. (1995). *The missionary position: Mother Teresa in theory and practice.* New York: Verso. p. 39.
443 Hitchens, C. (1995). *The missionary position: Mother Teresa in theory and practice.* New York: Verso. pp. 41-42.
444 Hitchens, C. (1995). *The missionary position: Mother Teresa in theory and practice.* New York: Verso. p. 42.
445 Hitchens, C. (1995). *The missionary position: Mother Teresa in theory and practice.* New York: Verso. pp. 44-45.
446 Hitchens, C. (1995). *The missionary position: Mother Teresa in theory and practice.* New York: Verso. pp. 45-46.
447 Hitchens, C. (1995). *The missionary position: Mother Teresa in theory and practice.* New York: Verso. p. 46.
448 Albom, M. (2002). *Tuesdays with Morrie: An old man, a young man, and life's greatest lesson*. New York: Broadway Books. pp. 150-151.
449 *The King James Version.* Book of Job.
450 Albom, M. (2002). *Tuesdays with Morrie: An old man, a young man, and life's greatest lesson*. New York: Broadway Books. pp. 150-151.
451 Kolodiejchuk, B. (2007). *Mother Teresa: Come be my light.* New York: Double Day. p. 230.
452 Kolodiejchuk, B. (2007). *Mother Teresa: Come be my light.* New York: Double Day. p. 9.
453 Kolodiejchuk, B. (2007). *Mother Teresa: Come be my light.* New York: Double Day. p. 7.
454 Kolodiejchuk, B. (2007). *Mother Teresa: Come be my light.* New York: Double Day. pp. 133-134.
455 Teresa, M. (1995). *A simple path.* New York: Ballantine Books. p. xix.
456 Kolodiejchuk, B. (2007). *Mother Teresa: Come be my light.* New York: Double Day. p. 143.
457 Kolodiejchuk, B. (2007). *Mother Teresa: Come be my light.* New York: Double Day. p. 149.
458 Kolodiejchuk, B. (2007). *Mother Teresa: Come be my light.* New York: Double Day. p. 174.
459 Kolodiejchuk, B. (2007). *Mother Teresa: Come be my light.* New York: Double Day. pp. 186-187.
460 Kolodiejchuk, B. (2007). *Mother Teresa: Come be my light.* New York: Double Day. p. 210.
461 C. S. 루이스 (2004). 고통의 문제(이종태 역). 서울: 홍성사. p. 7.
462 Kolodiejchuk, B. (2007). *Mother Teresa: Come be my light.* New York: Double Day. p. 216.
463 Kolodiejchuk, B. (2007). *Mother Teresa: Come be my light.* New York: Double Day. pp. 214-215.
464 Kolodiejchuk, B. (2007). *Mother Teresa: Come be my light.* New York: Double Day. p. 329.
465 Kolodiejchuk, B. (2007). *Mother Teresa: Come be my light.* New York: Double Day. p. 331.
466 **https://en.wikipedia.org/wiki/Mother_Teresa**

◆ XIII. 지옥을 천국으로 바꾸기: 마크 트웨인의 유머

467 Twain, M. (1996). *Following the equator: A journey around the world*. New York: Ecco. p. 91.

468 Twain, M. (1972). *Mark Twain's fables of man* (Ed. John S. Tuckey). LA: University of California Press. p. 197.

469 마크 트웨인 (2012). 마크 트웨인의 유쾌하게 사는 법(유슬기 역). 서울: 막내집게. p. 6.

470 마크 트웨인 (2012). 마크 트웨인의 유쾌하게 사는 법(유슬기 역). 서울: 막내집게. p. 6.

471 Ramey, K. (2016). *Experimental filmmaking: Break the machine*. New York: Taylor & Francis. p. 331.

472 Twain, M. (2010). *Autobiography of Mark Twain* (ed. Harriot E. Smith). Berkeley: University of California Press. pp. 215-216.

473 Twain, M. (1959). *The autobiography of Mark Twain* (ed. Charles Neider). New York: Harper. p. 40.

474 Twain, M. (1959). *The autobiography of Mark Twain* (ed. Charles Neider). New York: Harper. p. 281.

475 Twain, M. (1959). *The autobiography of Mark Twain* (ed. Charles Neider). New York: Harper. p. 281.

476 Twain, M. (1959). *The autobiography of Mark Twain* (ed. Charles Neider). New York: Harper. p. 44.

477 Twain, M. (1959). *The autobiography of Mark Twain* (ed. Charles Neider). New York: Harper. p. 44.

478 Twain, M. (1959). *The autobiography of Mark Twain* (ed. Charles Neider). New York: Harper. p. 45.

479 Twain, M. (1959). *The autobiography of Mark Twain* (ed. Charles Neider). New York: Harper. p. 46.

480 Twain, M. (1959). *The autobiography of Mark Twain* (ed. Charles Neider). New York: Harper. p. 58.

481 김재신 (1994). 마크 트웨인:생애와 허클베리핀의 모험. 서울: 건국대학교 출판부. p. 16.

482 김재신 (1994). 마크 트웨인:생애와 허클베리핀의 모험. 서울: 건국대학교 출판부. p. 16.

483 김재신 (1994). 마크 트웨인:생애와 허클베리핀의 모험. 서울: 건국대학교 출판부. p. 19.

484 Twain, M. (1959). *The autobiography of Mark Twain* (ed. Charles Neider). New York: Harper. p. 240.

485 Twain, M. (1959). *The autobiography of Mark Twain* (ed. Charles Neider). New York: Harper. p. 242.

486 Twain, M. (1959). *The autobiography of Mark Twain* (ed. Charles Neider). New York: Harper. p. 243.

487 Twain, M. (1959). *The autobiography of Mark Twain* (ed. Charles Neider). New York: Harper. p. 245.

488 Twain, M. (1959). *The autobiography of Mark Twain* (ed. Charles Neider). New York: Harper. pp. 247-248.

489 Twain, M. (1959). *The autobiography of Mark Twain* (ed. Charles Neider). New York: Harper. pp. 247-248.
490 Twain, M. (1959). *The autobiography of Mark Twain* (ed. Charles Neider). New York: Harper. p. 248.
491 Twain, M. (1959). *The autobiography of Mark Twain* (ed. Charles Neider). New York: Harper. p. 248.
492 Twain, M. (1959). *The autobiography of Mark Twain* (ed. Charles Neider). New York: Harper. p. 248.
493 마크 트웨인 (2012). 마크 트웨인의 유쾌하게 사는 법(유슬기 역). 서울: 막내집게. p. 5.
494 Twain, M. (1959). *The autobiography of Mark Twain* (ed. Charles Neider). New York: Harper. p. 243.
495 **https://en.wikipedia.org/wiki/Mark_Twain**
496 Twain, M. (1959). *The autobiography of Mark Twain* (ed. Charles Neider). New York: Harper. pp. 266-267.
497 Twain, M. (1959). *The autobiography of Mark Twain* (ed. Charles Neider). New York: Harper. p. 249.
498 Twain, M. (1959). *The autobiography of Mark Twain* (ed. Charles Neider). New York: Harper. p. 249.
499 Twain, M. (1959). *The autobiography of Mark Twain* (ed. Charles Neider). New York: Harper. p. 269.
500 Twain, M. (1959). *The autobiography of Mark Twain* (ed. Charles Neider). New York: Harper. pp. 295-296.
501 Twain, M. (1959). *The autobiography of Mark Twain* (ed. Charles Neider). New York: Harper. pp. 301-302.
502 Twain, M. (1959). *The autobiography of Mark Twain* (ed. Charles Neider). New York: Harper. p. 422.
503 Twain, M. (1959). *The autobiography of Mark Twain* (ed. Charles Neider). New York: Harper. p. 449.
504 Twain, M. (1959). *The autobiography of Mark Twain* (ed. Charles Neider). New York: Harper. p. 425.
505 Twain, M. (1959). *The autobiography of Mark Twain* (ed. Charles Neider). New York: Harper. p. 486.
506 Twain, M. (1959). *The autobiography of Mark Twain* (ed. Charles Neider). New York: Harper. pp. 485-486.
507 Twain, M. (1996). *Following the equator: A journey around the world*. New York: Ecco. p. 91.
508 Vaillant, G. E. (1993). *The wisdom of the ego*. Cambridge, MA: Harvard University Press. pp. 72-73.
509 DraKoln, N. (2009). *Trade like a pro: 15 high-profit trading strategies*. Hoboken, New Jersy: Wiley. p. 3.
510 마크 트웨인 (2012). 마크 트웨인의 유쾌하게 사는 법(유슬기 역). 서울: 막내집게. p. 57.
511 마크 트웨인 (2012). 마크 트웨인의 유쾌하게 사는 법(유슬기 역). 서울: 막내집게. p. 72.

512 Twain, M. (1959). *The autobiography of Mark Twain* (ed. Charles Neider). New York: Harper. p. 46.
513 마크 트웨인 (2012). 마크 트웨인의 유쾌하게 사는 법(유슬기 역). 서울: 막내집게. p. 164.
514 Twain, M. (1959). *The autobiography of Mark Twain* (ed. Charles Neider). New York: Harper. pp. 456-457.
515 마크 트웨인 (2012). 마크 트웨인의 유쾌하게 사는 법(유슬기 역). 서울: 막내집게. p. 168.
516 Twain, M. (1959). *The autobiography of Mark Twain* (ed. Charles Neider). New York: Harper. p. 1.

◆ XIV. 마음속 피가 솟구쳐 흐를 때: 주광치앤의 억제

517 주광첸 (2018). 아름다움이란 무엇인가?(이화진 역). 파주시: 쌤앤파커스. p. 191.
518 주광첸 (2018). 아름다움이란 무엇인가?(이화진 역). 파주시: 쌤앤파커스. p. 18.
519 주광첸 (2018). 아름다움이란 무엇인가?(이화진 역). 파주시: 쌤앤파커스. 저자소개.
520 주광첸 (2018). 아름다움이란 무엇인가?(이화진 역). 파주시: 쌤앤파커스. p. 40.
521 Shim, T. S. (2008). *The aesthetic thought of Zhu Guangqian*. Edinburgh: The University of Edinburgh. p. 11.
522 Shim, T. S. (2008). *The aesthetic thought of Zhu Guangqian*. Edinburgh: The University of Edinburgh. p. 12.
523 Shim, T. S. (2008). *The aesthetic thought of Zhu Guangqian*. Edinburgh: The University of Edinburgh. p. 13.
524 Shim, T. S. (2008). *The aesthetic thought of Zhu Guangqian*. Edinburgh: The University of Edinburgh. p. 13.
525 Shim, T. S. (2008). *The aesthetic thought of Zhu Guangqian*. Edinburgh: The University of Edinburgh. p. 13.
526 Shim, T. S. (2008). *The aesthetic thought of Zhu Guangqian*. Edinburgh: The University of Edinburgh. p. 13.
527 Shim, T. S. (2008). *The aesthetic thought of Zhu Guangqian*. Edinburgh: The University of Edinburgh. p. 14.
528 Shim, T. S. (2008). *The aesthetic thought of Zhu Guangqian*. Edinburgh: The University of Edinburgh. p. 14.
529 Shim, T. S. (2008). *The aesthetic thought of Zhu Guangqian*. Edinburgh: The University of Edinburgh. p. 19.
530 Shim, T. S. (2008). *The aesthetic thought of Zhu Guangqian*. Edinburgh: The University of Edinburgh. p. 21.
531 Kleinmann, A., Das, V., & Lock, M. (1997). *Social suffering*. Berkeley: University of California Press. pp. 134-135.
532 Kleinmann, A., Das, V., & Lock, M. (1997). *Social suffering*. Berkeley: University of California Press. p. 135.
533 두산백과. **http://www.doopedia.co.kr**

534 시어도어 젤딘 (2016). 인생의 발견(문희경 역). p. 181.
535 라오서(1991). 루어투어 시앙쯔(최영애 역). 서울: 통나무. p. 149.
536 Kleinmann, A., Das, V., & Lock, M. (1997). *Social suffering*. Berkeley: University of California Press. pp. 135-140.
537 Kleinmann, A., Das, V., & Lock, M. (1997). *Social suffering*. Berkeley: University of California Press. pp. 137-138.
538 Kleinmann, A., Das, V., & Lock, M. (1997). *Social suffering*. Berkeley: University of California Press. p. 138.
539 Vaillant, G. E. (1993). *The wisdom of the ego*. Cambridge, MA: Harvard University Press. pp. 69-70.
540 Kleinmann, A., Das, V., & Lock, M. (1997). *Social suffering*. Berkeley: University of California Press. p. 135.
541 Kleinmann, A., Das, V., & Lock, M. (1997). *Social suffering*. Berkeley: University of California Press. pp. 135-136.
542 Kleinmann, A., Das, V., & Lock, M. (1997). *Social suffering*. Berkeley: University of California Press. pp. 136-138.
543 주광첸 (2018). 아름다움이란 무엇인가?(이화진 역). 파주시: 쌤앤파커스. p. 191.
544 주광첸 (2018). 아름다움이란 무엇인가?(이화진 역). 파주시: 쌤앤파커스. p. 18.
545 주광첸 (2018). 아름다움이란 무엇인가?(이화진 역). 파주시: 쌤앤파커스. p. 26.
546 **http://newsen.pku.edu.cn/News_Events/News/Campus/7774.htm**

◆ XV. 20세기 철강왕: 박태준의 승화

547 동아일보 (2011년 12월 16일). 호암 이병철 "삼성중공업 주겠다" 제의… 청암 박태준 "국가일 맡아 곤란" 사양.
548 동아일보 (2011년 12월 16일). 호암 이병철 "삼성중공업 주겠다" 제의… 청암 박태준 "국가일 맡아 곤란" 사양.
549 동아일보 (2011년 12월 16일). 호암 이병철 "삼성중공업 주겠다" 제의… 청암 박태준 "국가일 맡아 곤란" 사양.
550 동아일보 (2011년 12월 16일). 호암 이병철 "삼성중공업 주겠다" 제의… 청암 박태준 "국가일 맡아 곤란" 사양.
551 헤럴드 경제 (2012년 12월 14일). "냉철한 판단력 日협력 이끌어내" 해외서 더 높은 평가.
552 동아일보 (2011년 12월 14일). '철의 사나이' 박태준(1927~2011): 영일만 허허벌판서 '제철신화'쓰다.
553 매일경제 (2012년 1월 6일, 13일, 20일). CEO 심리학: 제2의 박태준을 찾아서 上, 中, 下.
554 매일경제 (2012년 1월 6일, 13일, 20일). CEO 심리학: 제2의 박태준을 찾아서 上, 中, 下.
555 마이클 칸 (2008). 프로이트 심리학: 21세기에 다시 읽는(안창일 역). 서울: 학지사. 3장.
556 매일경제 (2012년 1월 6일, 13일, 20일). CEO 심리학: 제2의 박태준을 찾아서 上, 中, 下.
557 이대환 (2011). 세계 최고의 철강인 박태준. 서울: 현암사. pp. 404-407.
558 이대환 (2011). 세계 최고의 철강인 박태준. 서울: 현암사. p. 407.

559 이대환 (2011). 세계 최고의 철강인 박태준. 서울: 현암사. pp. 384-385.
560 이대환 (2011). 세계 최고의 철강인 박태준. 서울: 현암사. pp. 43-44.
561 매일경제 (2012년 1월 6일, 13일, 20일). CEO 심리학: 제2의 박태준을 찾아서 上, 中, 下 .
562 이대환 (2011). 세계 최고의 철강인 박태준. 서울: 현암사. p. 101.
563 이대환 (2011). 세계 최고의 철강인 박태준. 서울: 현암사. p. 101.
564 이대환 (2011). 세계 최고의 철강인 박태준. 서울: 현암사. p. 106.
565 매일경제 (2012년 1월 6일, 13일, 20일). CEO 심리학: 제2의 박태준을 찾아서 上, 中, 下 .
566 매일경제 (2012년 1월 6일, 13일, 20일). CEO 심리학: 제2의 박태준을 찾아서 上, 中, 下 .
567 이대환 (2011). 세계 최고의 철강인 박태준. 서울: 현암사. p. 203.
568 매일경제 (2012년 1월 6일, 13일, 20일). CEO 심리학: 제2의 박태준을 찾아서 上, 中, 下 .
569 이대환 (2011). 세계 최고의 철강인 박태준. 서울: 현암사. p. 579.
570 **https://en.wikipedia.org/wiki/Park_Tae-joon**

◆ XVI. 깊은 비밀을 감춘 리더의 얼굴: 아이젠하워의 예상

571 Brooks, D. (2015). *The road to character*. New York: Random House Publishing Group. p. 66.
572 Angelo, B. (2001). *First mothers: The women who shaped the presidents*. New york: Harper Collins. p. 74.
573 Angelo, B. (2001). *First mothers: The women who shaped the presidents*. New york: Harper Collins. p. 74.
574 Angelo, B. (2001). *First mothers: The women who shaped the presidents*. New york: Harper Collins. p. 74.
575 Angelo, B. (2001). *First mothers: The women who shaped the presidents*. New york: Harper Collins. p. 82.
576 Brooks, D. (2015). *The road to character*. New York: Random House Publishing Group. p. 52.
577 Brooks, D. (2015). *The road to character*. New York: Random House Publishing Group. p. 52.
578 Brooks, D. (2015). *The road to character*. New York: Random House Publishing Group. p. 52.
579 Angelo, B. (2001). *First mothers: The women who shaped the presidents*. New york: Harper Collins. p. 104.
580 Brooks, D. (2015). *The road to character*. New York: Random House Publishing Group. p. 51.
581 Wukovits, J. (2006). *Eisenhower: A Biography*. New York: Palgrave Macmillan. p. 10.
582 Wukovits, J. (2006). *Eisenhower: A Biography*. New York: Palgrave Macmillan. p. 14.
583 Wukovits, J. (2006). *Eisenhower: A Biography*. New York: Palgrave Macmillan. p. 16.
584 Wukovits, J. (2006). *Eisenhower: A Biography*. New York: Palgrave Macmillan. pp. 16-17.
585 Wukovits, J. (2006). *Eisenhower: A Biography*. New York: Palgrave Macmillan. p. 17.
586 Brooks, D. (2015). *The road to character*. New York: Random House Publishing Group. p. 60.
587 Wukovits, J. (2006). *Eisenhower: A Biography*. New York: Palgrave Macmillan. p. 21.
588 Wukovits, J. (2006). *Eisenhower: A Biography*. New York: Palgrave Macmillan. p. 22.
589 Wukovits, J. (2006). *Eisenhower: A Biography*. New York: Palgrave Macmillan. p. 33.

590 Wukovits, J. (2006). *Eisenhower: A Biography*. New York: Palgrave Macmillan. p. 33.
591 Wukovits, J. (2006). *Eisenhower: A Biography*. New York: Palgrave Macmillan. p. 25.
592 Brooks, D. (2015). *The road to character*. New York: Random House Publishing Group. p. 60.
593 Angelo, B. (2001). *First mothers: The women who shaped the presidents*. New york: Harper Collins. p. 103.
594 Angelo, B. (2001). *First mothers: The women who shaped the presidents*. New york: Harper Collins. p. 103.
595 Angelo, B. (2001). *First mothers: The women who shaped the presidents*. New york: Harper Collins. p. 103.
596 Brooks, D. (2015). *The road to character*. New York: Random House Publishing Group. p. 61.
597 Brooks, D. (2015). *The road to character*. New York: Random House Publishing Group. p. 63.
598 Angelo, B. (2001). *First mothers: The women who shaped the presidents*. New york: Harper Collins. p. 104.
599 Brooks, D. (2015). *The road to character*. New York: Random House Publishing Group. p. 68.
600 Brooks, D. (2015). *The road to character*. New York: Random House Publishing Group. p. 60.
601 Brooks, D. (2015). *The road to character*. New York: Random House Publishing Group. p. 61.
602 Wukovits, J. (2006). *Eisenhower: A Biography*. New York: Palgrave Macmillan. p. 86.
603 Wukovits, J. (2006). *Eisenhower: A Biography*. New York: Palgrave Macmillan. p. 75.
604 Wukovits, J. (2006). *Eisenhower: A Biography*. New York: Palgrave Macmillan. p. 75.
605 Wukovits, J. (2006). *Eisenhower: A Biography*. New York: Palgrave Macmillan. p. 111.
606 Wukovits, J. (2006). *Eisenhower: A Biography*. New York: Palgrave Macmillan. p. 112.
607 Wukovits, J. (2006). *Eisenhower: A Biography*. New York: Palgrave Macmillan. p. 113.
608 Wukovits, J. (2006). *Eisenhower: A Biography*. New York: Palgrave Macmillan. p. 157.
609 Wukovits, J. (2006). *Eisenhower: A Biography*. New York: Palgrave Macmillan. p. 121.
610 Wukovits, J. (2006). *Eisenhower: A Biography*. New York: Palgrave Macmillan. p. 110.
611 Brooks, D. (2015). *The road to character*. New York: Random House Publishing Group. p. 61.
612 Wukovits, J. (2006). *Eisenhower: A Biography*. New York: Palgrave Macmillan. p. 116.
613 Wukovits, J. (2006). *Eisenhower: A Biography*. New York: Palgrave Macmillan. p. 116.
614 Wukovits, J. (2006). *Eisenhower: A Biography*. New York: Palgrave Macmillan. p. 118.
615 Brooks, D. (2015). *The road to character*. New York: Random House Publishing Group. p. 61.
616 Brooks, D. (2015). *The road to character*. New York: Random House Publishing Group. p. 68.
617 Brooks, D. (2015). *The road to character*. New York: Random House Publishing Group. p. 66.
618 Wukovits, J. (2006). *Eisenhower: A Biography*. New York: Palgrave Macmillan. p. 117.
619 Wukovits, J. (2006). *Eisenhower: A Biography*. New York: Palgrave Macmillan. p. 117.
620 동아일보 (2018년 10월 26일). 횡설수설: 대만해협의 격랑.
621 Brooks, D. (2015). *The road to character*. New York: Random House Publishing Group. p. 69.
622 Wukovits, J. (2006). *Eisenhower: A Biography*. New York: Palgrave Macmillan. p. 115.
623 밥 돌 (2018). 위대한 대통령의 위트(김병찬 역). 고양시: 아테네. pp. 323-324.
624 Brooks, D. (2015). *The road to character*. New York: Random House Publishing Group. p. 73.

625 매일경제 (2018년 2월 7일). 군 원수에서 대통령까지, 고결한 리더십 드와이트 D. 아이젠하워 "리더는 뒤에서 밀지 않는다. 앞에서 이끌 뿐이다"
626 Wukovits, J. (2006). *Eisenhower: A Biography*. New York: Palgrave Macmillan. p. 17.
627 **https://en.wikipedia.org/wiki/Dwight_D._Eisenhower**

◆ XVII. 맺음말: 인생이라는 학교에서 배우는 삶의 기술

628 Osho, R. (1972). *Lead Kindly Light* (booklet of Osho's words as reported by Ma Yoga Kranti). Bombay: Life Awakening Centre. p. 2.
629 톨스토이 (1989). 인생독본(이상길 역). 서울: 지성문화사. p. 40.
630 아리스토텔레스 (2011). 니코마코스 윤리학(강상진, 김재홍, 이창우 공역). 서울: 길.
631 조지 베일런트 (2011). 행복의 완성: 하버드대학교 '인생성장보고서' 그 두 번째 이야기(김한영 역). 서울: 흐름출판. p.16.
632 무라카미 하루키 (1997). 작지만 확실한 행복(김진욱 역). 서울: 문학사상사. p. 313.
633 무라카미 하루키 (1997). 작지만 확실한 행복(김진욱 역). 서울: 문학사상사. p. 82.
634 무라카미 하루키 (1994). 무라카미 하루키 수필집 3: 랑겔한스섬의 오후(김난주 역). 서울: 백암. p. 50.
635 Saint-Exupéry, A. (2010). *The little prince*(Trans. Howard, R.). Orlando: Mariner Books. p. 63.
636 Vaillant, G. E. (1993). *The wisdom of the ego*. Cambridge, MA: Harvard University Press. p. 344.
637 石農畵苑跋. 知則爲眞愛 愛則爲眞看 看則畜之而非徒畜也
638 칼릴 지브란, 메리 해스켈 (2003). 보여줄 수 있는 사랑은 아주 작습니다(정은하 역). 서울: 진선출판사. p. 39.
639 Voltaire (1959). *Candide*(translated by Lowell Bair). New York: Bantam Dell.
640 Russell, B. (1967). Last Essay by Bertrand Russell.
https://russell.humanities.mcmaster.ca/bressay.htm
641 Boring, E. G. (1950). *A history of experimental psychology* (2nd ed.). New York: The Century Company.

저자 소개

고영건

고려대학교 심리학과에서 임상심리학으로 박사 학위를 받았으며 삼성서울병원 정신과에서 임상심리레지던트로서 수련을 받았다. 세계 최초로 '감성지능(EQ)'의 개념을 이론화한 예일 대학교 심리학과의 피터 샐로베이 교수의 지도하에 박사 후 연구원으로 정서지능에 관한 연구를 수행하였다. 고려대학교 심리학과 교수로 부임한 후 고려대학교 학생상담센터장, 고려대학교 문과대학 멘토링상담센터장, 보건복지부 정신건강복지기본계획 수립 추진단 위원, 한국임상심리학회장 등을 역임했으며 현재 고려대학교 심리학부 교수로서 고려대학교 학생상담센터장을 맡고 있다.

고려대학교의 대표적인 강의상 3가지(고려대학교 학부 석탑강의상, 교육대학원 명강의상, 그리고 평생교육원 우수강의상)를 모두 수상한 바 있으며 국가공무원인재개발원, 지방자치인재개발원, 서울특별시 교육연수원 그리고 주요 대기업의 다양한 심리학 교육 프로그램에서 강사로 활약 중이다.

삼성그룹 CEO들이 2011년부터 6년간 수요사장단회의를 통해 들었던 247번의 특강 중에서 조선일보 기자들이 삼성언론재단의 지원을 통해 삼성그룹 CEO들의 추천을 받아 최고의 명강의 30편을 선정해 수록한 『삼성의 CEO들은 무엇을 공부하는가』 책자에 강연 내용이 소개되었다. 한국의 대표적인 경영전문지인 '동아 비즈니스 리뷰(DBR)'와 지식경제 신문인 '매일경제'에 CEO를 위한 심리학 칼럼을 연재한 바 있다. 주요 저서로는 『사람의 향기: 좋은 것은 사라지지 않는다』, 『행복의 품격(공저)』, 『삶에 단비가 필요하다면: 인디언 기우제 이야기』, 『플로리시: 삶을 밝히는 마음의 빛』, 『심리학적인 연금술(공저)』, 『멘탈휘트니스 긍정심리 프로그램(공저)』 등이 있으며 역서로는 『행복의 지도: 하버드 성인발달 연구가 주는 선물(공역)』, 『내 마음 속 천국: 영성이 이끄는 삶(공역)』 등이 있다.

사람의 향기: 좋은 것은 사라지지 않는다

초판발행　2019년 8월 25일
중판발행　2022년 6월 24일

지은이　고영건
펴낸이　노　현

편　집　박가온
기획/마케팅　노　현
표지디자인　BEN STORY
제　작　고철민·조영환

펴낸곳　(주) 피와이메이트
서울특별시 금천구 가산디지털2로 53, 210호(가산동, 한라시그마밸리)
등록 2014. 2. 12. 제2018-000080호
전　화　02)733-6771
f a x　02)736-4818
e-mail　pys@pybook.co.kr
homepage　www.pybook.co.kr
ISBN　979-11-90151-22-1　03180

정 가　15,000원